MARCUS B. KLÖCKNER

SABOTIERTE WIRKLICHKEIT

Oder: Wenn Journalismus zur Glaubenslehre wird

WESTEND

Mehr über unsere Autoren und Bücher:
www.westendverlag.de

Die Deutsche Nationalbibliothek verzeichnet diese Publikation in der Deutschen Nationalbibliografie; detaillierte bibliografische Daten sind im Internet über http://dnb.d-nb.de abrufbar.

FSC® MIX
Papier aus verantwortungsvollen Quellen
FSC® C083411
www.fsc.org

ISBN 978-3-86489-274-5

Umschlaggestaltung: Buchgut, Berlin
Satz: Publikations Atelier, Dreieich
Druck und Bindung: CPI – Clausen & Bosse, Leck
Printed in Germany

Inhalt

In Liebe und Verbundenheit

Für meine verstorbene Mutter Marianne.

Für Dieter Deiseroth, guter Freund und Mentor,
verstorben kurz vor Fertigstellung dieses Buches.

Der letzte Feind, der vernichtet wird, ist der Tod.
1. Kor. 15:26

God be with you

Einleitung

Die Wachhunde der Demokratie sind zu den Lordsiegelbewahrern unserer Zeit mutiert. Ein Journalismus ist entstanden, der sich wie ein Schutzmantel um die politischen Weichensteller legt. Medien haben den von ihnen erzeugten legitimen öffentlichen Diskursraum so weit verkleinert, dass Stimmen, die sich darin im Sinne einer kritischen Öffentlichkeit zu Wort melden wollen, faktisch nahezu ausgeschaltet sind. Die mentale Korruptheit, die das journalistische Feld durchzieht, stellt eine Gefahr für die Demokratie dar. Eine Berichterstattung erfolgt, die vorgibt zu sagen, was ist, aber dabei unaufhörlich sagt, was sein soll. Ein Journalismus ist entstanden, der die gesellschaftliche und politische Wirklichkeit je nach Notwendigkeit ignoriert, frisiert, verdreht und mitunter gar einfach selbst erfindet. Medien missbrauchen ihre publizistische Macht, um die von ihnen erzeugte ›richtige‹ Sicht auf die Wirklichkeit vor Irritationen von außen zu schützen. Medien sorgen dafür, dass politische und soziale Realität nicht Teil eines offenen diskursiven Prozesses sind. Stattdessen definieren sie und eine überschaubare Anzahl von ihnen zugewandten Experten Wirklichkeit – die sie dann gemeinsam mit den Entscheidern der Politik als unverhandelbar deklarieren. Für die Kraft von Argumenten, für ausgangsoffene Diskussionen, bietet dieser Journalismus keinen Platz. Die wertvollen Prinzipien der journalistischen Auswahl und Gewichtung von Informationen werden nach Belieben außer Kraft gesetzt und den dominierenden Weltbildern angepasst. Ein Weltbildjournalismus bestimmt in weiten Teilen der Mainstreammedien die Berichterstattung. Zwischen Journalisten und Politikern herrscht weitestgehend ein Nichtangriffspakt – Konflikte, die über ein Scharmützel hinausgehen, finden sich allenfalls auf Nebenschauplätzen. Medien loben wahlweise Merkels »Augenringe des Vertrauens«[1] oder stimmen (gemeinsam mit einem Teil der Politiker) in den Chor des ›Uns-geht-es-doch-gut-Liedes‹ ein.

Viele Medien haben sich jeder Fundamentalkritik an ihnen verschlossen. Insbesondere so manche Leitmedien haben eine Demarkationslinie gezogen[2], um sich von einem Teil ihrer Rezipienten, die Kritik an dem gebotenen Journalismus üben, abzugrenzen.[3] Die Kritik von außen, also von denjenigen, die Realität anders wahrnehmen und die gesellschaftlichen und politischen Ereignisse anders deuten als die Medien, wird als ein Angriff, als eine Bedrohung aufgefasst. Wenn die Meinungsführer im Journalismus mit den Missständen konfrontiert werden, bedienen sie sich gerne ehrenwerter Größen, die als Legitimationsstrategien zur Durchsetzung ihres Journalismus zu identifizieren sind und zugleich implizit sehr viel von ihrem immer wieder beanspruchten Deutungsmonopol erkennen lassen. Medien führen die ›Wahrheit‹ ins Feld, der sie unaufhörlich vorgeben zu dienen, und verknüpfen diesen edlen Anspruch mit einer scheinbaren Fürsorge gegenüber den Mediennutzern, die man bekanntlich vor ›Fake News‹ beschützen und aus der ›Filterblase‹ befreien muss. So versuchen sie unter anderem, die Besitzansprüche auf das Weltdeutungsmonopol zu legitimieren und zu untermauern.

Ein Rezipient, der das nicht akzeptiert, wird von den Medien nicht respektiert. Der Mediennutzer wurde über lange Zeit als Statist wahrgenommen, der sich gefälligst mit der Rolle, die das Mediensystem ihm zuschreibt, abzufinden hat. Er darf die Medien reichlich nutzen, er darf ihren Journalismus gerne loben, er darf sicherlich auch Kritik üben, etwa in Form eines Leserbriefs, aber er hat gefälligst zu akzeptieren, dass er nicht das letzte Wort hat. Über viele Jahre haben Medien geradezu mit Nachdruck jede Grundsatzkritik an der Berichterstattung ignoriert. Jede grundsätzliche Bemängelung an den Auslese- und Bewertungskriterien der Redaktionen werden sogar als schwerer und völlig ungerechtfertigter Angriff betrachtet. Wenn das Publikum Medienvertreter auf die schweren Bruchstellen und Schieflagen in der Berichterstattung hinweist, dann sind ›Fehler‹ (und das nur unter Zähneknirschen) das Maximale, was Medien eingestehen. Fehler, so lautet der Tenor, unterliefen bedauerlicherweise nun einmal auch den Qualitätsmedien. Allerdings sei man sehr bemüht darum, Fehler grundsätzlich zu vermeiden.

Die Reaktionen von bekannten Medienvertretern auf die Medienkritik sind bemerkenswert. Elmar Theveßen, der Nachrichtenchef des ZDF deutet, sie vor einiger Zeit als das Ergebnis einer Emotionalisierung der Mediennutzer durch die Ukraine-Krise um. »Es gibt eine Reihe von Leuten, die durch die Krise so emotionalisiert sind, dass sie uns Fehler in einer extrem harten und beleidigenden Form vorwerfen, vor allem aber ein System dahinter unterstellen. Das ist natürlich völliger Blödsinn.«[4])

Der damalige ARD-Chefredakteur Thomas Baumann weist eine Kritik des Programmbeirats zurück, und das gleich auch noch »energisch«.[5] Auch der Intendant der ARD Tom Buhrow weist ebenfalls zurück und bringt gleich noch eine emotional stark aufgeladene Ebene mit in die Diskussion, nämlich die der Ehre: »Unsere Kolleginnen und Kollegen leisten exzellente Arbeit [...] Das geht an die journalistische Ehre.«[6]

Einem Mantra gleich wiederholen Vertreter von Leitmedien, dass sich der Leser, der Zuschauer mit seiner Kritik an ihnen irrt, dass die eigenen Analysen die richtigen sind, dass der Leser, wenn er um ein breites Meinungsspektrum geradezu bettelt, sich täuscht und nicht erkennt, dass es doch eine ›Vielfalt‹ an Meinungen in dem jeweiligen Medium gibt. Ein Verhalten wird sichtbar, das längst jeden Betrieb, jedes Geschäft, das im Servicebereich angesiedelt ist, in den Ruin getrieben hätte.

Man stelle sich folgende Situation vor: Chefredakteur X geht mit Redaktionsleiter Y in ein Restaurant. Die beiden bestellen sich Steak, Bratkartoffeln und einen Salat. Schnell stellen beide fest: Das Steak ist zäh und trocken, die Bratkartoffeln sind viel zu fettig und der Salat ist voller Essig. Was wäre, wenn auf die Beschwerde beim Kellner der Kellner den Chefkoch, der Chefkoch den Restaurantbesitzer und der Restaurantbesitzer den Rest der Mannschaft zusammenrufen würden und dann alle, quasi im Chor, erklärten: Das Steak ist nicht zäh, die Bratkartoffeln sind die besten, die man sich als Gast wünschen kann, und das, was als zu viel Essig wahrgenommen wird, ist in Wirklichkeit ein preisgekröntes Salatdressing, das im Übrigen allen anderen Gästen im Restaurant schmeckt. Der Chefkoch empfiehlt zudem den sich beschwerenden Gästen, noch einmal in sich zu gehen und nachzudenken, ob die eigene Beurteilung des Gerichtes nicht doch völlig falsch sein könnte, und gibt den Ratschlag, sich demnächst einmal ein Buch über gute Küche zu besorgen, so dass man ein Verständnis für die vorzügliche Speise, die hier serviert wurde, bekommt. In solch einem Falle würden Chefredakteur X und Redaktionsleiter Y aufstehen und mit ziemlicher Sicherheit nie mehr in dieses Restaurant gehen – und zwar zu Recht.

Dieses Beispiel ist nicht weit von der Realität entfernt. Wir haben es mit einer Berichterstattung zu tun, die von einem schier unerschütterlichen Glauben getragen ist, die einzig wahre Einschätzung der Weltereignisse zu liefern. Journalismus, so gilt es festzustellen, scheint, zumindest in den Zentren der diskursbestimmenden Medien, zu einer Glaubenslehre geworden zu sein. Im Zentrum dieses Glaubens steht aber nicht ein Gott, sondern eine alles überragende Intelligenz, über die die Anhänger dieses Glaubenssystems selbst verfügen – zumindest ist das ihre Überzeugung. Die Apologeten gehen davon aus, dass *sie selbst* dank einer gegenüber dem ›normalen Bürger‹ überlegenen Fähigkeit, soziale und politische Realität zu erfassen, einzuordnen, zu analysieren und zu erklären, im Besitz der reinen Wahrheit sind.

Doch warum unterscheiden sich die Weltanschauungen innerhalb des journalistischen Feldes so oft von den Weltanschauungen vieler Bürger? Wie kommt es, dass die großen Medien oft in nahezu geschlossener Formation bestimmte gesellschaftliche und politische Sachverhalte einheitlich wahrnehmen, während Teile der Mediennutzer eine andere Realität erkennen? Warum reagieren gerade leitende Akteure aus dem journalistischen Feld so emotional auf die Kritik an ihrer Arbeit? Warum gelingt es den kritisierten Medien nicht, die Kritik an ihrer Arbeit anzunehmen und sie konstruktiv in ihrem, aber auch im Sinne der Mediennutzer und vor allem: der Demokratie, zu verarbeiten?

Mit diesen Fragen und Ausführungen ist der Rahmen für dieses Buch gesetzt. Wir werden im Folgenden die Medien genauer betrachten, um einige zentrale Schwachstellen, die im journalistischen Feld auszumachen sind, kenntlich zu machen.

Zuerst wird es darum gehen zu erkennen, dass Zensur in unserem Mediensystem nicht die Ausnahme, sondern die Regel ist. Wir werden eine spezielle Form der Zensur kennenlernen, die sich zwar in manchem von einer staatlichen, einer von oben verordneten politischen Zensur unterscheidet, aber ihr in ihrer Auswirkung kaum nachsteht. Es handelt sich dabei um eine Zensur, die tief in unser Mediensystem eingeschrieben ist. In den Medien ist das zu erkennen, was wir als eine *sozialstrukturell ausgeformte Zensur* sprachlich erfassen wollen. Um ihr beizukommen, gilt es zu verstehen, welche sozialen Kräfte innerhalb des journalistischen Feldes wirken und warum sie wirken, wie sie wirken.

In einem weiteren Kapitel werden wir uns mit der Medienwirklichkeit auseinandersetzen und anhand von zahlreichen Beispielen veranschaulichen, dass Schieflagen in der Berichterstattung nicht einfach nur durch Fehler bei der journalistischen Arbeit entstehen (die menschlich sind und jedem passieren können und dürfen), sondern auf Wirklichkeitsentgleisungen mit Ansage zurückzuführen sind. Wir werden sehen, wie schwer und folgenreich die Wirklichkeitsbrüche in der Berichterstattung sind, und verstehen, dass wir gut daran tun, uns eine alte Erkenntnis des deutschen Soziologen Niklas Luhmann in Erinnerung zu rufen. In seiner berühmt gewordenen Auseinandersetzung zur Realität der Massenmedien sagt Luhmann gleich zum Anfang: »Andererseits wissen wir so viel über die Massenmedien, daß wir diesen Quellen nicht trauen können.«[7]

Recht hat er. In weiteren Kapiteln fokussieren wir auf die Beziehungen zwischen Journalisten und Politikern und betrachten, was es bedeutet, wenn Journalisten über die Macht verfügen, Rederecht abzusprechen oder anzuerkennen.

In diesem Buch wird es in erster Linie darum gehen, die Oberfläche der Medienkritik zu durchdringen, um die mehr oder weniger verschleierten sozialen Wirkprinzipien offenzulegen, die für eine Berichterstattung mitverantwortlich sind, die dazu führen, dass viele Mediennutzer glauben, die Medien müssten von irgendeiner verborgenen Macht gesteuert werden.

Andere Faktoren, die natürlich auch eine Rolle spielen, wie etwa die Besitzverhältnisse in den Medien, die Pressekonzentration, teilweise hochproblematische Arbeitsbedingungen (armselig geringe Honorare für nicht wenige freie Journalisten, enormer Zeitdruck, fehlende Möglichkeiten für investigative Recherchen und vieles mehr), Einwirkungen durch Interessengruppen lassen wir weitestgehend außen vor. Das soll aber nicht heißen, dass wir die Auswirkungen, die sich aus den Gesamtproduktionsbedingungen oder aus den real vorhandenen Herrschaftseinflüssen auf die Medien ergeben, kleinreden. Eine wirklich umfassende Medienanalyse müsste diese Aspekte mit jenen sozialen Faktoren, die Gegenstand dieses Buches sind, zusammenfassend betrachten, sodass die Wechselwirkungen sichtbar werden – was den Rahmen, der hier zur Verfügung steht, aber völlig sprengen würde. Um an dieser Stelle wenigstens ein Beispiel anzuführen, das uns eine Ahnung von den äußeren Einwirkungen und Einflussversuchen auf die Medien vor Augen führt, sei hier ein Auszug aus einem Artikel der Süddeutschen Zeitung angeführt. Dort war vor einiger Zeit Folgendes zu lesen:

> »Ein paar Monate zuvor, am 8. Oktober 2008, hatte es ein sonderbares Treffen gegeben, das in diesem Zusammenhang Erwähnung finden soll. Die Bundeskanzlerin hatte an jenem Tag die bedeutenden Chefredakteure der bedeutenden Medien eingeladen. Es war die Zeit, in die der Ausbruch der großen Finanzkrise fiel. Man findet keinen ausführlichen Bericht über dieses Treffen, der veröffentlicht worden wäre, und überhaupt nur wenige Erwähnungen in den Archiven, nur hin und wieder einen Nebensatz, eine knappe Bemerkung. An einer Stelle liest man in dürren Worten, worum es an diesem Abend im Kanzleramt ging: Merkel bat die Journalisten, zurückhaltend über die Krise zu berichten und keine Panik zu schüren.«[8]

Aus Zusammenkünften wie diesen sollte man nicht den Schluss ziehen, dass Medien zwangsläufig dann auch den Bitten von Politikern nachkommen, aber es wäre auch ziemlich naiv anzunehmen, dass alle Beeinflussungsversuche von Seiten der Herrschenden grundsätzlich ohne Erfolg bleiben.

An dieser Stelle kommt auch der Grund zum Vorschein, warum wir in diesem Buch weniger den Fokus auf die direkten Herrschaftseinflüsse und ihre Auswirkungen richten und stattdessen die soziologische Dimension in den Vordergrund stellen. Was in diskreten Zusammenkünften wie der angeführten sich abspielt oder auch nicht, lässt sich kaum präzise und fundiert sagen. War man nicht selbst als teilnehmender Beobachter dabei oder kann auf Aufzeichnungen und verlässliche Aussagen zugreifen, kommt man zwangsläufig in den spekulativen Bereich. Manche hochkarätige Treffen der Eliten und Machteliten mögen harmlos sein (obwohl es mir einigermaßen schwerfällt zu glauben, dass machtelitäre Treffen überhaupt ›harmlos‹ sein können), andere nicht. Bei einer Auseinandersetzung mit den Herrschaftseinflüssen auf die Medien bleibt dem kritischen Betrachter zwangsläufig oft kaum etwas anderes übrig, als zu vermuten.

Eine Medienkritik, die sich auf die inneren Einflüsse und Zusammenhänge konzentriert, hat es, zumindest vergleichsweise, einfacher.

Das vorliegende Buch wird die Medien genauer betrachten und ihr Sein und einige ihre Funktionsweisen vor allem aus einem kritisch soziologischen Blickwinkel betrachten. Das mag auf den ein oder anderen Leser vielleicht abschreckend wirken, denn: Ja, es wird etwas komplex. Wir können nicht mit dem thesenhaften Stakkato auf den ersten Seiten dieser Einleitung weitermachen. Aber: Da sich das Buch in erster Linie an eine Leserschaft richtet, die nicht aus der Wissenschaft kommt, die aber dennoch Interesse an einer fundierten Medienkritik hat, werden wir wissenschaftliche Theorien, Gedanken und Erkenntnisse, auf die wir zugreifen, so weit herunterbrechen, dass sie auch dem Laien zugänglich werden. An den Stellen, wo es im Rahmen dieser Auseinandersetzung mit den Medien notwendig erscheint, die Analysekraft einer kritischen Soziologie zu nutzen, um tieferliegende Zusammenhänge sichtbar oder sichtbarer zu machen, werden wir also die Tür zu dem ein oder anderen soziologischen Gedankengebäude aufstoßen, um uns in ihm zu bewegen. Aber, liebe Leserinnen und liebe Leser: Keine Sorge, alles, was Sie benötigen, um in diesen Gebäuden unterwegs zu sein, werden Sie in Griffweite finden. Wichtig ist nur die Bereitschaft, sich ein klein wenig auf Ihnen vielleicht unbekannte Begriffe und Analysen einzulassen.

Das Vorgehen in diesem Buch hat Vor-, aber auch Nachteile. Die Nachteile sind offensichtlich. Wenn wir sozialwissenschaftliche Theorien nur holzschnittartig hervorheben, um damit vielschichtige Zusammenhänge so weit herunterbrechen, dass sie einem breiten Lesekreis zugänglich gemacht werden können, entstehen Reibungsverluste. Wichtige theoretische Erkenntnisse, die für ein tieferes Verständnis notwendig wären, müssen ausgeblendet werden, wodurch es auch zu theoretischen Unschärfen kommen wird. Außerdem: Manches von dem, was in dem Buch zu lesen ist, bedarf grundsätzlich eigenständiger, weitreichender wissenschaftlicher Analysen, die wir hier natürlich nicht leisten können. Von daher werden Thesen und Schlussfolgerungen angreifbar sein. Das sei aber in Kauf genommen.

Nun zu den Vorteilen: Die veranschlagte Vorgehensweise erlaubt es dem Leser, an komplexe wissenschaftliche Theorien heranzutreten und ein Verständnis für sie zu entwickeln, ohne dass er sie sich in ihrer Breite und Vielschichtigkeit erarbeiten muss. Das Medienverständnis kann schnell geschärft werden. Außerdem: Diese Vorgehensweise erlaubt dem Verfasser, einzelne Theorien nicht mit all ihren Untiefen durchfahren zu müssen; vielmehr kann direkt auf zentrale Erkenntnisse zugegriffen werden.

Das erscheint insofern sinnvoll, als das auf diese Weise rasch einige der Gründe, die für die schweren Verwerfungen im journalistischen Feld verantwortlich sind, anschaulich gemacht werden können. Und das ist dringend nötig. Die Schäden an unserem demokratischen System, die durch Medien verursacht werden, die weitestgehend ihrer Wächterfunktion nicht mehr nachkommen, sind bereits gewaltig.

1 Zensur

Es ist immer möglich, dass man im Raum eines wilden Außen die Wahrheit sagt; aber im Wahren ist man nur, wenn man den Regeln einer diskursiven ›Polizei‹ gehorcht (…).[1]

Michel Foucault

Sobald der Begriff Zensur gebraucht wird, reagieren Medienvertreter gereizt. Schnell wird beteuert, dass einzelne Journalisten, aber auch komplette Redaktionen frei in ihren Entscheidungen seien. Weder rufe Merkel persönlich an und diktiere, welche Informationen in den Medien auftauchen dürften, noch gäbe es sonst eine ›mächtige Gruppe‹, die ihnen vorschreibe, wie ihre Berichterstattung auszusehen habe.

Ist das nicht interessant? Auf der einen Seite stehen Medienvertreter, die durchaus glaubhaft versichern, dass sie keiner Zensur unterworfen sind, während sich auf der anderen Seite ein Publikum bemerkbar macht, das ebenso fest vom Gegenteil überzeugt ist. Die Situation macht neugierig. Wie kann es sein, dass im Grunde genommen ein ziemlich simpler Sachverhalt so völlig unterschiedlich wahrgenommen und dargestellt wird?

Werfen wir zunächst einen Blick ins Grundgesetz. Dort steht in Artikel 5:

(1) »Jeder hat das Recht, seine Meinung in Wort, Schrift und Bild frei zu äußern und zu verbreiten und sich aus allgemein zugänglichen Quellen ungehindert zu unterrichten. Die Pressefreiheit und die Freiheit der Berichterstattung durch Rundfunk und Film werden gewährleistet. Eine Zensur findet nicht statt.

(2) Diese Rechte finden ihre Schranken in den Vorschriften der allgemeinen Gesetze, den gesetzlichen Bestimmungen zum Schutze der Jugend und in dem Recht der persönlichen Ehre.«[2]

Das sind eindeutige Aussagen, an denen man nicht ohne weiteres vorbeikommt. Warum sind Kritiker dennoch davon überzeugt, dass in Deutschland sehr wohl eine Zensur stattfindet?

Der Reihe nach.

Die Bundeszentrale für politische Bildung führt unter der Überschrift »Zensur. Präventiv-, Vorzensur, Repressiv-, Nachzensur, Zensurfreiheit« eine Erklärung aus dem Duden an:

»1) eine von i. d. R. staatlicher Stelle vorgenommene Überprüfung und Kontrolle von Druckwerken, Hörfunk-, Fernseh-, Film-, Tonträger- und Videoproduktionen u. Ä. auf ihre politische, gesetzliche, sittliche und religiöse Konformität und 2) die ggf. daraufhin erfolgende Unterdrückung bzw. das Verbot der unerwünschten Veröffentlichungen. Unterschieden wird zwischen Präventiv- bzw. Vorzensur (die Publikationen müssen vor der Veröffentlichung einer Zensurbehörde zur Genehmigung vorgelegt werden) und Repressiv- bzw. Nachzensur (bereits erschienene Veröffentlichungen werden ganz oder teilweise beschlagnahmt oder ihre Verbreitung beschränkt bzw. verboten). I. w. S. erfasst der Begriff Zensur darüber hinaus die Kontrolle jeglicher Form von Meinungsäußerung.«[3]

Betrachten wir diese etwas sperrige Definition. Zensur erfasst also in einem weiteren Sinne auch »die Kontrolle jeglicher Form von Meinungsäußerung.«

Zunächst einmal müssen wir feststellen, dass Bürger wie auch Journalisten prinzipiell frei ihre Meinung äußern können. Sicher: Die zwar gesetzlich garantierte freie Meinungsäußerung kann kaum losgelöst von den komplexen und teilweise ziemlich subtilen sozialen Mechanismen betrachtet werden, die das formal vorhandene Recht auf freie Meinungsäußerung in der Praxis auf vielfältige Weise untergraben können[4], aber lassen wir diesen Aspekt mal beiseite. Fakt ist: Sie und ich können unsere Meinung gesetzlich garantiert frei äußern. Wenn Sie am Abend am Stammtisch sagen, dass Politiker XY zurücktreten sollte, wird niemand kommen und Sie und vielleicht sogar Familienmitglieder verhaften. Wie sieht es mit der Nachzensur beziehungsweise der Repressivzensur aus? Müssen Medien, die einen Beitrag veröffentlicht haben, der beispielsweise der Regierung nicht gefällt, damit rechnen, dass ihre gesamte Auflage vom Markt genommen wird? Müssen Medien mit schweren Konsequenzen rechnen, wenn sie einen kritischen politischen Journalismus betreiben, etwa in der Form, dass ihr Magazin oder ihre Zeitung vom Staat verboten wird? Die Antwort lautet: Nein, müssen sie nicht. Einen Eingriff von Behörden gibt es normalerweise nur dann, wenn gegen bestehende Gesetze verstoßen wurde. Wie sieht es mit der Präventiv- beziehungsweise der Vorzensur aus? Müssen Medienvertreter der Regierung beziehungsweise einer entsprechenden Stelle ihre Erzeugnisse vor Veröffentlichung vorlegen? Werden also Artikel, Fernsehbeiträge und so weiter vorab regelmäßig staatlich geprüft, sodass nur die Beiträge veröffentlicht werden, die der Regierung genehm sind? Auch diese Fragen können wir mit »Nein« beantworten. Es gibt in dem angeführten Sinne in Deutschland keine politische Vorzensur. Vermutlich werden auch die meisten Medienbeobachter diesen Ausführungen und Schlussfolgerungen zustimmen können. Warum behaupten Bürger dennoch, dass Medien zensieren? Eine Erklärung bieten hochrangige Medienvertreter mit der Behauptung, dass jene, die von Zensur sprechen, einfach keine Ahnung von den Funktionsweisen der Medien hätten und die notwendige journalistische Auswahl, Selektion und Bewertung von Nachrichten und Informationen vorschnell mit Zensur gleichsetzen würden. Diese Erklärung ist – zunächst – einleuchtend.

Natürlich haben nicht alle Bürger genauere Kenntnisse von den Funktionsweisen der Medien. Dass auch deshalb falsche Annahmen erfolgen, liegt nahe. Aber: Diese Erklärung ist zugleich wohlfeil und zu einfach. Sie dient nicht dazu zu erklären, warum die Zensurvorwürfe so zahlreich und so massiv sind. Es sei denn, man würde annehmen, dass *alle*, die den Medien Zensur vorwerfen, keine Ahnung haben, wie Medien vorgehen. Diese Annahme dürfte nicht nur fern der Realität sein. In ihr käme auch eine gehörige Portion Arroganz zum Vorschein. Wer sich mit der Kritik der Bürger an den Medien auseinandersetzt, wird schnell feststellen, dass viele Bürger ein für

Laien geradezu erstaunlich fundiertes Verständnis in Sachen Medien und Journalismus haben. Auch wenn sie vielleicht nicht immer mit der präzisen Sprache des Medien- oder Kommunikationswissenschaftlers ihre Kritik zum Ausdruck bringen: Grundlegende Funktionsprinzipien der Medien sind ihnen durchaus bekannt. Sie wissen und verstehen beispielsweise, dass Medien filtern müssen. Dennoch halten sie an dem Zensurvorwurf fest. Wie kann das sein?

Nun wird es langsam kompliziert und wir müssen einen kleinen Umweg gehen. Zunächst: Im Zeitalter des Internets sind Mediennutzer nicht mehr nur auf die Nachrichten und Informationen angewiesen, die ihnen die großen Medien anbieten. Durch das Internet haben Menschen die Möglichkeit, auf einen gigantischen Informationspool zuzugreifen. Mediennutzer vergleichen die Auswahl und Gewichtung der Nachrichten, wie sie beispielsweise abends in der Tagesschau oder in einem großen überregionalen Blatt zu finden ist, mit Informationen, auf die sie im Internet stoßen. Sie machen sich eigene Gedanken darüber, wie Medien selektieren, und kommen so zu dem Verdacht, dass mit den Funktionsweisen der Medien etwas nicht stimmt. Sie erkennen plötzlich, dass Medien ihr Versprechen, Nachrichten und Informationen nach journalistischen Selektionskriterien (etwa Aktualität, lokaler Bezug, Regelverstöße, Außergewöhnliches und so weiter[5]) auszuwählen, gerade bei politisch sensiblen Themen längst nicht immer einhalten. Sie fragen: Wie kann es sein, dass immer wieder bestimmte Nachrichten und Informationen, die in den Medien vorherrschenden Erzählungen entgegenstehen, dauerhaft von den großen Medien ignoriert, ausgeblendet nicht veröffentlicht und gesendet werden (oder allenfalls in marginalisierter Form)?

Wie kann es sein, beispielsweise, dass große Medien kollektiv ein Aufruf von fünf prominenten und reputierten Politikern, in dem diese vor der Gefahr eines dritten Weltkrieges warnen, ignorieren, während Formate im Internet darauf eingehen (siehe Kapitel 2.1)?

Wie kann es sein, dass ein Buch wie *Warum schweigen die Lämmer?* des Kieler Wahrnehmungspsychologen Rainer Mausfeld, der ein zentrales Thema unserer Zeit, nämlich die Erosion der Demokratien, kritisch betrachtet, nahezu vollkommen von den großen Medien ignoriert wird? Auf der Rückseite des Buches heißt es:

»In den vergangenen Jahrzehnten wurde die Demokratie in einer beispiellosen Weise ausgehöhlt. Demokratie wurde durch die Illusion von Demokratie ersetzt, die freie öffentliche Debatte durch ein Meinungs- und Empörungsmanagement, das Leitideal des mündigen Bürgers durch das des politisch apathischen Konsumenten. Wahlen spielen mittlerweile für grundlegende politische Fragen praktisch keine Rolle mehr. Die wichtigen politischen Entscheidungen werden von politisch-ökonomischen Gruppierungen getroffen, die weder demokratisch legitimiert noch demokratisch rechenschaftspflichtig sind. Die destruktiven ökologischen, sozialen und psychischen Folgen dieser Form der Elitenherrschaft bedrohen immer mehr unsere Gesellschaft und unsere Lebensgrundlagen. Rainer Mausfeld deckt die Systematik dieser Indoktrination auf, zeigt dabei auch ihre historischen Konstanten und macht uns sensibel für die vielfältigen psychologischen Beeinflussungsmethoden.«[6]

Lieben die Medien nicht spannende und prägnante Thesen? Müssten Medien nicht geradezu zwingend in einer Zeit, in der viel über den Zustand unserer Demokratien diskutiert wird, ein großes Interesse an diesem Autor und seinen Thesen haben? Wäre es nicht angebracht, bei diesem Buch, das immerhin auf der *Spiegel*-Beststellerliste war, mit dem Autor in einer der großen politischen Talkshows des Landes zu diskutieren?

Auch der Journalist Stefan Korinth betont immer wieder, dass bei bestimmten Themen die formalen journalistischen Selektionskriterien außer Kraft gesetzt sind. Korinth, der sich seit Jahren intensiv mit dem Ukraine-Konflikt beschäftigt, sagte gegenüber dem Autor dieses Buches: »Im Ukraine-Konflikt ist das sehr deutlich zu sehen. Informationen werden von den großen etablierten Medien nicht nach Relevanz, Aktualität und Neuigkeitswert gewichtet, sondern nach politischer Nützlichkeit.«[7]

Informationen, die dem »transatlantischen Gut-und-Böse-Narrativ dienlich« seien, werden veröffentlicht – »oft sogar gezielt gepusht«, sagt Korinth. Informationen hingegen, die der »westlichen Mainstream-Erzählung« widersprechen, ignorierten die großen Medien »in aller Regel«.

»Bei kontroversen Ereignissen«, sagt Korinth, »wird faktisch durchgehend die Nato-Interpretation der Ereignisse vertreten. Diese wird wie die unumstößliche Realität dargestellt, die russische Interpretation hingegen wird entweder gar nicht erwähnt oder als Propaganda verächtlich gemacht.«

Die Aussagen wiegen schwer. Woran macht der Journalist seine Beobachtungen fest?

»Ein Beispiel für diese manipulative Vorgehensweise«, so Korinth, »ist der Umgang der Leitmedien mit dem Scharfschützenmassaker auf dem Maidan – dem aufgrund seiner explosiven Folgen wohl wichtigsten politischen Ereignis des Jahres 2014.«

Folge man dem »transatlantischen Narrativ«, sei das Geschehen recht eindeutig: »Damals wurden dutzende vorrückende Kämpfer der Maidanarmee auf Befehl des Präsidenten Viktor Janukowitsch von Scharfschützeneinheiten der Polizei erschossen.« Allerdings merkt Korinth an: »Trotz fünfjähriger Ermittlungen gelang es der ukrainischen Generalstaatsanwaltschaft nicht, Beweise für diese Hypothese zu ermitteln.«

Im Gegenteil: »Während der Untersuchungen sammelten sich immer mehr Beweise und Indizien für Täter auf Maidanseite an – Zeugenaussagen, Filmaufnahmen, forensische Beweise und Geständnisse. Berichtet wird darüber jedoch nicht. Obwohl der kanadische Politikwissenschaftler Ivan Katchanovski diese Belege in einer umfassenden Studie auflistete, fallen diese Informationen durch das Raster der Medien. Solche Nachrichten passen nicht ins gewünschte Narrativ.«

Korinth weiter: »Selbst zum fünften Jahrestag des Massakers, zu dem sich viele Medien nochmal des Ereignisses erinnerten, wurde den Nutzern durchgängig das westliche Narrativ als Wahrheit präsentiert. Schützen in den vom Maidan kontrollierten Gebäuden kommen in den Medienberichten entgegen des tatsächlichen Wissensstandes nicht vor. Besonders verstörend ist dies, da das ZDF am Tag des Massakers solche Schützen selbst filmte – diese hatten ein ZDF-Zimmer im Hotel Ukraina gestürmt und feuerten von dort in Richtung der Todeszone.«

Die ZDF-Korrespondentin Britta Hilpert habe mit Korinth in einem Interview ausführlich darüber gesprochen.[8] In *ZDF spezial* am 6. März 2014 habe der Sender diese Bilder sogar einmalig gezeigt. »Anlass zu weiterführender Recherche«, merkt Korinth an, »war das alles jedoch nicht – man tut bis heute so, als sei nichts gewesen.«

Und der Journalist führt noch ein weiteres Beispiel an. Es geht um den Vorfall in Odessa (Ukraine) am 2. Mai 2014.

»Die Täterfrage könnte kaum eindeutiger sein – eigens angereiste bewaffnete Nationalisten trieben mehrere Dutzend oppositionelle Einwohner Odessas in ein Gewerkschaftshaus und zündeten es mit Molotow-Cocktails an.«

Mehr als 40 ukrainische Oppositionelle seien verbrannt, erstickt oder von den Rechtsextremisten und Hooligans totgeprügelt worden. Bis heute seien keine der namentlich bekannten Mörder bestraft, nicht einmal angeklagt worden.

Stefan Korinth: »Nichts von all dem passt in die westliche Rahmenerzählung von Gut und Böse im Ukraine-Konflikt. Deswegen taucht dieses Pogrom im Europa der Gegenwart (!) in der deutschen Berichterstattung so gut wie nicht auf. Und in den wenigen Berichten, die es gibt, ist nicht die Rede von einem Verbrechen, sondern von einer ›Tragödie‹ oder einem ›Gewaltausbruch‹; die Mörder werden als ›Fußballfans‹ verharmlost und die Opfer als ›pro-russische Separatisten‹ abgewertet. Etablierte Journalisten, die hierzulande gern moralische Werte, Verantwortung und ›Haltung‹ beschwören, verhalten sich auch in diesem Falle nicht nur handwerklich manipulativ, sondern moralisch absolut beschämend.«

Kürzen wir ab und fassen zusammen: Wie kann es sein, dass Medien bestimmte Perspektiven einfach nicht einnehmen? Wie kann es sein, dass dauerhaft in den großen Medien nur ein sehr überschaubarer Kreis an Personen vorhanden ist, die als Experten ihre Meinungen, Ansichten und Analysen zu den wichtigen politischen und gesellschaftlichen Themen vortragen und Unterschiede nur innerhalb eines sehr engen Meinungskorridors auszumachen sind? Wie kann es sein, dass zahlreiche kluge Analysten, die in Büchern oder alternativen Medien wichtige Beiträge zu aktuellen politischen Debatten liefern, von den etablierten Medien nahezu durchgehend ignoriert werden?

Nicht, dass wir uns falsch verstehen: Bücher und Experten gibt es viele. Medien können natürlich nie *alle* Bücher besprechen oder *alle* Experten zu Wort kommen lassen. Und es wäre falsch, wenn der Eindruck entstünde, dass an dieser Stelle die Ansicht vertreten wird, *ein* von Medien ignoriertes Buch würde Zensur bedeuten. Es wäre genauso falsch anzunehmen, Zensur sei allein schon deshalb in Kraft, wenn Medien den *einen* oder *anderen* Experten, dessen Meinung man selbst für gewichtig hält, ignorieren. Aber: Wenn das Ignorieren einer Systematik folgt, das heißt, wenn *medienübergreifend* und *dauerhaft* Bücher, Autoren, Experten und Stimmen, deren Ansichten und Thesen, die den im journalistischen Feld vorherrschenden politischen Glaubensüberzeugungen entgegenstehen, *weitestgehend* ignoriert werden – Thesen wohlgemerkt, über die zwingend breit öffentlich *mit* den Akteuren diskutiert werden müsste –, dann muss man hellhörig werden. Was geht da in den Medien vor?

Bürger erheben den Verdacht der Zensur nicht nur deshalb, weil Medien sich weigern, *einzelne* Personen in den von ihnen erzeugten öffentlichen Diskurs einzubinden, oder deshalb, weil Medien *einzelne* Themen, Informationen und Sachverhalte nicht aufgreifen. Der Zensurvorwurf wird deshalb erhoben, weil sie immer wieder eine Berichterstattung beobachten, die bei den großen politischen und gesellschaftlichen Themen den Diskurs auf den Durchmesser eines Strohhalms verengt. Doch trotz ihrer korrekten Beobachtung gelingt es vielen Kritikern nicht, die tatsächlichen Ursachen für die beschriebene Schieflage in den Medien freizulegen. Sie greifen stattdessen auf naheliegende, aber falsche Erklärungen zurück. Es muss, so die sich dann anschließende Überlegung, auch wenn im Grundgesetz das Gegenteil steht, einen staatlichen Zensor oder eine einflussreiche Gruppe geben, die über so viel Macht verfügt, dass sie Medien und große Teile der Journalisten kontrollieren. Doch so einfach ist es nicht. Die tatsächlich vorhandene Medienzensur ist das Ergebnis komplexer Ursachen. Der französische Soziologe Pierre Bourdieu, der mit seinen Analysen über das Fernsehen und das journalistische Feld wertvolle Erkenntnisse für eine kritische Betrachtung der Medien geliefert hat, stellt im Hinblick auf das Produkt Fernsehnachrichten fest, dass manchmal in der sozialen Welt etwas zu beobachten ist, »(…) das keiner will und das doch ganz den Anschein haben kann, als sei es gewollt«.[9] Bourdieu erklärt, dass die »vereinfachende Kritik«[10] in diesem Zusammenhang gefährlich ist, denn: »Sie dispensiert von der notwendigen Arbeit, Phänomene zu verstehen wie etwa dies, dass jenes höchst merkwürdige Produkt ›Fernsehnachrichten‹ zustande kommt, ohne dass jemand es wirklich will, ohne dass die Geldgeber spürbar einzugreifen hätten – ein Produkt für den Durchschnittsgeschmack, das Altbekanntes bestätigt und vor allem die mentalen Strukturen unangetastet lässt.«[11]

Die angeführten Gedanken haben einen grundsätzlichen Charakter. Auch in der Mediendebatte gilt es, das Phänomen Zensur zu *verstehen*. Das heißt: Medien üben Zensur aus, obwohl es keine staatlich gelenkte Presse gibt. Medien üben Zensur aus, die in ihrer Auswirkung einer allumfassenden staatlichen Zensur in vielerlei Hinsicht sehr ähnlich ist. Nur: Während die staatliche, von oben verordnete Zensur eindeutig zugeordnet werden kann, man also den Zensor erkennen, greifen und beim Namen zu nennen versteht, entzieht sich der Entstehungsprozess jener Zensur, über die wir reden, sehr geschickt dem Erkenntnissuchenden. Diese Zensur scheinen paradoxerweise selbst die Medien, die sie unaufhörlich ausüben, nicht zu erkennen.

Wir können diese real existierende Form der Zensur nicht mit den etablierten und mehr oder weniger allgemein akzeptierten Definitionen von Zensur erfassen. Wollen wir dieser speziellen Zensur beikommen, müssen wir unser Zensurverständnis erweitern. Wir müssen unsere Gedanken von dem Offensichtlichen hin zu dem mehr oder weniger sozial Verborgenen lenken. Es geht darum, den Blick auf eine Zensur zu richten, die sozial gewachsen ist, und nicht von *außen*, sondern *von innen* aus dem journalistischen Feld heraus wirkt. Das journalistische Feld erzeugt sie aus freien Stücken, ganz ohne Zensurbehörde. Genau genommen müsste diese Zensur sich nicht einmal an den Interessen und Wirklichkeitsbildern der Herrschenden orientieren. Sie tut es aber dennoch – aus Gründen, auf die wir noch zu sprechen kommen. Diese Zensur, von der wir hier reden, hat eine soziologische Dimension. Sie ist das Produkt eines Zusammenwirkens verschiedener sozialer Einflussfaktoren.

Zensur in einem System freier Medien bedeutet, dass bestimmte Perspektiven, Meinungen, Themen und Informationen bewusst oder unbewusst von Journalisten aufgrund von sozialstrukturellen, sozialisationsbedingten, weltanschaulichen Ursachen und Antrieben *medienübergreifend dauerhaft* und *weitestgehend* nicht dem medialen

Diskurs zugänglich gemacht werden. Die Selektion, Einordnung und Gewichtung von Informationen, Nachrichten und Ereignissen verläuft bei bestimmten Informationen und Themen *medienübergreifend dauerhaft* und *weitestgehend* nicht mehr nach journalistischen Standards, sondern nach Weltanschauungen und Glaubensüberzeugungen. Diese Zensur entsteht dann, wenn eine Vielzahl von Journalisten über sehr ähnliche bis identische weltanschaulich geprägte Wahrnehmungs- und Denkweisen verfügen und diese kollektiv handlungsleitend bei der Selektion, Einordnung und Gewichtung von Informationen, Nachrichten und Ereignissen sind. Die Folge ist eine weltanschaulich synchronisierte Berichterstattung. Die Zensur entsteht durch verschiedene Einflüsse im Innern des journalistischen Mikrokosmos, die alle mehr oder weniger stark miteinander verbunden sind, sich gegenseitig bedingen und die ›zensurhaften Einzelentscheidungen‹ potenzieren. Diese Einflüsse werden im Folgenden benannt, skizziert und kritisch diskutiert.

Mit dieser Definition von Zensur vor Augen, sei ein Wort in Sachen Selektion gesagt.

Sosehr man sich auch als aufmerksamer Mediennutzer über eigenartige Entscheidungen einzelner Medien, Redaktionen und Journalisten bei der Selektion von Informationen wundert: Selektion im Sinne einer sauberen journalistischen Auswahl ist natürlich keine Zensur. Sie wird noch nicht einmal dann zur Zensur, wenn *einzelne* Medien bewusst (aus welchen Gründen auch immer) bestimmte Informationen unterdrücken. Wir können allenfalls in zugespitzter Form dann von ›zensurhaften Entscheidungen‹ oder von ›Zensurtendenzen‹ sprechen. Echte Zensur, so wie wir sie hier verstehen, entsteht erst dann, wenn *flächendeckend*, immer wieder, über einen längeren Zeitraum *medienübergreifend* und *dauerhaft* zentrale Medien bestimmte Themen, Stimmen und Sichtweisen unterdrücken.

1.1 Zensur durch Zusammenwirken von Sozialisation und sozialer Zusammensetzung des journalistischen Feldes

> »Wir müssen neue Formen des Kampfes entwickeln, um mit den richtigen Mitteln der Gewalt symbolischer Unterdrückung entgegenzutreten, die sich nach und nach in den westlichen Demokratien ausgebreitet haben. Ich denke an die verdeckte Zensur, der die kritische Presse und das kritische Denken in den großen angesehenen Zeitungen in zunehmendem Maße unterworfen sind.«[12]
>
> Pierre Bourdieu

Sozialisation und die soziale Zusammensetzung des journalistischen Feldes sind in unserem Mediensystem die Wegbereiter für Zensur. Der Prozess der Sozialisation ist ein sehr komplexer Vorgang und Gegenstand vieler wissenschaftlicher Diskussionen. Die Vielfalt der Definitionen des Begriffs Sozialisation ist von verschiedenen Perspektiven und Akzentuierungen geprägt, weitestgehend besteht jedoch Konsens darüber, dass sich Sozialisation in zwei Phasen vollzieht: der primären und der sekundären Sozialisation. Die Wissenssoziologen Peter L. Berger und Thomas Luckmann schreiben: »Die primäre Sozialisation ist die erste Phase, durch die der Mensch in seiner Kindheit zum Mitglied der Gesellschaft wird. Sekundäre Sozialisation ist jeder spätere Vorgang, der eine bereits sozialisierte Person in neue Ausschnitte der objektiven Welt ihrer Gesellschaft einweist.«[13]

Die Sozialisation wird zunächst von engen Bezugspersonen geprägt und dann im späteren Verlauf vor allem auch durch die Interaktion mit unserer weitergefassten Umwelt bestimmt. Grundlegende Werte, Regeln, Normen und so weiter werden im Laufe der Sozialisation in uns eingeschliffen. Berger und Luckmann betonen die Rolle jener, wie es in der Soziologie heißt, »signifikant Anderen«, also der Personen, zu denen wir einen engen Kontakt haben, die dem Kleinkind eine von ihnen bereits vorstrukturierte Welt übermitteln. Diese signifikanten Anderen vermitteln eine Vorstellungswelt, eine Wirklichkeit, die wiederum stark von ihrem eigenen sozialen Hintergrund geprägt wurde.

Sozialisation, das dürfte deutlich werden, greift tief in unsere Wahrnehmung der Welt ein und wird zum bestimmenden Faktor, wenn es um die Erfassung der Realität geht.

Die Wissenssoziologie, also jener Teil der Soziologie, der sich mit der gesellschaftlichen Konstruktion von Wirklichkeit auseinandersetzt, hat zwei sehr prägnante Begriffe hervorgebracht. Es geht um die »Standortgebundenheit des Denkens«[14] beziehungsweise die »Seinsverbundenheit des Wissens«.[15] Die Begriffe führen uns vor Augen, dass unser Wissen und unsere Auffassung von Wirklichkeit stark an uns selbst (unser »Sein«) gebunden sind, aber auch im Hinblick auf die jeweiligen äußeren Bedingungen erfasst werden müssen, die dieses Wissen und diese Auffassungen erst haben entstehen lassen. ›Unser‹ Wissen und ›unsere‹ Wirklichkeitsbilder basieren folglich *nicht* auf einer vollkommen reinen objektiven Erfahrung, sondern sind ›gebunden‹ an einen zeithistorischen und sozialen (Denk-) Standort. Diese ›Gebundenheit‹ des Menschen an einen bestimmten historisch-sozialen Kontext ist ziemlich weitreichend und muss beachtet werden, wenn jemand (Journalisten) den Versuch unternehmen wollen, Realität möglichst objektiv zu erfassen. Anders gesagt: Wir ›wissen‹, nehmen wahr und denken von einem bestimmten »Denkstandpunkt«[16] und das heißt, wir haben große Probleme, wenn es darum geht, einen Erkenntnisgegenstand vollständig zu erfassen. Der Begriff »Seinsverbundenheit des Wissens« erfasst, dass Wissen an unser »Sein« gebunden ist. »Die Seinsverbundenheit des Wissens begreift auch Einzelaussagen und -urteile als Ausdruck einer bestimmten Weltanschauung, und diese wiederum erscheint in Struktur und Gliederung als standortgebunden.«[17]

Diese Gedanken geben uns einen Hinweis darauf, dass es gilt, vorsichtig zu sein, wenn Medien wieder einmal beanspruchen zu ›sagen, was ist‹. Ganz so einfach lässt sich nämlich gar nicht ›sagen, was ist‹, wenn man sich bewusst ist, dass Wissen ein soziales Konstrukt ist[18], dass die Einflüsse der Sozialisation weitreichend und verzerrend sind. Denn: Natürlich haben auch Journalisten eine Sozialisation durchlaufen beziehungsweise durchlaufen sie (wie wir alle) noch immer, da die sekundäre Sozialisation ein Leben lang andauert. Die Standortgebundenheit des Denkens, davon muss ausgegangen werden, macht sich auf die ein oder andere Weise, auch in der Arbeit von

Journalisten als vorgeblich neutrale und objektive Berichterstatter bemerkbar.

Bourdieu verweist auf die Bedeutung der »unsichtbaren Strukturen«[19] der Sozialisation, die das Denken beeinflussen, und merkt im Hinblick auf Journalisten an, dass diese »eine spezielle Brille«[20] tragen, »mit der sie bestimmte Dinge sehen, andere nicht, und mit der sie die Dinge, die sie sehen, auf bestimmte Weise sehen. Sie treffen eine Auswahl, und aus dem, was sie ausgewählt haben, errichten sie ein Konstrukt.«[21]

Tauchen wir noch ein wenig tiefer hinab in den Prozess der Sozialisation. Der Sozialisationsprozess führt auch dazu, dass jeder von uns das ausbildet, was als Habitus bezeichnet wird. Habitus ist wie folgt definiert: »Durch transformierende Verinnerlichung der äußeren (klassenspezifisch verteilten) materiellen und kulturellen Existenzbedingungen entstanden, stellt der Habitus ein dauerhaft wirksames System von (klassenspezifischen) Wahrnehmungs-, Denk- und Handlungsschemata dar, das sowohl den Praxisformen sozialer Akteure als auch den mit dieser Praxis verbundenen alltäglichen Wahrnehmung konstitutiv zugrunde liegt.«[22]

Diese etwas verschachtelte Definition vermittelt uns einen Eindruck davon, dass die von dem französischen Soziologen Pierre Bourdieu entwickelte Habitustheorie ziemlich komplex ist. Sie wird gar als »die Geburtsstunde der bisher wichtigsten theoretischen Entdeckung« der modernen Sozialtheorie bezeichnet.[23] Zu begreifen, was mit Habitus gemeint ist, fällt vielleicht etwas leichter, wenn wir Habitus als »Inkorporation des Sozialen in den Körper«[24] betrachten. Gemeint ist damit (grob vereinfacht), dass im Laufe der Sozialisation unsere Lebenswelt tief in uns eindringt. Unsere äußere Umgebung, also das Milieu, in dem wir uns bewegen, hat einen so weitreichenden Einfluss, dass unser Körper, also unsere Art, uns zu bewegen, zu sprechen, unsere Mimik, Gestik und so weiter zu einem Abbild dieser äußeren Lebenswelt wird. Wenn die Prägung des Habitus so weit reicht, dass sie sich selbst in unserem Körper widerspiegelt, können wir uns leicht vorstellen, wie weit der Habitus auch unser Denken bestimmt. Gewiss sind das erst einmal relativ simple Erkenntnisse, aber sie werden, wenn es um die Einordnung von Journalisten und ihrer Arbeit geht, oft sträflich vernachlässigt. Bourdieu erkennt in dem Habitus ein Prinzip strukturierter und strukturierender Strukturen.[25] Gemeint ist damit: Unser Habitus ist einerseits eine strukturierte Struktur (in ihm spiegeln sich die ganzen Prägungen unserer Sozialisation wieder), aber er hat auch die Fähigkeit, zu einer strukturierenden Struktur zu werden, das heißt, unser Habitus (also ›wir‹) strukturieren durch ihn (die Habitusstruktur) auch uns selbst und unsere Umwelt. Und jetzt wird es interessant: Der Habitus hat die Tendenz, sich zu reproduzieren. Anders gesagt: Es liegt nahe, dass Menschen ziemlich oft genau jene äußeren und inneren (mentalen) Strukturen reproduzieren, aus denen sie hervorgegangen sind. Lassen Sie uns diesen Gedanken übertragen auf unser Thema der journalistischen Berichterstattung. Was glauben Sie, welche Rolle spielt der Habitus innerhalb des journalistischen Feldes? Auch innerhalb des journalistischen Feldes ist ein Habitus das, was er immer ist: Er ist strukturierte und strukturierende Struktur. Das heißt: Der im journalistischen Feld anzutreffende Habitus ›macht‹ das, was ein Habitus eben ›macht‹: Er strukturiert (prägt) aus seiner eigenen Struktur seine Umwelt. Was bedeutet das? Es bedeutet unter anderem, dass der dominierende Habitus versucht, die ›innere Ausrichtung‹ des journalistischen Feldes an ihn anzupassen. In dem Feld entstehen gemeinsame »mentale Strukturen«[26], eine gemeinsame Weltsicht formt sich aus (siehe Kapitel 1.2).

Michael Hartmann hat sich intensiv mit den deutschen Wirtschaftseliten auseinandergesetzt[27] und ist unter anderem zu dem Schluss gekommen, dass *nicht* Leistung ausschlaggebend für den Aufstieg in großen Wirtschaftsunternehmen ist, sondern der richtige Stallgeruch. Mit anderen Worten: Es geht darum, den richtigen Habitus zu haben. In einem Interview ist zu lesen:

> »Zeit Online: Welche Faktoren entscheiden darüber, ob jemand den Aufstieg nach ganz oben schafft?
> Michael Hartmann: Zunächst: Wer in die Elite will, muss an die Universität. Über 90 Prozent der deutschen Eliten haben heute einen Hochschulabschluss. Aber sobald der Hochschulabschluss in der Tasche ist, zählt vor allem der richtige Stallgeruch. In der Soziologie nennen wir das Habitus: Das Wissen um die versteckten Regeln und Mechanismen an der Spitze, um das, was dort en vogue ist, ein breiter

bildungsbürgerlicher Horizont, souveränes Auftreten. Das bevorzugt Kinder aus dem Bürger- und Großbürgertum.
Zeit Online: Kann man sich dieses Verhalten nicht antrainieren?
Michael Hartmann: Das ist ziemlich schwierig. Welche Kleidung angesagt ist und wie Hummer gegessen wird, kann noch vergleichsweise schnell einstudiert werden. Aber der breite bildungsbürgerliche Horizont, der Kindern aus dem Bürger- und Großbürgertum über Jahre vermittelt wird, ist nur mühsam aufzuholen. Ganz zu schweigen von der Selbstverständlichkeit, mit der gerade Kinder aus dem Großbürgertum agieren. Das ist ein zentrales Unterscheidungsmerkmal zu Arbeiterkindern. Wer aus dem Großbürgertum stammt, kann und weiß auch nicht alles, was in Spitzenpositionen wichtig ist. Aber er kann souverän mit Defiziten umgehen.«[28]

Diese Ausführungen geben einen weiteren Einblick in die Funktionsweise des Habitus und wir können erahnen, was es mit ihm im journalistischen Feld auf sich hat. Frage: Gibt es im journalistischen Feld auch so etwas wie einen Stallgeruch? Hier wären genauere Untersuchungen im Sinne Bourdieus Habitustheorie notwendig, aber wer die Funktionsweisen des Habitus versteht, kann nachvollziehen, dass dieser sich natürlich auch im journalistischen Feld seinen Weg bahnt. Von daher, etwas grob gesagt: Der Stallgeruch im journalistischen Feld entspricht jenem Habitus, der dieses Feld dominiert.

Aber wie sieht die soziale Zusammensetzung in den Medien aus? »Journalisten sind in ihrer sozialen Zusammensetzung (…) nicht der Spiegel der Bevölkerung – so wenig wie Ärzte, Anwälte oder Wissenschaftler«,[29] heißt es nüchtern in einer grundlegenden und viel beachteten Studie des Kommunikationswissenschaftlers Siegfried Weichenberg. Und weiter: »Journalisten unterscheiden sich nicht nur hinsichtlich ihrer formalen Bildung vom Durchschnitt der Bevölkerung. Sie rekrutieren sich auch sehr deutlich vor allem aus einem Bereich der Gesellschaft: der Mittelschicht. Rund zwei Drittel der Väter von Journalisten (66,7 %) sind oder waren Angestellte oder Beamte; Kinder von Arbeitern stellen eine kleine Minderheit (8,6 %).«[30]

Diese Studie wurde 2005 durchgeführt und 2006 veröffentlicht, eine so weitreichende, identische Studie gibt es bis heute nicht. [31] Auch wenn aktuelle Zahlen sicherlich interessant wären: Die Probleme im Journalismus, mit denen wir uns auseinandersetzen, basieren auf den Entwicklungen und den Auswirkungen, die sich aus dem Befund von Weischenberg ergeben. Zudem lässt eine aktuelle kritische Beobachtung der Medien die Annahme zu, dass sich der grundlegende Befund kaum verändert haben dürfte.[32]

Peter Ziegler, der in seiner Studie den Fokus auf Absolventen von Journalistenschulen richtet, erkennt, dass sich die »Befragten wie erwartet als veritable Leistungselite erwiesen (haben). Eine Leistungselite, die ganz überwiegend der Mittelschicht entstammt.«[33]Ziegler schreibt weiter in Bezug auf Hartmanns Erkenntnisse: »Damit ist auch für die Journalistenschulen widerlegt, ›Elitenzugang qua Leistungsauslese bedeute zugleich auch eine vergleichsweise große soziale Offenheit der Eliten‹.«[34] »Beamte« seien laut Ziegler »bei den Berufen der Eltern der Absolventinnen und Absolventen stark über-, Arbeiter aber stark unterrepräsentiert. Journalistenschüler und die Absolventen solcher Schulen sind also in ihrem sozialen Kontext keineswegs ein Spiegel der Gesellschaft.«[35] Untersuchungen, wie wir sie hier anführen, lassen erkennen, dass die soziale Zusammensetzung des journalistischen Feldes offensichtlich ziemlich homogen oder besser: zu homogen ist. Wenn ein Feld sich stark von Akteuren aus einer sozialen Schicht zusammensetzt, muss davon ausgegangen werden, dass in diesem Feld ein bestimmter Habitus dominierend vertreten ist.

An dieser Stelle muss man wissen, dass Bourdieu drei Arten von Habitus unterscheidet. Zunächst spricht er vom »Notwendigkeitshabitus«, den er der Unterschicht beziehungsweise, wie er es nennt, der »Volksklasse« zurechnet – Notwendigkeitshabitus deshalb, weil das Leben der »einfachen‹ Leute« oft von Armut und Entbehrung geprägt ist und sich ihr Leben oft nur auf das Notwendige konzentrieren kann. Die Angehörigen der Oberschicht, auf der anderen Seite, haben den sogenannten »distinguierten Habitus« ausgebildet, der erkennen lässt, dass seine Träger über ein besonders hohes Maß an kulturellem Kapital verfügen, welches tief verinnerlicht wurde. Bei ihnen ist, wie Bourdieu es formuliert, »aus Haben Sein«[36] geworden. Anders gesagt: Sie haben nicht nur, sie *sind*. Sie können zurückblicken auf Familienangehörige, die seit Generationen zur oberen Schicht zu zählen sind. Ihr verinnerlichtes Wissen über die kulturellen Praktiken im Zusammenspiel mit den Ressourcen, über die sie verfügen, schlägt sich auch in einem zum Vergleich zu den unteren

Klassen (Luxus-)Geschmack nieder, der auch zur Abgrenzung nach unten dient. Der distinguierte Habitus erweckt bisweilen den Eindruck über ›den Dingen‹ zu stehen.

Im Rahmen unserer Betrachtung interessiert uns nun insbesondere der »Prätentionshabitus« der Mittelschicht. Die leicht negative Konnotation »Anmaßung« ist eine Folge der deutschen Übersetzung, im Französischen ist damit eher »behaupten, vorgeben«, aber auch »streben nach« gemeint.[37] In diesem Kontext soll damit insbesondere das Streben der mittleren Schichten beschrieben werden, sich in der Gesellschaft weiter ›nach oben‹ zu bewegen. Eine Strategie, die in zumindest den unteren Teilen der Mittelschicht häufig zu finden ist und durch die die Akteure versuchen, ihre soziale Stellung zu festigen beziehungsweise auszubauen, sei es, den eigenen ›Wert‹, also den sozialen Status, höher erscheinen zulassen, als er eigentlich ist: »›Ihr Bemühen um den Schein‹ paart sich mit einer Haltung, die Bourdieu als Prätention bezeichnet. Darunter versteht er eine ›unausgesetzte Bereitschaft zum Bluff oder zum Usurpieren sozialer Identität im Versuch, das Sein durch den Schein zu überholen.‹«[38]

Der Habitus der Mittelschicht lässt oft auch den Hang erkennen, sich in die herrschenden Strukturen bestmöglich zu integrieren. Er ist auf Anpassung ausgerichtet, die Akzeptanz der Herrschaftsverhältnisse gehört zu seiner inneren Programmierung. Bourdieu erkannte, dass dieser Habitus durch »Konformismus« gekennzeichnet ist, »sich an Autoritäten und Verhaltensmuster klammert und sich ans Bewährte und als wertvoll Beglaubigte hält (…)«[39] Außerdem folge er »in seiner Beziehung zur Sprache einer Tendenz der Überkorrektheit und Rigorismus (…), die lieber zu weit geht als nicht weit genug und Jagd macht auf (sprachliche wie übrigens auch moralische) Unkorrektheiten und Fehler (…).«[40] »Diese Dispositionen«, so Bourdieu weiter, »manifestieren sich ebenfalls auf moralischem Gebiet (…) und auch auf politischem Gebiet als respektvoller Konformismus oder vorsichtiger Reformismus, der das ästhetische Revoluzzertum schier zur Verzweiflung bringt.«[41]

Frage: Erkennen Sie in dem beschriebenen Verhalten den ein oder anderen Journalisten wieder?

In der Berichterstattung fällt immer wieder auf (wir werden im weiteren Verlauf anhand konkreter Beispiele darauf näher eingehen), wie sehr Journalisten den Informationen von offizieller Seite vertrauen. Oder, beispielsweise: Man achte darauf, wie verbissen und gnadenlos Journalisten oft sind, wenn sie Fehler in der Arbeit der anderen entdecken. Beim Rezensieren von Büchern unliebsamer Autoren stürzen sie sich förmlich auf jeden noch so kleinen formalen oder inhaltlichen Fehler und wälzen diese aus, als ginge es darum, einen Orden für das Entdecken der Fehlerchen zu erhalten. Und dann die Moral: Bei Moralverstößen verwandelt sich das journalistische Feld förmlich zu einer Bestie.

Wenn wir über Habitus, Mittelschicht und die soziale Zusammensetzung des journalistischen Feldes reden, muss uns bewusst sein, dass die in Deutschland oft als sehr breit dargestellte Mittelschicht[42] zu unterteilen ist in die untere, mittlere und obere Mittelschicht. Das heißt: Die Söhne und Töchter einfacher Kaufmänner, leitender Beamter oder aus Akademikerfamilien verfügen über einen jeweils etwas anders ausgeformten Habitus. Für eine weitere Differenzierung beziehungsweise Erfassung und Bestimmung des Habitus könnte auch die soziale Schicht der Großeltern von Interesse sein und die Fragen, ob die Eltern ›Klassenaufsteiger‹ sind, wer die anderen Bezugspersonen waren, in welchem Umfeld die Kinder aufgewachsen sind, wie die Sozialisation im Detail abgelaufen ist und so weiter.

Anders gesagt: Natürlich gibt es (teilweise auch recht große) Unterschiede im Hinblick auf den Habitus zwischen Kleinbürgern und der bürgerlichen Mittelschicht. Auf diese Unterschiede hinzuweisen ist insofern wichtig, da diese sich (in einem begrenzten Rahmen) durchaus auch als Verhaltens- und Wahrnehmungsunterschiede innerhalb des journalistischen Feldes bemerkbar machen. Für unsere nur sehr grob gezeichnete Auseinandersetzung mit dem ›Habitus der Mittelschicht‹ soll diese Differenzierung genügen. Uns geht es um gewisse Grundausrichtungen dieses Habitus, die – in Abstufungen und Variationen – in der Tendenz in dieser Schicht anzutreffen sind und für unsere Auseinandersetzung mit dem journalistischen Feld relevant sind.

Wenn der Hang, sich ›anzupassen‹, sich an der Orthodoxie auszurichten, Herrschaft zu akzeptieren und das Bestreben, sich weiter ›nach oben‹ zu entwickeln (nicht unbedingt gleichzusetzen mit »Karriere machen«), Merkmale des Habitus der Prätention sind, was bedeutet es dann, wenn dieser Habitus das journalistische Feld prägt?

Medien werden als »vierte Gewalt« verstanden. Aufgabe von Journalisten ist es, den Mächtigen auf die Finger zu schauen, sie zu kontrollieren, mit Nachdruck ihre Entscheidungen und Weichenstellungen zu hinterfragen (natürlich ist das ein naiver Blick. Die Realität sieht längst anders aus[43]). Journalisten und ›die Mächtigen‹ stehen sich bei dieser inneren Verfasstheit des journalistischen Berufes gegenüber. Sie sind keine Partner, keine Freunde. Sie müssen geradezu miteinander kämpfen. Um diese Kämpfe so führen zu können, wie es der Beruf verlangt, ist es notwendig, dass Journalisten in der Tendenz vorherrschende Meinungen und Ansichten grundlegend hinterfragen, jederzeit zum Bruch mit ›der Orthodoxie‹ bereit sind. Doch das Gegenteil ist der Fall. Viel zu oft findet die so dringend notwendige grundsätzliche Hinterfragung politischer Entscheidungen und Weichenstellungen *nicht* statt. Denn: Der Habitus, der das journalistische Feld dominiert, ist zumindest in der Tendenz nicht dazu geeignet, ›die da oben‹ fundamental anzugreifen. Konsequent weitergedacht: Das journalistische Feld ist nicht dazu in der Lage, das hervorzubringen, was es liefern soll, nämlich dauerhaft (und nicht nur punktuell) einen gesellschaftspolitisch kritischen Journalismus, der das Verhalten der Herrschenden, wenn nötig, von Grund auf und mit aller Entschlossenheit kritisiert. Und es kommt noch schlimmer: Nicht nur, dass so das journalistische Feld bei seiner Kernaufgabe versagt, in der weiteren Konsequenz richtet es sich auch noch gegen jene, die Kritik an Herrschenden und Machteliten üben (man achte nur einmal auf das Katzengejammer, zu dem so manche Journalisten ansetzen, wenn sie sich darüber echauffieren, dass Bürger gegen ›die Eliten‹ ›wettern‹. Ja, liebe Leserinnen und liebe Leser: Niemand zahlt diesen Journalisten Geld, damit sie sich so äußern. Die machen das aus Überzeugung) – es wird also zu einem Schutzschild für die Mächtigen –, und stellt sich außerdem auch noch gegen die Interessen der unteren Klassen. Und das ist nur logisch: Ein nicht unbeträchtlicher Teil der Akteure, die sich in ihm bewegen, solidarisiert sich, wenn es darauf ankommt, eher mit den oberen Schichten als mit den unteren. So wie (leider) nicht wenige Menschen aus der Mittelklasse oft mit einer gehörigen Portion Verachtung und Unverständnis auf Angehörige der unteren Klasse blicken, so existiert diese Verachtung gegenüber den Armen im journalistischen Feld ebenso (natürlich gibt es, zum Glück, auch noch Journalisten, die zumindest versuchen, der Perspektive der unteren Schichten Raum zu verschaffen). Die Programmierung des Habitus lässt sich nicht verbergen. Der Blick nach unten ist leider oft voller Argwohn, man sieht sich als Steuerzahler, dessen Steuern auch dazu verwendet werden, dass Arme unterstützt werden. Damit ist man zwar prinzipiell einverstanden, aber man fühlt sich im Zweifel als jemand, der Ansprüche gegenüber den unteren Schichten anmelden kann, schließlich gibt man ihnen etwas, also sollen sie (gefälligst!) auch etwas leisten. Aus dem journalistischen Feld habe ich bisher noch keine Empörung über den Slogan »Fördern und Fordern«[44] gehört. Und warum? Weil vermutlich eine beträchtliche Zahl an Journalisten durch das Wirklichkeitsverständnis des eigenen Habitus an ihm nichts auszusetzen haben. Warum sollten sie auch? Schließlich dürften viele vermutlich dieses Prinzip auf dem eigenen Lebensweg selbst oft gelebt und verinnerlicht haben. Die Anstrengungen, die notwendig waren, um dort zu sein, wo man ist, spürt man als Angehöriger der Mittelschicht in aller Regel, wie Bourdieu ausführte. So blickt man in einer Mischung aus eigenartiger Verklärung der eigenen Leistung (hier finden sich Parallelen zu Hartmann und seinen Erkenntnissen zu den Leistungseliten) und Verärgerung über den scheinbaren ›Unwillen‹, nicht genügend Leistung zu erbringen, auf Angehörige der unteren Schichten. Über das Leiden, über die Schicksalsschläge, über die teils Jahrzehnte andauernden brutalen Lebenskämpfe der Angehörigen der unteren Schichten wissen viele Medienvertreter schlicht nichts. Oder sie wollen nichts davon wissen. Es würde eines eigenen Buches benötigen, um selbst nur einen kleinen Teil all der offensichtlichen und subtilen Einlassungen von Angehörigen des journalistischen Feldes zusammenzufassen und zu analysieren, anhand derer sich soziologisch bestimmen lässt, dass der journalistische Blick auf Ungleichheitsverhältnisse in diesem Land sich nicht an dem angebrachten ›hohen Maß‹ an Objektivität ausrichtet, sondern im Wesentlichen von den Ressentiments geleitet wird, die viele Angehörige der mittleren und oberen Schichten gegenüber den Armen hegen (und pflegen).[45]

Die Agenda-Reformen und das damit einhergehende Leid (man denke nur an die Menschen, die durch lebensfeindliche Hartz-IV-Sanktionen obdachlos wurden!) konnten nur deshalb umgesetzt werden, weil zu viele Medien und Journalisten Beifall geklatscht und zu viele geschwiegen haben. Hätten wir es mit einem journalistischen Feld zu tun, das zu einer Berichterstattung in der Lage ist, in der auch der Blick ›von unten‹ maßgeblich vorhanden ist, müssten wir vermutlich längst nicht mehr über Kinderarmut in diesem Land reden. Das hier angesprochene Thema Armut zeigt beispielhaft, was passiert und welche Konsequenzen es hat, wenn ein so wichtiges Feld wie das Journalistische von einem Habitus dominiert wird. Das gesamte Feld gerät aufgrund seiner einseitigen Wahrnehmung und Interpretation der Realität in eine schwere Schieflage. Anstatt die vielfältigen Wirklichkeitswahrnehmungen, so wie sie in unserer Gesellschaft auch vorhanden sind, in einem sinnvoll ausgewogenen Verhältnis in der Berichterstattung sich wiederspiegeln zu lassen, bestimmen die Wirklichkeitsvorstellungen der mittleren (und oberen, dazu gleich mehr) Schichten die journalistische Wirklichkeit. Journalisten fungieren so durch ihre Arbeit als ›Spaltpilze‹, die – vermutlich meistens unbewusst – die ohnehin bereits weit entwickelte gesellschaftliche Spaltung durch eine eindimensionale Berichterstattung noch weiter verstärken. Wenn sie bestimmte gesellschaftliche Gruppen, wenn sie deren ›Wahrheit‹, deren Perspektive, deren Glauben und Überzeugungen dauerhaft aus der Berichterstattung verdrängen beziehungsweise nur in marginalisierter Form vorkommen lassen (weil sie diese als minderwertig, ›objektiv‹ falsch, ›unangebracht‹ halten), dann kommt es zu einer weiteren Ausgrenzung der ohnehin bereits Ausgegrenzten. Dass die hier aufgestellten Gedanken und Schlussfolgerungen nicht aus der Luft gegriffen sind, darauf lässt auch die bereits erwähnte Studie von Ziegler schließen:

»Die befragten Absolventinnen und Absolventen neigen ganz überwiegend aufgrund der Ausbildung und der im Beruf gesammelten Erfahrungen zu einem gut verkäuflichen Mainstream an Themen. Diesen medialen Mainstream können die ehemaligen Journalistenschüler aufgrund ihrer Positionen und Funktionen sowohl bedienen als auch zumindest mitsteuern,«[46] bemerkt Ziegler nüchtern und stellt dann fest: »Am Beispiel des Themenhypes um das ›abgehängte Prekariat‹ wurde deutlich, dass das Rollenverständnis der befragten Absolventen, Anwalt der sozial Schwachen zu sein, nur gering ausgeprägt ist. (…) Deutlich wurde vielmehr, die Selbstbezogenheit des Journalismus auch am Teilsegment der Journalistenschüler. Sie orientieren sich aneinander und bevorzugen die Leitmedien, die sie in ihrer insgesamt linksliberalen Haltung bestätigen.«[47]

Mal abgesehen davon, was »linksliberal« im Zusammenhang mit der Haltung von Journalisten überhaupt bedeutet: Wir erfahren in diesen Zeilen etwas sehr Wichtiges über die ›Ausrichtung‹ ehemaliger Journalistenschüler. Was Ziegler herausgefunden hat, ist deckungsgleich mit unseren Überlegungen zur Ausrichtung jenes Habitus, der das journalistische Feld dominiert. Er tendiert eben stark zum »Mainstream« (dort, wo er sich eben auch sicher bewegen kann) und ist tendenziell nicht dem Nonkonformismus, den ›heterodoxen Wirklichkeiten‹ zugeneigt. Wenn Ziegler schreibt, dass die ehemaligen Journalistenschüler »ganz überwiegend aufgrund der Ausbildung und der im Beruf gesammelten Erfahrungen zu einem gut verkäuflichen Mainstream an Themen« neigen, müsste man ergänzen: Nicht nur deshalb. Sie neigen vermutlich auch dazu, weil ihre Habitusvoreinstellungen entsprechende ›Neigungen‹ begünstigen.

Der ›mentale‹ Abstand zwischen der Mittelklasse und der unteren Klasse wird insbesondere auch noch dann verstärkt, wenn Angehörige der Mittelklasse dabei sind ›abzuheben‹, also ›Karriere machen‹ beziehungsweise ihr ökonomisches, kulturelles und symbolisches Kapital vergrößern. Als Journalist hat man plötzlich die Möglichkeit Zutritt zu Lebenswelten zu bekommen, die sich bei einem ›normalen‹ Lebens- und Karriereweg, wie er in der Mittelschicht typisch ist, kaum je erschließen lassen würden. Schon als einfacher freier Mitarbeiter einer Lokalzeitung ist es alles andere als ungewöhnlich, auf einem Pressetermin mit einem lokalen Bundestagsabgeordneten unterwegs zu sein und prominente Personen aus den unterschiedlichsten Bereichen der Gesellschaft zu begegnen. Haben Journalisten es erst einmal zum Korrespondenten in Berlin gebracht, werden sie mit etwas Geschick in eine jener exklusiven Hintergrundrunden eingeladen, in denen sie mit hochrangigen Politikern im erlauchten Kreis plaudern dürfen und mitunter auch exklusive Informationen erhalten. Was bedeuten diese sozialen Kontakte für einen Journalisten und seinen Habitus, der nur zu gerne den Anschluss nach oben finden will? Nicht unwahrscheinlich, dass sich hier der Habitus in der Tendenz noch weiter (mental) nach oben ausrichtet und noch weiter nach oben orientiert als nach unten. Und so kommt es dazu, dass in unzähligen journalistischen Beiträgen eher die Perspektive der Herrschenden denn die der Beherrschten eingenommen wird. Im Laufe der Sozialisation wird offensichtlich häufig ein Wirklichkeitsverständnis internalisiert, das nicht einmal mehr erkennt (oder erkennen will), dass es Herrschende und Beherrschte gibt. Auch wenn sicherlich die Nähe zur Macht, die Nähe zu den Entscheidern und Eliten in dieser Gesellschaft nicht automatisch zur Korruption führt: Die Nähe zu den Mächtigen hinterlässt bei so manchem Journalisten gewiss auch Spuren. Wer als einfacher Angehöriger der Mittelschicht wie die ganz Großen durch die erlauchten Hallen der Macht schreiten darf, meldet auf einmal Ansprüche an, zu denen er gar nicht berechtigt ist – auch nicht als Journalist. Der Politikwissenschaftler Thomas Meyer hat in seinem sehr zu empfehlenden Buch *Die Unbelangbaren – Wie politische Journalisten mitregieren* die These aufgestellt, dass manche Journalisten versuchen, selbst Politik zu machen. In einem Telepolis-Interview sagte Meyer:

> »… Medien, wie es etwa bei der letzten Bundestagswahl oder bei den Angriffen auf den ehemaligen Bundespräsidenten Wulff zu beobachten war, versuchen, politisch mitzumischen. Das gilt nicht für alle Medien, Tendenzen in Richtung zu einem Journalismus, der selbst zum politischen Mitspieler wird, sind aber klar zu erkennen. Wir können beobachten, dass die Alphajournalisten versuchen, politische Rollen zu spielen und auf die Machtpolitik direkt einzuwirken.«[48]

Man darf hier ruhig die These aufstellen, dass bei diesem Verhalten, das Meyer sehr gut beschreibt, auch die Antriebe des Habitus eine Rolle spielen. Wer als Zuschauer abends die großen Polit-Talkshows schaut und sich über die Arroganz aufregt, die so mancher Alphajournalist bisweilen an den Tag legt, mag mit dem Gedanken vielleicht etwas sanftmütiger auf die entsprechenden Journalisten blicken, indem er sich vor Augen hält, dass hier ein Habitus am ›Übersteuern‹ ist.

Zu unserer These, wonach der Habitus der Mittelklasse nicht dafür ausgelegt ist, Fundamentalkritik an den Herrschenden zu üben, gilt es allerdings Einschränkungen vorzunehmen. Wir sprechen hier immer wieder von Sozialisation. Sozialisation ist ein ziemlich komplexer Prozess. Es ist schon angeklungen: Es wäre nicht richtig, wenn wir aus den hier angestellten Gedanken den Schluss zögen, *alle* Angehörigen der Mittelklasse verhalten sich *immer* genau so wie hier skizziert. Wenn wir von Sozialisation reden, dann geht es um *Tendenzen*. Und nicht um ein absolutes Verhalten. Denn bei aller berechtigten Kritik gibt es durchaus auch in den viel gescholtenen Mainstreammedien bisweilen einen klugen, kritischen Journalismus, der nicht vor Kritik an ›denen da oben‹ zurückschreckt. Andererseits gilt es auch bei journalistischen Produkten, die ›kritisch‹ ausgerichtet sind, genau hinzusehen. Viel zu oft beschränkt sich diese Berichterstattung auf eine mehr oder weniger oberflächliche Kritik (Fehlverhalten eines einzelnen Politikers, moralische Verurteilungen, Themen werden in den Fokus genommen, die es Journalisten relativ einfach machen, kritisch zu berichten, wie zum Beispiel Klima, Umwelt, Gesundheit und so weiter). Eine fundamental herrschaftskritische Berichterstattung, die vor allem auch strukturelle Ebenen beleuchtet, ist selten.

Wenn wir die Rolle des Habitus im journalistischen Feld diskutieren wollen, wäre es allerdings zu kurz gegriffen, nur auf den Habitus der Mittelklasse zu fokussieren. Hartmann hat in seinem 2018 veröffentlichten Buch »Die Abgehobenen« die These aufgestellt, dass viele gesellschaftliche Eliten jede Bodenhaftung verloren haben, also »abgehoben« sind. In einem NachDenkSeiten-Interview geht Hartmann auch auf die journalistische Elite ein und sagt Folgendes:

> »Die Medien sind mittlerweile zu einem Teil des Problems geworden. Ihr Spitzenpersonal nimmt die gesellschaftliche Realität mindestens genauso verzerrt wahr, wie es bei der Politik-Elite der Fall ist. Und dafür gibt es gute Gründe. Die Rekrutierung der Medienelite ist sozial noch weniger repräsentativ. Über drei Viertel der Herausgeber und Chefredakteure in den großen privaten Medien kommen aus den obe-

ren vier Prozent der Bevölkerung. Nähme man die Eigentümer und Vorstandschefs noch hinzu, wären es über vier Fünftel. Dann wäre die private Medienelite sogar die exklusivste von allen Eliten.«[49]

Hartmann verweist auch auf die Journalistenschulen und auf eine Untersuchung seiner ehemaligen Doktorandin Klarissa Lueg, die herausgearbeitet hat, wie exklusiv die soziale Zusammensetzung an den von ihr untersuchten Journalistenschulen ist.[50] Hartmann sagt:

»Die Journalistenschulen sind, das ist bekannt, Karrierebeschleuniger. Viele der großen Medien rekrutieren ihren Nachwuchs aus den großen Journalistenschulen. Das heißt: Der Teil des journalistischen Nachwuchses, der aufgrund seiner Herkunft bereits privilegiert ist, bekommt dann eine Stelle bei jenen Medien, die maßgeblich den Ton im Land angeben. Damit wird noch deutlicher, warum wir auch Teile der Medien als »abgehoben« bezeichnen müssen.«[51]

Der Bezug zur Lebenswirklichkeit der unteren Schichten ist in der Oberschicht natürlich in aller Regel noch geringer, als es im Vergleich zur Mittelschicht ist. Während zumindest manche Angehörigen der Mittelschicht (je nachdem, wie ihre Lebensgeschichte aussieht) wenigstens in Ansätzen Einblicke in die Welt der Ärmeren haben, ist der Leidensdruck der unteren Schichten den Eliten meist völlig fremd. Während viele Arme sich in ihrer ›Freizeit‹ den Kopf darüber zerbrechen, wie sie die Zeit nach dem 10. des Monats finanziell überbrücken können, so manche Angehörigen der Mittelschicht sich darüber sorgen, ob das nette Häuslein auch tatsächlich abbezahlt werden kann, nehmen führende Journalisten aus der Oberschicht an Regatten teil:

»Segeln ist in gewissen Medienkreisen, vor allem in Hamburg, ein beliebter Freizeitsport. Dabei soll es gelegentlich vorkommen, dass einige Alpha-Tierchen der Branche ihren beruflich bedingten Ehrgeiz mit aufs Wasser nehmen. Vergangenes Wochenende richtete der Norddeutsche Regatta Verein zusammen mit dem Deutschen Segler-Verband auf der Hamburger Alster den zweiten Segel Media Cup aus, eine durchaus ernstzunehmende und vor allem ernstgenommene segelsportliche Veranstaltung mit J/70 Booten (Hinweis für Nicht-Segler: Die sind nicht ganz klein). Beim ersten Segel Media Cup vor einem

Jahr landete die Spiegel-Mannschaft um Steuermann Klaus Brinkbäumer zwar nicht auf dem Treppchen aber im inoffiziellen Rivalen-Ranking knapp vor dem Stern-Boot.«[52]

Beispiele wie diese, findet man immer mal wieder. Sie geben einen Einblick in die Lebenswelt der Medienelite, deren Angehörige aufgrund ihrer sozio-ökonomischen Kapitalvorteile in einer Welt leben können, zu der nicht nur die Armen, sondern der größte Teil der Bevölkerung niemals einen Zutritt haben wird. Am Rande sei angemerkt: Diese Gegebenheiten gelten im Übrigen auch für viele andere Länder. Die Großen im Journalismus gehören eben zu den gesellschaftlichen Eliten. Der niederländische Historiker Rutger Bregman wurde Anfang 2019 vom US-amerikanischen TV-Sender Fox interviewt. Schnell brachte er aufgrund seiner kritischen Position den Moderator Tucker Carlson gegen sich auf. Bregman hielt sich mit Kritik an dem Top-Journalisten nicht zurück und sagte zu ihm: »Sie sind ein Millionär, finanziert von Milliardären.«[53] Aus diesem Grund wolle der Moderator auch nicht über Steuerhinterziehungen reden. Der Fox-Journalist sei »kein Teil der Lösung, sondern Teil des Problems«. Carlson, so führte Bregman aus, arbeite auch für eine Denkfabrik. Carlson verlor die Fassung und bezeichnete Bregman als »kleinhirnigen Idioten«, der sich »selbst ficken« möge. Bregman nahm das von dem Sender nicht ausgestrahlte Interview selbst auf und veröffentlichte es dann. Der ein oder andere Leser mag einwenden: Was beweist dieses Beispiel? Ein Beispiel beweist gar nichts. Gut, führen wir ein Zweites an. Am 28. Februar 2019 spielt sich bei Markus Lanz Folgendes ab: Zu Gast ist unter anderem Alexander Jorde[54], ein junger Mann, der eine Ausbildung zum Gesundheits- und Krankenpfleger absolviert. Er wurde deutschlandweit bekannt, als er in einer Wahlsendung Merkel überaus kritische Fragen stellte. Bei Lanz ging es um das Thema Pflege. Lanz wollte von Jorge wissen, was man an dem Pflegesystem ändern müsste, und fragte: »Was schlagen Sie vor? Sollen Milliardäre jetzt enteignet werden?«[55] Jorde sagt: »Ich will keine Neiddebatte aufmachen. Wenn jemand 100 Millionen Euro im Jahr verdient, weil er irgendwo Vorstandschef ist, dann gönne ich ihm das. Aber gleichzeitig möchte ich auch, dass auch alle anderen im Land unter gewissen Bedingungen leben können. Und ich akzeptiere es nicht, dass jemand das Hundertfache oder das Dreihundertfache oder das Tausendfache von jemandem verdient.«[56] Lanz fragt: »Wie soll der dann besteuert werden?«[57] Jorde: »Stärker. Einfach stärker besteuert werden. Am Ende haben sie [die Reichen] doch immer noch genug.«[58] Lanz hakt nach: »Wie viel? »60, 70, 80 Prozent?«[59] Jorde: »Wenn jemand 100 Millionen Euro im Jahr verdient, dann hat er von 80 Prozent Steuern am Ende immer noch 20 Millionen Euro über. Und wenn er sich dann in die Fußgängerzone stellt und fragt: Möchte jemand mit mir tauschen, dann, ich glaube, gibt es keinen, der Nein sagt.«[60] Lanz ringt mit den Worten, sagt: »Das ist jetzt …, das ist jetzt ehrlich gesagt … boah!«[61] Die Diskussion entwickelt sich weiter, Lanz will wissen, wie man etwas ändern kann, Jorde sagt: »Wir müssen auch mal ein bisschen in eine andere Richtung denken und sagen, wir dürfen uns nicht immer nur auf einzelne Staaten begrenzen, sondern auch gucken, wie wir über Staaten hinaus solche Konzepte mal angehen können.«[62]

Lanz erwidert: »Aber ist das nicht Sozialromantik?«[63] Das Beispiels Lanz ist insofern besonders interessant, weil Lanz selbst aus bescheidenen familiären Verhältnissen stammt. Er hat nicht den Habitus der Oberschicht internalisiert, er ist ein Aufsteiger aus der unteren Schicht und hat geradezu eine traumhafte Karriere gemacht. Wer nun annimmt, dass einer, der aus einfachen Verhältnissen stammt und den Aufstieg zur Medienelite geschafft hat, eigentlich zwangsläufig die Perspektive seiner Klasse einnehmen und vertreten müsste, irrt. Nicht immer, aber oft, gelingt ein Aufstieg in andere Schichten und Felder, die einem eigentlich aufgrund der Herkunft verschlossen bleiben oder nur schwer zugänglich sind, nur dann, wenn die vom Feld erwarteten Anpassungsprozesse vollzogen werden. Bourdieu sagt, der Kleinbürger müsse »sich klein machen (…), um durch die enge Pforte zu passen, die zur Bourgeoisie führt (…)«[64]. Markus Lanz, so zumindest mein persönlicher Eindruck, ist es zwar durchaus gelungen, ein Stück weit die ›Kantigkeit‹ eines Akteurs, der in der unteren Schicht geboren wurde, beizubehalten und er macht nicht den Eindruck, als habe er seine Karriere durch Selbstaufgabe und Selbstverleugnung erreicht. Allerdings agiert Lanz in der besprochenen Szene eben auch nicht etwa als Moderator, der sich auf die

Seite desjenigen stellt, der von mehr oder weniger ›unten‹, aus der Sicht des ›Linken‹ , der die Armen in der Gesellschaft im Blick hat, argumentiert, sondern er zeigt sich erstaunt darüber, dass Reiche höher besteuert werden sollen (man hätte an der Stelle auch mal über das Gehalt von Lanz reden können). Anders, allgemein gesagt: Wenn Akteure aus den unteren Schichten der Aufstieg bis weit nach oben gelingt, ist davon auszugehen, dass sie sich längst nicht zwangsläufig für die Mitglieder ihrer Ausgangsklasse einsetzen und bereit sind, auf den großen Bühnen, zu denen sie nun Zutritt haben, sich mit der gebotenen Härte auf Konflikte und Kämpfe mit jenen einzulassen, die sich den Interessen der Angehörigen der unteren Schichten in den Weg stellen.

Zurück zum Habitus: Hartmann hat Recht, wenn er davon spricht, dass auch die journalistische Elite »abgehoben« ist. Der distinguierte Habitus (über den auch ein Teil der Journalisten verfügt) hebt sich deshalb so stark von den Habitus, wie sie in den anderen Schichten zu finden sind, ab, weil nicht nur der Sozialisationsprozess von klein auf einer anderer ist, sondern auch deshalb, weil das gesamte tägliche Leben von einem Überfluss aller Ressourcen geprägt ist, die beim Gang durchs Leben benötigt werden. Während sich der 18-jährige Hartz-IV-Empfänger, dessen Mutter früh gestorben ist, dessen Vater ›Aufstocker‹ ist, sich den Kopf darüber zerbricht, wie er endlich wieder einmal eine Nacht durchschlafen kann, weil der Lärm in dem sozialen Brennpunkt-Haus, in dem er wohnt, unerträglich ist, denkt das Kind aus der der Oberschicht darüber nach, ob es nach dem bestandenen Abitur als Belohnung lieber nach Neuseeland oder in die USA reisen soll. Solche Erfahrungen prägen tief. Sie führen zu völlig unterschiedlichen Wahrnehmungen der sozialen Realitäten und ja, auch des Politischen. Wenn Medien- und Politeliten abends gemeinsam im Hamburger Luxushotel The Fontenay feiern (siehe Kapitel 3.1), dann liegt es nahe, dass man wahrscheinlich am nächsten Tag in der Berichterstattung nicht unbedingt Deutschland ›schlechtredet‹.

Die soziale Zusammensetzung des journalistischen Feldes führt zu einem Wirklichkeitsverständnis, dass sich in der Formulierung zusammenfassen lässt: Aber im Prinzip geht es uns doch gut. Um nur ein Beispiel für diesen Journalismus anzuführen, der, wenn er sich mit Deutschland auseinandersetzt, eine Jubelarie anstimmt:

»Der Rest der Welt blickt, wenn überhaupt, fassungslos nach Deutschland: Fast alle hätten gern das, was wir haben, es geht uns nämlich hervorragend. Und was tun wir? Ängste kultivieren.«[65] Erkenntnisse wie die des Arztes Gerhard Trabert, der den Armen in Deutschland und in anderen Teilen der Welt medizinisch hilft, scheinen bei dieser Wahrnehmung der sozialen Wirklichkeit keine Rolle zu spielen (Trabert: »Leid, ich sehe viel Leid.«[66]). Die hier angestellten Ausführungen führen uns zu der Frage: Bei all den Gravitationen, die alleine bereits von der Sozialisation und der sozialen Zusammensetzung des journalistischen Feldes ausgehen (ökonomische Rahmenbedingungen, Einfluss von außen und so weiter nicht mitgedacht), kann da eine sich an einem möglichst hohen Maß an Objektivität ausrichtende Berichterstattung überhaupt gewährleistet werden? Nein, absolut nicht. Zwar gibt es gewiss auch eine ›saubere‹ journalistische Berichterstattung, aber je weiter wir in den Bereich des politischen Journalismus kommen, je weiter wir uns den konfliktträchtigen Themen unserer Zeit nähern, umso stärker macht sich die im journalistischen Feld vorherrschende Weltsicht in der Berichterstattung bemerkbar – das zeigt die Alltagsbeobachtung der Medien. Viele Mediennutzer bemerken das. Sie erkennen, dass die Berichterstattung der Medien über die Krise in der Ukraine, über Russland, Europa, den Euro und viele weitere Themen oft so schwere Schlagseiten hat, dass sie sich sogar bisweilen auf Ebene der Propaganda[67] bewegt.

Aber lässt sich das Offensichtliche, lässt sich ein Befund aus den Alltagsbeobachtungen der Medien, wonach diese mit einer objektiven Berichterstattung Probleme haben, auch wissenschaftlich untermauern? Die Kommunikationswissenschaftlerin Cornelia Mothes hat 2014 eine Studie unter dem Titel *Objektivität als professionelles Abgrenzungskriterium im Journalismus* veröffentlicht, in der sie der Frage nachgeht, ob sich Journalisten im Hinblick auf das journalistische Qualitätskriterium Objektivität von Nichtjournalisten unterscheiden. Dazu hat die Wissenschaftlerin ein Online-Experiment mit mehreren Hundert Journalisten und Bürgern durchgeführt, bei dem es thematisch um die Laufzeitverlängerung deutscher Kernkraftwerke geht. Mothes kommt zu dem folgenden Ergebnis:

> »Die Befunde legen nahe, dass die Objektivitätsnorm im deutschen Journalismus den Einfluss individueller Eigeninteressen derzeit eher nicht unterbinden kann, da die Auslegung der Objektivitätsnorm scheinbar selbst von persönlichen Interessen der Journalisten abhängig ist (…) Man kann aus diesem Befund zwei Schlussfolgerungen ableiten: Positiv ist, dass Journalisten die Notwendigkeit zur Objektivität scheinbar stärker reflektieren als Nicht-Journalisten. Sie besitzen damit durch ihre berufliche Sozialisation offensichtlich einen wichtigen Mehrwert gegenüber Nicht-Journalisten. Besorgniserregend ist allerdings, dass Journalisten sich trotzdem überwiegend für eine verzerrte Informationsauswahl entschieden haben, sich also vermutlich auch bewusst dagegen entscheiden (können), objektiv zu sein.« [68]

Wer sich mit der Studie auseinandersetzt, wird schnell eine Vorstellung davon bekommen, wie schwierig es ist, die von Mothes gelieferten Erkenntnisse auch wissenschaftlich nachzuweisen. Für Medienvertreter ist es leicht, Vorwürfe, die auf einfachen Beobachtungen ihrer Nutzer beruhen, wegzuwischen. Wenn ein Mediennutzer sagt: »Sie berichten nicht objektiv!«, sagen Vertreter des Mediums: »Doch, tun wir!« Komplexe Studien, die Hinweise auf Objektivitätsprobleme im Journalismus liefern, werden ignoriert.

Schließen wir dieses Kapitel ab. Obwohl die Überschrift des Kapitels lautet: »Zensur durch Sozialisation und Zusammensetzung des journalistischen Feldes«, haben wir – vom Anfang abgesehen – den Begriff Zensur nicht einmal verwendet. Der aufmerksame Leser kann sich denken, warum: Obwohl der Zensurbegriff über viele Seiten nicht auftaucht, haben wir dennoch über Zensur in den Medien gesprochen – zumindest in dem Sinne, wie wir sie hier definiert haben. Das zentrale Kennzeichen dieser besonderen Form von Zensur ist es, dass sie zwar einerseits für jeden kritischen Medienbeobachter durch die abgelieferte Berichterstattung offensichtlich ist, sie aber andererseits geradezu unsichtbar bleibt, nur sehr schwer zu fassen ist, weil es, wie vorne angesprochen, im Gegensatz zu einer staatlichen Zensur keinen Zensor gibt. Es gibt nicht einen Staat, eine Institution oder eine überschaubare Gruppe von Akteuren, von der die Zensur ausgeht. Vielmehr ist es ein ganzes Bündel von sozialen Einflüssen, die zur Zensur in unserem Mediensystem führen. Sozialisation und die soziale Zusammensetzung des journalistischen Feldes sind zwei von ihnen. Wichtig ist: Der Faktor Sozialisation kann im journalistischen Feld dazu führen, dass bestimmte Perspektiven, Analysen, Meinungen und Ansichten von Medienvertretern entweder erst gar nicht gesehen und wahrgenommen werden oder aber aufgrund der eigenen weltbildhaften Antriebe und Überzeugungen (politische Glaubensvorstellungen) dieser Medienakteure bewusst nicht dem medial erzeugten öffentlichen Diskurs zugänglich gemacht werden. Der zensurhafte Moment in der Berichterstattung bahnt sich dann seinen Weg, wenn feldinterne Korrektive fehlen, das heißt: Wenn innerhalb des journalistischen Feldes kein relatives Gleichgewicht unterschiedlich sozialisierter Akteure vorherrscht, wenn in diesem Feld Wirklichkeitsvorstellungen und politische Überzeugungen vorherrschen, die sehr ähnlich bis identisch sind, dann entsteht, medienübergreifend, ein journalistischer Blick auf die Realität, der nur noch das wahrnehmen will und kann, was den im Feld dominierenden Wirklichkeitsvorstellungen entspricht. Der Faktor Sozialisation im Zusammenhang mit der zu homogenen Zusammensetzung des journalistischen Feldes führt zu einem Journalismus, in dem der blinde Fleck nicht nur fest verankert ist, sondern in dem auch der bewusste Ausschluss ›der anderen Meinung‹, der ›anderen Sicht‹ geradezu zu einem unsichtbaren Funktionsprinzip (Zensur) gehört.

1.2 Zensur durch Rekrutierungspraxis

> »Die soziale Magie kann Menschen dadurch verändern, dass sie ihnen sagt, sie seien anders; das geschieht bei den Zulassungsprüfungen (bei denen der 300. noch jemand ist, der 301. aber bereits gar nichts mehr); mit anderen Worten, die soziale Welt bildet Unterschiede dadurch, dass sie sie benennt.«
>
> Pierre Bourdieu[69]

Wer meint, dass die soziale Zusammensetzung des journalistischen Feldes eine Art Zufall sein muss, täuscht sich. Wie wir gesehen haben, ist es für den Habitus wichtig, in einem Umfeld zu agieren, das ihm erlaubt, sich relativ reibungsfrei bewegen zu können. Je größer die Unterschiede des Habitus in einer Gruppe sind, umso wahrscheinlicher ist es, dass es zu gruppendynamischen Konflikten aufgrund der unterschiedlichen sozialen Hintergründe kommt. Die Annahme lautet daher: Bei der Rekrutierung in das journalistische Feld spielen nicht nur formale Kriterien (zum Beispiel Universitätsabschluss) eine Rolle. Insbesondere die großen Medien scheinen darauf zu achten, dass bei den Bewerbern ein Habitus erkennbar ist, der mit einer bestimmten Sozialisation verbunden ist. Anders gesagt: Habituskompatibilität spielt eine große Rolle.

In einem Interview mit ZAPP 2014 macht der Außenpolitik-Chef der *Süddeutschen Zeitung*, Stefan Kornelius, dazu eine bemerkenswerte Aussage: »Wir haben es mit einer Generation zu tun, die jetzt in den Journalismus kommt, die so international ist wie keine zuvor. Jeder Volontär bei uns hat zwei, drei Jahre Auslandserfahrung in den noch so exotischsten Ländern hinter sich, spricht Sprachen, das ist wirklich toll und bemerkenswert. Es gibt die komplette Erasmus-Generation, die rumläuft, die ist offen und versteht, wie die Welt tickt. Also eigentlich müsste es [Anm. d. Red.: Die Berichterstattung] ein leichtes Spiel sein, aber das darf man sich nicht durch die Verrückten verderben lassen.«[70] Die Aussagen von Kornelius sind soziologisch betrachtet äußert erhellend und man kann nur hoffen, dass aufmerksame Soziologen und Medienwissenschaftler sich mit ihnen weiter auseinandersetzen. Was heißt es, wenn ein leitender Redakteur einer der großen Zeitungen in Deutschland davon schwärmt, dass in seinem Hause »jeder Volontär zwei, drei Jahre Auslandserfahrung in den exotischsten Ländern hinter sich« hat, »Sprachen spricht«, und die Erasmus-Generation lobt, »die versteht, wie die Welt tickt«? In aller Deutlichkeit kommt hier zum Ausdruck, wer die würdigen und legitimen Nachfolger zur Bestimmung der journalistischen Wirklichkeit sein sollen. Hier werden Angehörige einer Klasse hervorgehoben, die ihre mehr oder weniger ›distinguierte Sozialisation‹ in jungen Jahren erfahren und vermutlich in einem Umfeld aufgewachsen sind, in dem der Blick durch die Augen der Armen, Benachteiligten und Abgehängten auf die Welt kaum je Bestandteil der eigenen lebensweltlichen Erfahrung gewesen sein dürfte. Wer als junger Mensch die Gelegenheit hat, zwei, drei Jahre in einem exotischen Land verbringen zu dürfen oder als Erasmus-Student unterwegs ist, wird tendenziell eher zu den Privilegierteren dieser Welt zählen oder aber zumindest normalerweise nicht aus einem prekären Milieu stammen. Ob die so Sozialisierten dann in ihrer journalistischen Arbeit ein Verständnis vielleicht auch für unbequeme Streiks in der Gesellschaft zeigen werden? Ob sie die Gründe, die zur Situation in Griechenland geführt haben, gründlich und ausgewogen beleuchten?[71]

In diesem Zusammenhang ist auch ein Interview interessant, dass aus dem Buch *Journalistenschule klarmachen* entnommen und auf Spiegel Online zu lesen ist. Wolf Schneider, langjähriger Leiter der Henri-Nannen-Schule, sprach in dem Interview über die Fächer, die angehende Journalisten studiert haben sollten, und erwähnte am Rande, dass man gerne auch fremde Sprachen mit in den Journalistenberuf bringen dürfte, »aber Chinesisch lerne man bitte nicht in Tübingen, sondern in Peking«.[72] Im Hinblick auf den Wissenstest, dem Bewerber an der Henri-Nannen-Schule unterzogen werden, betonte Schneider, dass eine »bürgerliche Allgemeinbildung zählt«[73] und ein Bewerber »hoffentlich einer bücherfreundlichen Familie«[74] entstamme, der bitte möglichst »unheimlich viel gelesen«[75] haben möge. »Sonst«, so Schneider, »ist das nicht mehr erlernbar.«[76] »Eine nicht mitgebrachte bürgerliche Allgemeinbildung ist ein Handicap«[77], merkt Schneider weiter an. Aussagen wie diese verdeutlichen, wie berechtigt unsere Annahme ist. Beim Einlass in das journalistische Feld spielen nicht etwa jene Kriterien, die für einen gesellschaftspolitischen kritischen Journalismus, wie er für eine Demokratie so wichtig ist, die zentrale Rolle, als da wären: Fähigkeit zur Herrschaftskritik, Wille, sich kritisch mit den Eliten und Machteliten der Gesellschaft auseinanderzusetzen, Gespür für die Ungleichheitsstrukturen in der Gesellschaft, Fähigkeit, auch ›von unten‹ auf Gesellschaft, Lebensverhältnisse und politische Entscheidungen zu blicken, eine ›Habitusvoreinstellung‹, die ein gesundes Misstrauen gegenüber Politikern erkennen lässt.

Bei der Rekrutierung des journalistischen Nachwuchses haben jene, die vor allen die Erwartungen an ein bildungsbürgerliches Ideal erfüllen, deutliche Vorteile. Nun ist es gewiss nicht verkehrt, wenn Journalisten eine gute bis sehr gute Allgemeinbildung mit in ihren Beruf bringen. Im Studium können sowohl ein fachspezifisches Wissen als auch andere bestimmte grundlegende Fähigkeiten erworben werben, die bei der journalistischen Arbeit sehr nützlich sein können. Ganz sicher *muss* man aber nicht Chinesisch in Peking gelernt haben oder aus einer »belesenen Familie« entstammen, um ein guter Journalist zu sein. Man *muss* nicht einmal studiert haben, um als Journalist »im Rahmen der Freiheitsgarantien des Grundgesetzes an der Erfüllung des Informationsanspruchs der Bürgerinnen und Bürger und an ihrer Meinungs- und Willensbildung«[78] mitwirken zu können.

Der Punkt also ist: Die Rekrutierungspraxis des journalistischen Nachwuchses sorgt dafür, dass anscheinend überwiegend diejenigen in das journalistische Feld durchgelassen werden, deren Wahrnehmungs- und Denkkategorien mit den Wahrnehmungs- und Denkkategorien anschlussfähig sind, die in dem besagten Feld vorherrschen. Bei dem Einlass in das journalistische Feld spielen nicht nur Bildungsabschlüsse eine Rolle, vielmehr werden Bewerbungen, davon ist auszugehen, auch auf die gewünschte ›weltanschauliche Grundlage‹ betrachtet, auf die man aus den eingereichten Unterlagen schließen kann. In seiner grundlegenden Studie »Die feinen Unterschiede« merkte Bourdieu Folgendes an: »(…) zahllose offizielle Kriterien dienen faktisch zur Tarnung verborgener Kriterien: Ein bestimmtes Diplom voraussetzen, kann so auch bedeutet, de facto eine ganz bestimmte gesellschaftliche Herkunft zur Bedingung zu machen.«[79] Der Soziologe spricht von einem »Komplex von Nebenmerkmalen, die im Sinne unterschwelliger Anforderungen, als reale und doch nie förmlich genannte Auslese oder Ausschließungsprinzipien funktionieren können (…)«.[80]

Unsere Überlegungen bedeuten sicherlich nicht, dass ›krumme Gewächse‹ überhaupt keinen Eingang in das journalistische Feld erhalten beziehungsweise sich in ihm bewegen. Doch sie haben es schwer, Zutritt zu erhalten. Außerdem können Ausgrenzung oder Vereinnahmung dazu führen, dass die ›andere Sicht‹ auf die politische Wirklichkeit sich nicht oder nur in sehr engen Grenzen entfalten kann. Entweder führen solche Kollegen eine Art Außenseiterdasein in den Redaktionen (und leiden darunter sehr) oder aber sie passen sich im Laufe ihrer beruflichen Sozialisation (Stichwort: Sozialisationseffekte des dominierenden Habitus) so weit an, dass sie die in ihrer Redaktion vorhandenen dominierenden Vorstellungen von Wirklichkeit adaptieren.

Wie schwierig es ist, sich mit einem ›Außenseiterhabitus‹ im journalistischen Feld zu bewegen, lässt sich an folgendem Beispiel gut dokumentieren: Einem Kind aus einer Sozialhilfefamilie gelingt der Aufstieg. Die Frau studiert, ihr gelingt es, ein begehrtes Praktikum beim ZEIT magazin zu bekommen. Für den Artikel über ihre ›Hartz-Familie‹ wird sie für den Henry-Nannen-Preis vorgeschlagen. Später erzählt sie von ihren Erfahrungen in der Redaktion. »Oft habe sie den Eindruck, dass Redaktionen die Themen, die sie selbst bewegen, die Fragen, die sie sich stellt, nicht nachvollziehen können.«[81] Mit Bourdieu ließe sich ihr Konflikt so verstehen, dass ihre Perspektive, ihr Erkenntnisinteresse, aufgrund ihrer abweichenden Sozialisation einfach nicht zu dem Wirklichkeitshorizont ihrer Kollegen passt.

In der Einleitung dieses Buches haben wir geschrieben, dass viele Journalisten nicht einmal ansatzweise bereit sind zu erkennen, wie schwer die Schieflagen in der Berichterstattung ihrer Medien sind. Immerhin manche Medienvertreter verstehen zumindest, dass ein zu homogen zusammengesetztes journalistisches Feld Probleme mit sich bringt. In einem Interview mit Stefan Niggemeier auf Übermedien sagt *Zeit*-Chefredakteur Giovanni di Lorenzo Folgendes: »Ich glaube, unser journalistisches Personal ist zu einheitlich sozialisiert. Die Milieus sind zu ähnlich. Wenn Redaktionen neue Leute holen, holen sie jemanden, ›der zu uns passt‹.«[82]

Und im Interview mit Telepolis sagte der Zeitungsforscher Horst Röper:

> »Die Studien von Siegfried Weischenberg zur sozialen Herkunft von Journalisten waren eindeutig. Aber in den letzten Jahren hat man das Problem erkannt. Sowohl Verlage als auch Redaktionen – wohlgemerkt: längst nicht alle! – setzen auf ›Diversity‹, also Vielfalt. Zum Beispiel haben Redaktionen auch Journalisten mit ausländischen Wurzeln eingestellt (…) Neue Orientierungen bei der Besetzung von Redaktionsstellen greifen in einer Zeit, in der Redaktionen nicht aus-, sondern eher abgebaut werden, kaum kurzfristig. Erst wenn Stellen z. B. durch das Erreichen der Altersgrenze frei werden, können solche Regeln greifen. Das sind langfristige Prozesse. Viele Redaktionen sind aber bereits heute durchaus breiter aufgestellt als früher.«[83]

Das klingt positiv. Aber wie realistisch ist die Annahme, dass sich mittel- oder langfristig die soziale Zusammensetzung im journalistischen Feld ändert?

In einer aktuellen Studie des Reuters Institute for the Study of Journalism an der Universität Oxford und des Journalistischen Seminars der Universität Mainz haben sich Forscher mit dem Thema »Vielfalt« in den Redaktionen in Deutschland, Schweden und Großbritannien auseinandergesetzt. Aus der Studie wird deutlich, dass Medienmacher durchaus die Problematik von sozial zu einseitig zusammengesetzten Redaktionen bewusst sind, aber es schlecht aussieht, wenn es um konkrete Schritte bis hin zu strukturellen Veränderungen geht. Zwar würden in allen untersuchten Ländern führende Journalisten und Journalismusschulen darüber nachdenken, wie sie den Rekrutierungsmodus verändern und soziale Vielfalt in den Redaktionen herstellen könnten, allerdings werde »überraschend wenig Kreativität«[84] an den Tag gelegt, wenn es darum gehe, diesen neuen Zustand auch zu erreichen.

Die interessante Studie, die in einem eigenen Unterkapitel fragt: »Wo ist die Arbeiterklasse?«[85] (in den Redaktionen beziehungsweise im Journalismus), zeigt, dass der angeblichen Bereitschaft, Änderungen im Hinblick auf die sozialen Zusammensetzungen in Redaktionen vorzunehmen, mit einiger Skepsis begegnet werden sollte. Es gibt eine bittere Wahrheit: Die Widerstandskräfte innerhalb der Medien, die kein ernsthaftes Interesse daran haben, die Vielfalt der sozialen Milieus in ihren Redaktionen vertreten zu sehen, sind groß. Die Bereitschaft zu kosmetischen Änderungen mag bestehen, aber spätestens dann, wenn es ans Eingemachte geht, wenn es um die dominierenden politischen Weltbilder geht, wenn jene Berichterstattung, die die großen politischen Diskurse prägt, durch Journalisten aus unterschiedlichen Milieus auf den Prüfstand gestellt würde, wäre die Öffnung des journalistischen Feldes zu Ende. Es mag sein, dass derzeit Redaktionen darauf achten, sich personell etwas breiter aufzustellen, das heißt zum Beispiel auch, vermehrt Menschen mit Migrationshintergrund zu rekrutieren. Prima! Nur haben wir es dann mit Kosmetik zu tun, wenn der junge Mann aus Indien oder die junge Frau aus Griechenland auch wiederum aus der bürgerlichen Schicht seines/ihres Landes stammt. Fest steht:

Die Zugangsvoraussetzungen zum journalistischen Feld sind ein mächtiger Hebel. Über ihn kann und wird vermutlich der Einlass in das journalistische Feld so gesteuert, dass tendenziell nur Vertreter mit dem »richtigen Weltbild« Einlass gewährt wird. Doch es gibt neben den formalen und ideologischen Zugangsvoraussetzungen eine weitere Hürde, die dazu führt, dass das journalistische Feld längst nicht allen offensteht. Man muss, um in der Lage zu sein, im System der Mainstreammedien ein Volontariat zu absolvieren, sicherlich nicht reich sein – aber arm sollte man auf keinen Fall sein. Welches Kind einer alleinerziehenden Mutter, die von Hartz IV lebt, kann es sich schon leisten, die für die bei der Bewerbung um ein Volontariat so wichtigen Praktika finanziell zu stemmen? Mehre Wochen oder gar Monate abwechselnd in einer Redaktion in Berlin, München, Hamburg zu verbringen? Damit sind erhebliche Kosten verbunden. Auch wenn Lokal- und Regionalmedien auf diese Praktika vielleicht nicht ganz so großen Wert legen: Diese Medien erwarten oft, dass Mitarbeiter sowohl einen Führerschein als auch ein eigenes Auto besitzen.

Am 15. März 2019 hat der Journalist Daniel Bröckerhoff getwittert: »Bekannte Regionalzeitung lehnt Volontärsbewerber ab, weil er keinen Führerschein hat (& kein Auto). Er kann es sich aus privaten Gründen nicht leisten, u.a. weil Vater keinen Unterhalt zahlt. Wenn ihr euch nochmal fragt, warum nur die Mittelschicht Journalist wird: Darum.«[86] Gerade also bei jenen Medien, wo weltanschaulich vielleicht nicht ganz so streng ausgesiebt wird wie bei den großen Medien, greifen dann wiederum ökonomische Voraussetzungen, an denen die Kinder aus armen Familien, die den Beruf des Journalisten ergreifen möchten, scheitern.

Kommen wir zum Abschluss dieses Kapitels und damit auch wieder zur Zensur. Die vorangestellten Ausführungen verdeutlichen: Der Rekrutierung des journalistischen Nachwuchses, also den formalen, offen ausformulierten Zugangsbedingungen, genauso wie den mehr oder weniger subtilen »Sekundärqualifikationen«, die erwartet werden, kommt in dem Geflecht der sozialstrukturell ausgeformten Zensur, wie wir sie hier betrachten, eine gewichtige Rolle zu. Auch an dieser Stelle müssen wir wieder darauf hinweisen, dass das Zensurauslösende subtil in das journalistische Feld eingeschliffen wird. Die einzelnen Akteure, die für die Rekrutierung des journalistischen Nachwuchses zuständig sind, wählen diesen Nachwuchs *nicht* kollektiv mit dem Ziel aus, Zensur entstehen zu lassen. Handlungsleitend dürften viel mehr die Antriebe des Habitus sein, das heißt: Man findet eben Bewerber ›qualifizierter‹ (sympathischer), von denen man ausgeht, dass ihr Habitus dem eigenen sehr ähnlich ist. Natürlich lassen all die Informationen, die Redaktionen zu Bewerbern vorliegen (Alter, Bildungsbiografie, Auslandsaufenthalte, Sprachkenntnisse, Arbeitsproben, weiche Faktoren wie ehrenamtliche Tätigkeiten und so weiter), auch Rückschlüsse auf den Habitus zu. Und mit dem Habitus, der aus den Bewerbungsunterlagen hervorblitzt, werden Weltanschauungen sichtbar. Da Journalismus ein sensibles Berufsfeld und für unsere Gesellschaft und Demokratie bedeutsam ist, ist es sicherlich auch nicht verwerflich, wenn Redaktionen mit einem wachen Auge auch auf die möglichen Weltanschauungen derjenigen blicken, die Einlass in das Feld begehren. Dass Redaktionen etwa darauf achten sollten, keine Rechtsradikalen oder religiösen Fanatiker zu rekrutieren, versteht sich von selbst. Wenn tendenziell allerdings nur noch Personen rekrutiert werden, deren Habitus ähnlich dem im journalistischen Feld dominierenden Habitus ist, dann entsteht ein Journalismus, der im Hinblick auf die Erfassung der gesellschaftlichen und politischen Realität sozial beschnitten ist – mit weitreichenden Folgen. Ein journalistisches Feld, das auf diese Weise rekrutiert, wird zum Wegbereiter einer Zensur, die aus seiner ihm eigenen Sozialstruktur entsteht. Die Rekrutierung sorgt dafür, dass zumindest tendenziell von vorneherein in der Berichterstattung der ›andere Blick‹ auf ›die Dinge‹ ausgeschlossen wird. Der vielgescholtene russische Staatssender RT Deutsch wirbt denn auch durchaus folgerichtig mit dem Claim: »Der fehlende Part«. [87] Mal abgesehen von der Kritik, die man an dem Sender üben kann und ob er dieses Versprechen wirklich einlöst: Der »fehlende Part« existiert in unserer Berichterstattung. Der blinde Fleck ist real. Er verweist auf die Zensur im Journalismus unserer Zeit.

1.3 Zensur durch berufliche Sozialisation

> »Wenn es stimmt, dass die Idee einer persönlichen Meinung selbst sozial determiniert ist, dass sie Produkt der durch Erziehung reproduzierten Geschichte ist, dass unsere Meinungen determiniert sind, dann ist es allemal besser, das zu wissen; und vielleicht ist die Chance, persönliche Meinungen zu haben, nur dann gegeben, wenn wir wissen, dass unsere Meinungen so spontan nicht sind.«
>
> Pierre Bourdieu[88]

Wer einen Beruf erlernt, wird auch eine berufliche Sozialisation durchlaufen. Das gilt für Köche, Maurer, Ärzte und auch für Journalisten. Die berufliche Sozialisation hat einen enorm hohen Wert. Nicht nur grundlegende Fertigkeiten und Kenntnisse, sondern auch berufsspezifische Normen, Werte und Standards werden beim Durchlaufen der beruflichen Sozialisation verinnerlicht. Ein tiefes Verständnis für den Beruf, für seine Regeln, für die inneren Zusammenhänge und die ungeschriebenen Gesetze und Normen werden erworben. So wie es, sagen wir, einem Koch ins Blut übergeht zu lernen, wie er mit leicht verderblichen Speisen umzugehen hat oder wie man ein gutes Steak zubereitet, so lernen auch Journalisten in ihrer beruflichen Sozialisation bestimmte Verhaltens- und Vorgehensweisen, die von außen betrachtet vielleicht simpel erscheinen, die aber, wenn sie fest in der journalistischen Arbeit verankert sind, mit dazu beitragen, dass der gelieferte Journalismus auf einem festen Fundament steht (erinnern wir uns an die Erkenntnis von Mothes, wonach »Journalisten die Notwendigkeit zur Objektivität scheinbar stärker reflektieren als Nicht-Journalisten«). Das fängt damit an, dass Journalisten sehr früh lernen, wie wichtig es ist, Namen korrekt zu schreiben. Jungen, angehenden Journalisten erklärt man als Redakteur gerne, dass die meisten Menschen in ihrem Leben allenfalls zweimal mit ihrem Namen in einer Zeitung erscheinen: Bei der Geburt und beim Tod. Sollten ihr Namen doch einmal im Rahmen eines Zeitungsartikels auftauchen, dann ist es wichtig, dass man diesen als Journalist korrekt anführt. Ähnliches gilt für die Verpflichtung zur wahrheitsgemäßen Berichterstattung. Wer nach einem Treffen im Rathaus den Bürgermeister mit den Worten zitiert, die neue Straße werde trotz der Bürgerbedenken gebaut, obwohl er genau das Gegenteil gesagt hat, wird nicht lange in dem Beruf bleiben. All das ist banal. Und auf diese Verhaltensweisen kann man sicherlich auch als Nichtjournalist kommen und man kann sie genauso auch als ›Laienjournalist‹ so gut berücksichtigen, wie es ein professioneller Journalist normalerweise tut. Nur: Man kann sich sicherlich vorstellen, dass jemand, der im Laufe der Zeit viele Tausende journalistische Beiträge verfasst hat, diese Verhaltensweisen auf eine besonders feste Weise verinnerlicht hat. Kurzum: Der Wert der beruflichen Sozialisation, die ein Journalist erfährt, ist nicht zu unterschätzen. So wie die angeführten (und viele andere) Verhaltensweisen zum festen Bestandteil der journalistischen Arbeit werden, so passiert noch etwas anderes während der beruflichen Sozialisation. Man lernt eben nicht nur (handwerkliche) Fertigkeiten, übernimmt ein bestimmtes Berufsverständnis oder saugt die ›inneren Prinzipien‹ des Berufes auf, sondern bildet auch ein bestimmtes Verständnis von Wirklichkeit aus. Die journalistische Sozialisation beeinflusst so auch die eigene Wahrnehmung der Welt und formt im Idealfall (aus Sicht des journalistischen Feldes) einen Journalisten, der genau ›weiß‹, ohne dass man ihm ausdrücklich sagen muss, welches Thema ›geht‹ und welchen ›Dreh‹ man ihm gibt oder besser nicht. In seinem Buch »Über das Fernsehen« schildert Bourdieu eine interessante Anekdote:

> »Ich erinnere mich an ein Interview mit einem Programmdirektor, der sich seiner Sache völlig sicher war. Ich fragte ihn: ›Warum platzieren Sie das an erster und jenes an zweiter Stelle?‹ Er antwortete: ›Das versteht sich von selbst.‹
> Und wahrscheinlich saß er ebendeswegen an der Stelle, wo er saß; weil nämlich seine Wahrnehmungskategorien genau den objektiven Anforderungen entsprechen (…) Gewiss, in demselben journalistischen Milieu finden unterschiedliche Journalisten auf unterschiedlichen Posten seine Selbstverständlichkeiten in ungleichem Maße selbstverständlich. Die Programmdirektoren, denen die Einschaltquote zur zweiten Natur geworden ist, haben ein Gespür für das Selbstverständliche, das der kleine Anfänger unter den Reportern nicht unbedingt teilt, der auf seinen Themenvorschlag zur Antwort erhält: ›Völlig uninteressant …‹«[89]

Bei allem, was empirisch über die Medien zu erfahren ist, ist davon auszugehen, dass in einer Aussage wie »völlig uninteressant«, die darüber entscheidet, ob ein Themenvorschlag aufgegriffen oder abgelehnt wird, nicht immer nur die reinen journalistischen Auswahlkriterien eine Rolle spielen.

Während der beruflichen Sozialisation werden die angehenden Journalisten oft so lange geschliffen, bis ihre journalistischen Wahrnehmungs-, Denk- und Handlungsschemata mit denen, die im Feld vorhanden und erwünscht sind, in etwa übereinstimmen.

Da, wie wir in den vorangegangenen Kapiteln festgestellt haben, durch die soziale Zusammensetzung des journalistischen Feldes und sein Rekrutierungsmodus sehr ähnliche bis identische Wahrnehmungs- und Denkschemata in dem Feld konzentriert sind, ist davon auszugehen, dass die berufliche Sozialisation (die natürlich nicht von den Akteuren, die die jungen, angehenden Journalisten prägen, losgelöst betrachtet werden kann) eine ohnehin bereits ziemlich einheitliche Erfassung der Realität durch das journalistische Feld noch verstärkt. Mit anderen Worten: Der zensurhafte Moment gewinnt weiter an Kraft.

Wer als angehender Journalist plant, sich fest in dem Feld zu etablieren und möglichst geschmeidig darin unterwegs zu sein, tut gut daran, all die expliziten oder impliziten Hinweise, die er bezüglich der Perspektiven und Themen, die innerhalb der Medien als legitim oder illegitim betrachtet werden (die ›gehen‹ oder ›nicht gehen‹), erhält, mit einem wachen Auge aufzunehmen. Wer zum x-ten Mal einen herrschaftskritischen Demokratietheoretiker zu Wort kommen lassen möchte, obwohl doch der Ressortleiter, sein Stellvertreter und so weiter der Ansicht sind, dass man diesen ›kruden Thesen‹ keinen Raum geben muss, wird große Schwierigkeiten bekommen. Wir können an dieser Stelle etwas zugespitzt sagen: Die Bereitschaft, Zensur auszuüben, ist in dem gegenwärtigen journalistischen Feld Teil der beruflichen Sozialisation. Es heißt, bereit zu sein, über all das zu berichten, all die Perspektiven einzunehmen, die das Feld zulässt. Und es heißt zugleich, alles zu zensieren, was den (politischen) Wirklichkeitsvorstellungen der Akteure, die zu den bestimmenden Kräften im Feld gehören, missfällt und was sie nicht in ihren Medien vertreten sehen möchten. Die Zensur, die durch die berufliche Sozialisation im journalistischen Feld entsteht, wird so weit in die Wahrnehmungs- und Denkschemata der Feldakteure eingeschliffen, bis sie von ihnen verinnerlicht wurde (im ›Idealfall‹. Natürlich ist dieser Teil der beruflichen Sozialisation nicht immer und bei allen ›erfolgreich‹). Das Resultat dieser beruflichen Sozialisation ist: Die ›journalistische‹ ›Einordnung, ›Gewichtung‹ und ›Selektion‹ von Informationen, Sachverhalten und so weiter läuft dann häufig nur noch im Modus der Zensur. Erkannt und wahrgenommen wird diese Zensur von vielen der sie ausübenden Journalisten nicht als Zensur, sondern als völlig saubere und legitime journalistische Arbeit – eben ganz so, wie es ›das Feld‹ ihnen bei ihrer beruflichen Sozialisation vermittelt hat.

1.4 Zensur durch das Feld

> »Hier steht nicht einfach ein Wort für ein anderes, sondern der Diskurs als solcher, und über ihn das ganze Feld, fungiert als Instrument der Zensur.«[90]
>
> Pierre Bourdieu

Kommen wir zu dem wohl faszinierenden Faktor in unserem Zensurgeflecht: das Feld, das selbst Zensur ist. In diesem Kapitel findet die Zensur, mit der wir es zu tun haben, sozusagen ihren Höhepunkt. Was ist mit einem »Feld, das Zensur ist«, gemeint? Zur Klärung dieser Frage müssen wir uns ein wenig auf Bourdieus Feld- und Kapitaltheorie einlassen. Zunächst zu dem Begriff »Feld«: Auch mit einem nichtsoziologischen Wissen kann man sich relativ leicht erschließen, dass, wenn hier von Feld die Rede ist, eine Art eigener »Raum« beziehungsweise, wie Bourdieu sagt, ein eigener Mikrokosmos gemeint ist. Bourdieu definierte Feld wie folgt: »Ein Feld ist ein autonomer Mikrokosmos innerhalb des sozialen Makrokosmos. Etymologisch heißt autonom sein, sein eigenes Gesetz zu haben, sein eigenes nomos, nach seinen eigenen Regeln zu funktionieren.«[91] Bourdieu sagte auch etwas zum politischen Feld, was allgemein für das Verständnis von Feldern interessant ist:

»Vom politischen Feld zu sprechen heißt, dieses als einen Mikrokosmos zu konzipieren, als eine kleine, relativ autonome soziale Welt innerhalb der großen sozialen Welt. Man findet darin viele Eigenschaften, Beziehungen, Handlungen und Prozesse, die man in der großen Welt findet, aber diese Prozesse, diese Phänomene nehmen hier eine besondere Form an. (…) Wie das religiöse Feld beruht das politische Feld auf einer Trennung von Eingeweihten und Nicht-Eingeweihten.«[92]

Diese Ausführungen lassen erkennen, dass, wenn Bourdieu von Feldern spricht, wir es nicht einfach nur mit einem beliebig austauschbaren Begriff zu tun haben. Dahinter verbirgt sich eine eigene Theorie, die zum Ziel hat, einen definierten gesellschaftlichen Raum auch im Hinblick auf die in ihm vorzufindenden Kräfteverhältnisse, Kämpfe, Strategien, Macht- und Herrschaftsverhältnisse sichtbar zu machen.

Dazu Bourdieu: »Die Struktur des Feldes gibt den Stand der Machtverhältnisse zwischen den am Kampf beteiligten Akteuren oder Institutionen wieder bzw., wenn man so will, den Stand der Verteilung des spezifischen Kapitals, das im Verlauf früherer Kämpfe akkumuliert wurde und den Verlauf späterer Kämpfe bestimmt.«[93]

Wenn wir mit diesen Gedanken auf das journalistische Feld blicken, wenn wir uns nochmal die soziale Zusammensetzung in den Medien vor Augen führen, dann wird uns vielleicht bewusster, dass dieses Feld in seiner derzeitigen Verfassung auch das Resultat sozialer Kämpfe ist.

Nun mute ich Ihnen noch einen Begriff aus der Theorie von Bourdieu zu. In dem folgenden Zitat wird von einer »Distributionsstruktur des Kapitals« innerhalb eines Feldes gesprochen. Wenn Bourdieu von »Kapital« spricht, meint er nicht einfach nur ›Geld‹ beziehungsweise ökonomisches Kapital. Für ihn gibt es auch ein kulturelles Kapital (vereinfacht: Bücher, Wissen, Zeugnisse), soziales Kapital (Beziehungen, ›Vitamin B‹) und symbolisches Kapital (beispielsweise das Bundesverdienstkreuz; alle drei zuvor angeführten Kapitalarten können auch symbolisch als Kapital eingesetzt werden). Sehen wir, was Bourdieu allgemein zur Zensur in Feldern sagt: »Das Feld fungiert als Zensur, weil derjenige, der in dieses Feld eintritt, sofort in eine bestimmte Struktur eingeordnet wird, in die Distributionsstruktur des Kapitals. Die Gruppe gibt ihm das Wort oder gibt es ihm nicht; gibt ihm Kredit oder gibt ihm nicht Kredit – im eigentlichen Sinne wie im übertragenen Sinne. Und dadurch übt das Feld über das, was er gerne sagen würde, über jenen (…) Diskurs, den er vielleicht gerne halten möchte, Zensur aus und zwingt ihn, nur das durchgehen zu lassen, was sich gehört, was sagbar ist.«[94]

Das, was Bourdieu hier etwas technisch beschreibt, zeigt uns: In Feldern existieren ›Kräfte‹, die einen starken Druck auf denjenigen ausüben, der in das Feld einritt. Im vorangegangenen Kapitel haben wir über die Sozialisation innerhalb des journalistischen Feldes gesprochen. Wir können an dieser Stelle sagen: Das Feld versucht diejenigen, die eintreten, zu formen (beruflich zu sozialisieren, siehe vorangegangenes Kapitel), und zwar so, wie es die dominierenden Kräfte in ihnen bestimmen. Was heißt das? Es heißt, dass das Feld sichtbare und unsichtbare Grenzen beinhaltet, die für die Akteure, die sich in ihm bewegen – insbesondere die Neuankömmlinge – nicht oder nur durch intensive Kämpfe überwunden werden können. Bourdieu sagt: »Jemand, der in die Politik eintritt, muss ebenso wie jemand, der in einen Orden eintritt, eine Konversion durchmachen, und auch wenn ihm diese nicht als solche erscheint, auch wenn ihm diese nicht bewusst ist, wird sie ihm stillschweigend aufgezwungen, andernfalls droht eine Niederlage oder der Ausschluss.«[95]

Diese »Konversion«, diese Umwandlung, ist dem Anpassungsprozess, der von dem Neuankömmling allgemein in einem Feld erwartet wird, sehr ähnlich. Es gilt sich so weit anzupassen, dass er nicht mit den geschriebenen und ungeschriebenen Gesetzlichkeiten des jeweiligen Feldes kollidiert. Sie erahnen es: Am einfachsten haben es natürlich diejenigen Neuankömmlinge und Akteure, die aufgrund ihrer sozialisatorischen Hintergründe, ihrer Einstellungen, ihrer Bereitschaft, die Regeln des Feldes unhinterfragt anzunehmen, ›gut‹ in das Feld passen.

Erinnern wir uns an den Fall der Frau, die aus einer ›Sozialhilfefamilie‹ stammt und die davon berichtet, wie schwer es für sie war, sich in der Redaktion des *Zeit*-Magazins zu bewegen. Sie ›passte‹ offensichtlich trotz der formalen Qualifikationen nur ›bedingt‹ in das journalistische Feld. Gerade also diejenigen, die mit Wirklichkeitsvorstellungen in das journalistische Feld eintreten, die den dort dominierenden Wirklichkeitsvorstellungen entgegenstehen, sind vom ersten Moment mit einem Kampf konfrontiert, bei dem es darum geht, die im Feld vorherrschende ›richtige‹ Perspektive zu übernehmen. Was wir bisher eher abstrakt dargestellt haben, wollen wir jetzt anhand einer konkreten Situation verdeutlichen: Angenommen, Sie haben gerade eine der begehrten Volontärstellen erhalten. Sie sitzen in einer Redaktionskonferenz zusammen mit 50 Redakteuren und Reportern. Sie möchten einen Beitrag vorschlagen, dessen Inhalt und Tenor vollkommen den Ansichten der meisten Kollegen widerspricht. Als Sie Ihre Idee vorstellen, ist der Chefredakteur sichtbar genervt und auch sein Stellvertreter drückt durch Mimik und Gestik aus, dass er mit der inhaltlichen Ausrichtung Ihres Beitrags nicht zufrieden ist. Der Stellvertreter des Stellvertreters sympathisiert zwar durchaus mit Ihrem Vorschlag, aber er möchte nicht immer nur Stellvertreter des Stellvertreters bleiben. Eine Handvoll Redakteure ist auf Ihrer Seite, aber der eine ist nicht der Typ, der sich bei solch einer Diskussion zu Wort meldet und sich gegen die Mehrheitsmeinung stellt. Der andere hat damit kein Problem, hat sich aber in der Woche schon zweimal kritisch zu Wort gemeldet und ist deshalb mit dem Chefredakteur aneinandergerasselt. Der dritte springt Ihnen tatsächlich zur Seite, aber seine Einlassung wird schnell von der Mehrheit der Anwesenden durch verbale und nonverbale Äußerungen abgebügelt. Die beiden anderen sind kurz davor, ihren Themenvorschlag zu verteidigen, aber die Vernunft sagt ihnen, dass sie mit ihren Einlassungen ohnehin nichts erreichen werden. Warum also negativ auffallen in einem Konflikt, den man nur verlieren kann? So schweigen die beiden. Nun stellen Sie sich bitte vor, was passiert, wenn dieses Szenario keine Ausnahme ist, wenn Sie also immer wieder Themenvorschläge abliefern, die nicht mit den dominierenden (politischen) Wirklichkeitsvorstellungen in Ihrer Redaktion harmonieren. Ihr gesamtes Agieren innerhalb der Redaktion (beziehungsweise des Feldes), in der Sie arbeiten, aber insbesondere auch dann, wenn sie Themen vorschlagen, ist einer pausenlosen Bewertung unterworfen. Es gilt sich nochmals in Erinnerung zu rufen, dass formale Freiheit nicht unbedingt identisch ist mit faktischer Freiheit. Als Volontär in unserem Beispiel sind Sie zwar (vermutlich zumindest in den meisten Redaktionen) ›frei‹ darin, Themen vorzuschlagen. Sie haben die Freiheit, Ihre Themenvorschläge zu begründen. Schließlich sind Redaktionen beziehungsweise Redaktionskonferenzen keine diktatorischen Gebilde. Nicht wenige leitende Redakteure betonen, dass sie es schätzen, wenn Kollegen »meinungs- und argumentationsstark« sind und ihren Themenvorschlag gegenüber der Redaktion verteidigen (ob alle das dann auch tatsächlich immer so meinen, sei dahingestellt). Dennoch sind die bestehenden Weltbilder und Wirklichkeitsvorstellungen in den Redaktionen überaus wirkmächtig. Die Freiheit des Einzelnen, Themen vorzuschlagen und umzusetzen, endet oftmals dort, wo zentrale Wirklichkeitsvorstellungen in den Redaktionen und im journalistischen Feld angegriffen werden. Die Ein- und Unterordnung in die Struktur des journalistischen Feldes bedeutet also: Die Akteure müssen bei ihrer journalistischen Arbeit, also beim Vorschlagen von Themen und Interviewpartnern, der Ausarbeitung ihrer Beiträge und schließlich dem Redigieren, die jeweiligen Kräfteverhältnisse genauso wie die vorherrschenden Vorstellungen von Wirklichkeit berücksichtigen.

Der Jounalismusforscher Uwe Krüger ist im Hinblick darauf, wie das Feld auf die sich in ihm bewegenden Akteure wirkt, auf eine interessante Erzählung von Ulrich Wickert gestoßen:

> »Wie die Propaganda aus den Demokratien verschwand, illustriert auch ein Aufsatz von Ulrich Wickert, langjähriger Moderator der ARD-Tagesthemen, aus einem Sammelband namens »Die Schere im Kopf« von 1976. Er beschrieb dort, wie er als junger Redakteur des Politmagazins Monitor immer mal wieder für seine Hartnäckigkeit kritisiert wurde, was sich auf seine Haltung allmählich niederschlug. Und er beschrieb, wie er 1976 noch einmal das Manuskript eines Hörfunkfeatures zur Hand nahm, das er 1970 geschrieben hatte. Der Titel lautete: ›Die bundesdeutsche Propagandamaschine‹, es ging um die Öffentlichkeitsarbeit der Bundesregierung. ›Bei der Lektüre stellte ich mit Erschrecken fest, dass ich heute das Thema wahrscheinlich milder und unkritischer beschrieben hätte. Innerhalb von sechs Jahren also hatten kleine Vorkommnisse (…) meine Unbefangenheit beseitigt.‹«[96]

Auf eine ähnliche Aussage ist der Journalist Stefan Korinth aufmerksam geworden.[97] In einem aktuellen Buch des ehemaligen Intendanten des Westdeutschen Rundfunks und ARD-Moskau-Korrespondenten Fritz Pleitgen sagt dieser nüchtern: »Die Weltsicht von Nato und EWG färbte auf uns Journalisten ab.«[98]

Die Ausführungen Wickerts und Pleitgens könnte man auch sehr gut in das vorangegangene Kapitel zur Zensur durch die berufliche Sozialisation anführen. Wir sehen: Die berufliche Sozialisation und das journalistische Feld können dafür sorgen, dass der scharfe Blick auf ›die da oben‹ an Kontur verliert, dass der kritische Umgang mit den Herrschenden immer zaghafter wird und man am Ende, um es etwas sarkastisch zu sagen, als Journalist Werbung für den Euro macht.[99] Anders formuliert: Am Ende des Schleifprozesses stehen oftmals Journalisten, deren Wahrnehmungen und Denkweisen so eng mit den Herrschenden synchronisiert sind, dass echte Herrschaftskritik kaum mehr in der Berichterstattung vorkommt. Allgemein gilt: Je geringer das feldspezifische Kapital eines Journalisten ist, je größer die Distanz eines Redakteurs vom Hierarchiezentrum seines Mediums, je entfernter ein Thema, das er umsetzen möchte, vom »Meinungsquerschnitt« der Redaktion ist und schließlich: Je weniger er auch aufgrund von bestimmten Persönlichkeitsmerkmalen bereit ist, sich durchzusetzen, einen Kampf zu führen, umso stärker ist die Macht der Zensur, die aus dem Feld selbst hervorgeht und auf ihn einwirkt. Bourdieu erkannte allgemein im Hinblick auf Felder: »Das Feld schließt zwei Dinge aus: das, was bei gegebener Distributionsstruktur der Ausdrucksmittel nicht gesagt werden kann, also das Unsagbare, und das, was sehr wohl und fast allzu leicht gesagt werden könnte, aber zensiert ist, also das Unnennbare.«[100]

Halten wir fest: Die journalistischen Produkte, die wir jeden Tag zu sehen und zu hören bekommen, ja die gesamte Berichterstattung, sind Ausdruck eines Feldes, in dem das Zensurhafte und Zensur vor und zurück wirken. Sie sind keine Ausnahme, nichts, über deren Realität es erstmal zu debattieren gälte. Sie *sind* real. Bourdieu gebraucht in seiner Auseinandersetzung mit der Zensur des Feldes den wunderbaren Begriff der »Euphemisierungsarbeit«. Vereinfacht: Das, was ein Feld hervorbringt, ist immer das Produkt eines Kompromisses »zwischen einem Ausdrucksinteresse und einer Zensur«[101] und dieser Kompromiss wiederum ist das »Produkt einer Euphemisierungsarbeit, die bis zum Schweigen gehen kann, dem Grenzfall des zensierten Diskurses«.[102] Dieses Schweigen oder genauer: Den

›zensierten Diskurs‹ erkennen dann auch die Bürger. Sie sehen, dass der von Medien erzeugte öffentliche Diskurs oft so weit beschnitten ist und so weit entfernt von jenem Diskurs ist, der vorhanden wäre, wenn Zensur nicht tief in die Produkte der Medien eingeschrieben wäre, dass sie gar nicht anders können, als das Kind beim Namen zu nennen: Zensur!

Auch die Erkenntnisse aus der Machttheorie des französischen Philosophen und Soziologen Michel Foucault sind hilfreich, wenn es um ein weitergefasstes Zensurverständnis geht. Foucault stellte fest: »Diskurs – dies lehrt uns immer wieder die Geschichte – ist auch nicht bloß das, was die Kämpfe oder die Systeme der Beherrschung in Sprache übersetzt; er ist dasjenige, worum und womit man kämpft; er ist die Macht, derer man sich zu bemächtigen sucht.«[103] Foucault stößt uns förmlich darauf, dass wir, wenn wir den Fokus auf Diskurse beziehungsweise in unserem Fall: auf diskurserzeugende Medien richten, es auch mit *Macht* zu tun haben. Anknüpfend an Foucault lässt sich sagen: Diskurs *ist* Macht. Mit diesen Gedanken dürfte es uns leichter fallen zu verstehen, dass dort, wo ein Diskurs stattfindet, das Zensurhafte nicht weit sein kann. Die Anwesenheit von Macht in diesen Diskursen bringt Subjekte unweigerlich dazu, andere zurückzudrängen und auszuschließen. Jeder Satz, jedes Wort, das in einem Diskurs geäußert wird, droht sich immer auch als eigenständige Macht zu entfalten – eine Macht, wohlgemerkt, die sich auch gegen die Diskursführer wenden kann. Deshalb müssen die Herrscher über den Diskurs genau aufpassen, welche Äußerungen in einen Diskurs einfließen oder nicht – sonst droht ein Diskurs, den sie nicht mehr beherrschen können.

Mit diesen Gedanken könnte man an all die offensichtlichen Hinweise anknüpfen, die uns vor Augen führen, dass die Diskurse, die wir in den Medien finden, natürlich auch immer von handfesten Machtinteressen unterschiedlicher Gruppen geprägt sein können, die mit viel Geschick und großem Aufwand versuchen, bestimmte ›Wahrheiten‹ und Wirklichkeitsvorstellungen zu etablieren. Medien sind auch äußeren Einflüssen von Interessengruppen ausgesetzt, was zumindest punktuell zu ›Momenten der Zensur‹ aufgrund der Interventionen von außen führen kann. Doch das ist nicht unser eigentliches Thema.

Wenn wir über eine sozialstrukturell ausgeformte Zensur im journalistischen Feld reden, dann geht es darum zu verstehen, dass die Zensur, die wir hier freigelegt haben, das Produkt tief in das Feld ›eingefräster‹ sozialer Bedingungen ist, die die Kräfteverhältnisse innerhalb des journalistischen Feldes widerspiegeln – und eben nicht das Produkt einfacher Handlungsanweisungen von außen, von ›den Mächtigen‹, die Medien befehlen, was diese berichten dürfen und was nicht (obwohl es, wie gesagt, natürlich auch Einflüsse und mal mehr, mal weniger erfolgreiche Steuerungsversuche von außen gibt[104]).

Die handlungsleitenden, tief internalisierten Glaubensüberzeugungen führen dazu, dass viele Journalisten die Zensur, die sie ausüben, als solche nicht ansatzweise erkennen. So können Journalisten mit bestem Wissen und Gewissen Perspektiven und Analysen, die ihrem Weltbild entgegenstehen, ausschließen (hier: zensieren), weil sie sich im (von ihnen selbst geschaffenen) »Wahren« bewegen und aus dieser (Schein-)Wahrheit die Welt (aus ihrer Sicht: richtig) deuten.

Wenn also relativ ähnlich sozialisierte Journalisten mit relativ ähnlichen Wahrnehmungs-, Denk- und Handlungsschemata Diskurse erzeugen, prägen und lenken, dann vervielfacht sich nicht nur das Zensurhafte, das in einzelnen, voneinander unabhängigen Entscheidungen, die Medien und Journalisten bei ihrer Arbeit treffen, hervorkommt, sondern es fließt zusammen und verstärkt sich gegenseitig. Die Vielzahl der in den Redaktionen nicht journalistisch, sondern weltbildhaft getroffenen Entscheidungen für oder gegen ein Thema, für oder gegen einen Interviewpartner und so weiter verschmelzen dann miteinander. Es entsteht Zensur – mit, und darauf müssen wir verweisen, weitreichender Wirkung auch auf die Akteure, die diese Zensur entstehen lassen. Die so entstandene (zensierte) ›Wirklichkeit‹ samt der weltbildhaften Überzeugungen und Ideologien spiegeln zurück und diejenigen, die sie erzeugt haben (Journalisten und andere Meinungsführer), sehen sich bestätigt. Sie geben sich nun der Täuschung hin, dass nur derjenige, der die von ihnen geschaffene (zensierte) Wirklichkeit akzeptiert, sich »im Wahren« befindet.

Werfen wir einen kurzen Blick auf die »Langzeitstudie Medienvertrauen« der Mainzer Johannes Gutenberg-Universität. »Von 36 auf

43 Prozent gestiegen«[105], so heißt es in der Studie, »ist auch die Wahrnehmung, dass die Medien die gesellschaftlichen Zustände ganz anders darstellen, als es die Bürger in ihrem eigenen Umfeld wahrnehmen.«[106] Ferner stimmten 25 Prozent der Bürger der Aussage zu: »Die Medien arbeiten mit der Politik Hand in Hand, um die Meinung der Bevölkerung zu manipulieren.«[107]

Es wäre interessant zu erfahren, wie die Befragten, die die hier angeführten Angaben gemacht haben, über Zensur in Deutschland denken. Wenn Medien »gesellschaftliche Zustände« ganz anders darstellen, als es die Bürger in ihrem eigenen Umfeld wahrnehmen, dann können wir ein ziemlich lautes Alarmsignal hören, das uns auf zensierte Diskurse, auf Zensur aufmerksam macht. Bourdieu jedenfalls spricht davon, dass sowohl der Diskurs als auch das gesamte Feld als »Instrument der Zensur«[108] dienen.

Der Soziologe betont, wie wichtig es ist, »die sozialen Bedingungen der Konstituierung des Feldes, in dem dieser Diskurs produziert«[109] wird, zu analysieren, »denn dort liegt das eigentliche Prinzip dessen, was hier gesagt oder nicht gesagt werden«[110] kann. Für uns bedeutet das: Je mehr wir in seiner Gesamtheit erfassen, wie das journalistische Feld zusammengesetzt ist, umso deutlicher wird die Zensur, die aus ihm hervorgeht, und schließlich, endlich, auch greifbarer. Wir verstehen, dass das, was einen gesellschaftspolitischen kritischen Journalismus ausmacht, also zum richtigen Zeitpunkt bei den richtigen Akteuren kritisch nachzuhaken, unbequeme Fragen zu stellen, sich nicht mit einfachen und gefälligen Antworten zufrieden geben, bei diesem Feld sehr oft (natürlich nicht immer!) nur noch in einer völlig verkümmerten Form stattfinden kann (hier wären dringend umfangreiche wissenschaftliche Untersuchungen erforderlich, die im Sinne Bourdieus das journalistische Feld erfassen, analysieren und im Hinblick auf die Zensur genauer beleuchten). Am Ende steht dann ein Journalismus, wie er beim Kanzlerduell zu sehen ist. Am Ende steht dann ein journalistisches Feld, das hochrangige Vertreter hervorbringt, die ihre Stimme erheben, wenn, wie 2013, ein Stefan Raab mit zu den Moderatoren des Kanzlerduells gehören soll. Peter Frey, ZDF-Chefredakteur, meinte damals rasch, das Kanzlerduell böte nicht den Raum für »Mätzchen«[111] des Entertainers, außerdem besitze Raab nicht die notwendige »Kompetenz«[112]. Hier können wir erkennen, wie bereits bei einer ziemlich harmlosen Besetzung des Kanzlerduells die feldinternen Zensurmechanismen in Bewegung gesetzt werden. Raab wurde sofort von einigen als »Illegitimer« abqualifiziert, weil, so darf man es sehen, die Befürchtung zu groß war, dass sich hier einer nicht an die expliziten und impliziten Spielregeln halten und die Kanzlerkandidaten so sehr aus der Reserve locken könnte, dass für einen oder beide ein nicht mehr gut zu machender Schaden entstünde. Schließlich wurde es ihm trotz einiger Empörung gestattet, Fragen zu stellen. Wie vorauszusehen, war Raab kein »Illegitimer«, sondern hat sich als jemand bewiesen, der weitestgehend die Spielregeln des Feldes respektierte. Für sein minimales Abweichen vom Verhalten der anderen Moderatoren erhielt Raab die symbolische Anerkennung von tonangebenden Akteuren aus dem journalistischen Feld und er wurde für den Grimme-Preis nominiert.

Wer an dieser Stelle meint, gerade die Tatsache, dass Raab an dem Kanzlerduell teilnehmen konnte, doch gegen Zensurtendenzen spreche, möge ein klein wenig weiterdenken und überlegen, was wäre, wenn bei der nächsten Bundestagswahl 2021 nicht mehr zwei oder vier der ›staatstragenden‹ Journalisten die Sendung moderierten, sondern Akteure aus den alternativen Medien die Bühne betreten würden. Schließlich leben wir in einer sich stark veränderten Medienwelt. Alternative Medien werden von vielen Bürgern genutzt. Warum nicht einmal im pluralistischen Sinne die ›Etablierten‹ gegen die ›Alternativen‹ austauschen? Ist im Journalismus nicht gerade von »Diversity«, von Vielfalt die Rede? Nicht auszudenken wäre wohl der Sturm der Entrüstung, wenn etwa der Herausgeber der NachDenkSeiten, Albrecht Müller, und drei weitere Publizisten und Journalisten der ›Alternativen‹ durch die Sendung führen sollten. Die Empörung würde keine Grenzen kennen. Und warum? Weil ›die Alternativen‹ ›nicht kompetent‹ genug wären, so vermutlich der Tenor. Und warum wären sie ›nicht kompetent‹ genug? Weil sie eben eine Sichtweise einnehmen würden, die der im journalistischen Feld vorherrschenden entgegensteht. Sie wären eben, um wieder mit Foucault zu sprechen, nicht »im Wahren«. Deshalb würden die im Feld bestimmenden Kräfte sie als ›illegitim‹ abqualifizieren. Bourdieu sagte, »die gründlichste und mit am schlechtesten zu parierende Form, über die eine Gruppe verfügt, wenn sie Leute zum Schweigen bringen will, ist die, sie von den Positionen fernzuhalten, auf denen man sprechen kann. Und umgekehrt ist einer der Formen, in denen die Gruppe den Diskurs kontrollieren kann, die Besetzung der Positionen, auf denen man spricht, mit Leuten, die nur das sagen, was das Feld autorisiert und verlangt.«[113] Liebe Leserinnen und Leser: Behalten Sie diese Aussagen bitte im Kopf und lassen Sie nochmal die letzten Kanzlerduelle Revue passieren. Man muss kein linker Klassenkämpfer sein, um die unsichtbaren Zensurmechanismen, die im journalistischen Feld greifen, zu erkennen.

1.5 Diskussion: Über Zensur, Gatekeeper, die Schere im Kopf und die innere Pressefreiheit

> »Er objektiviert, allgemein gesagt, die Halter des Monopols auf öffentliche Objektivierung. Er macht die Macht – und den Machtmissbrauch – sichtbar, indem er diese Macht durch eine einfache Strategie des Zeigens, gegen denjenigen wendet, der sie ausübt. Er macht die journalistische Macht sichtbar, indem er der journalistischen Macht die Macht entgegenstellt, die der Journalismus jeden Tag gegen uns gebraucht.«[114]
>
> Pierre Bourdieu über Karl Kraus

Im Vorfeld dieses Buches, bei diversen Gesprächen mit Freunden, Kollegen und Bekannten, gab es neben der Zustimmung, dass wir es mit einer Zensur in der Berichterstattung zu tun haben, auch Kritik. Zensur? Muss es denn wirklich dieser Begriff sein? Wäre es nicht besser, von der »Schere im Kopf« zu reden, die bei Journalisten öfter mal zum Einsatz kommt? Oder: Warum nicht einfach, altbekannt, von Journalisten als »Gatekeeper« sprechen, also von »Torwächtern«, die bestimmte Filter anwenden und aufpassen, welche Informationen in ihren Medien veröffentlicht werden. Oder: Wie wäre es, mit dem Begriff der inneren Pressefreiheit zu arbeiten? Schließlich sei Zensur ein ziemlich weitreichender Begriff er passe doch nicht zu einer Medienlandschaft, deren Freiheit durch das Grundgesetz garantiert ist. Außerdem: Der Begriff sei historisch geprägt. Man könne ihn nicht einfach anders definieren. So in etwa lautete der Tenor der Kritik.

Die Probleme, die sich in der Berichterstattung ergeben, wenn mal wieder die ›Schere im Kopf‹ Anwendung findet, Journalisten also aus unterschiedlichen Gründen sich selbst ›zensieren‹, erfassen das Phänomen der Zensur, so wie es existiert und wir es beschrieben haben, nicht. Genauso die Herausforderungen, die sich für eine freie Presse ergeben, wenn die innere Pressefreiheit, etwa durch die politische Meinung der Chefredaktion, bestimmte ›Redaktionslinien‹ und so weiter bedroht ist, sprich abweichende Ansichten nicht zugelassen werden, sind nicht als Zensur zu werten. Die Schere im Kopf und eine eingeschränkte innere Pressefreiheit, sind zunächst einmal als singuläres Problem zu erkennen. Wenn die Schere im Kopf bei *einzelnen* Journalisten zum Einsatz kommt oder wenn *einzelne* Redaktionen Probleme damit haben, eine freie Berichterstattung zuzulassen und Ansichten genügend Raum zu geben, die den eigenen Meinungen widersprechen, dann sind die Auswirkung durch dieses Verhalten in der Regel begrenzt. Umgangssprachlich formuliert, lässt sich natürlich schnell »Zensur!« rufen, doch ist diese Form der Informationsunterdrückung eben nicht im Sinne einer allumfassenden Zensur zu verstehen.

In den Bereich der Zensur kommen wir allerdings dann, wenn die Schere im Kopf bei einer Vielzahl von Journalisten *medienübergreifend* und *dauerhaft* bei bestimmten Themen Anwendung findet. Denn dann wird aus dem singulären ein kollektives Verhalten, das eine viel weitreichendere Auswirkung hat, als es bei den Handlungen eines einzelnen Akteures der Fall ist. Eine Zensurkraft entsteht, die die einzelnen Subjekte durch ihre kollektiven Handlungen (basierend auf ihren sehr ähnlichen Wahrnehmungs-, Denk-, und Handlungsschemata) erzeugen.

Der Begriff Gatekeeper lässt sich sicherlich im zensurhaften Sinn verstehen. Journalisten können laut Forschung als ›Torwächter‹ und ›Schleusenwärter‹ verstanden werden, die nicht mehr nach journalistischen Selektionskriterien filtern, sondern andere, fragwürdige Kriterien bei der Auswahl von Informationen anwenden, sprich: Informationen, die ihnen nicht ›passen‹, unterdrücken. Da der Begriff aber auch eine positive Dimension hat, das heißt: Gatekeeper als Journalisten verstanden werden können, die sauber nach journalistischen Prinzipien Informationen filtern und somit Unwichtiges von Wichtigem trennen, lassen wir ihn außen vor. Zudem wäre auch hier zu unterscheiden zwischen ›Torwächtern‹, die individuell unterschiedlich ausfiltern oder aber kollektiv einheitlich bei bestimmten Themen und Informationen entgegen der journalistischen Selektionskriterien handeln.

Die grundsätzliche Überlegung jedenfalls, den Zensurbegriff weiter zu fassen, also unser Zensurverständnis aus der enggewobenen Auffassung, Zensur bedeute immer das Vorhandensein eines externen Zensors, einer vom Staat aus angeordneten Kontrolle der Medien, zu lösen, existiert in der Wissenschaft schon länger. Bereits Anfang der 2000er-Jahre verweist Beate Müller auf ein sich verändertes und erweitertes Zensurverständnis. Noch bis vor 20 Jahren, führt Müller aus, sei die »dominante Untersuchungsperspektive«[115] gewesen, sich auf »die Rekonstruktion einzelner Fälle staatlicher oder kirchlicher Zensur anhand von Quellen, die Beschreibung zensorischer Institutionen«[116] zu stützen. Damals habe man überwiegend »Zensurpolitik in einer bestimmten geschichtlichen Epoche«[117] analysiert. Und obwohl dieser Ansatz noch immer »bestimmend für weite Teile der Zensurforschung« sei, könne »in jüngerer Zeit eine Akzentverschiebung«[118] festgestellt werden. [119] Zensur werde vielmehr auch als »Kulturphänomen« betrachtet.[120]

»Das Zensurkonzept«[121] führt Müller fort, »hat aufgrund dieser Erweiterung effektiv eine Neubewertung, ja in gewisser Weise eine Aufwertung erfahren.«[122] Mittlerweile existiere die Auffassung, »Zensur gebe es in jeder Gesellschaft, und zwar nicht nur als mehr oder minder regelwidrige, zumindest illegitime, autoritäre Praxis, sondern als (unter Umständen sogar konstitutiver) Teil komplexer gesellschaftlicher Kommunikationsprozesse.«[123] Müller verweist darauf, dass durch ein verändertes Zensurverständnis eine »Reaktualisierung der Zensur als Forschungsgegenstand«[124] eingesetzt hat.

Müller steht der von ihr skizzierten Entwicklung aber skeptisch gegenüber. Sie ist der Auffassung: »In letzter Konsequenz läuft diese starke Ausweitung des Zensurbegriffs auf jegliche Form von Diskurskontrolle auf eine Aufweichung des Zensurkonzepts hinaus. Christoph Guggenbühl konstatiert zu Recht, daß ein solcherart überdehnter Zensurbegriff auf die Gleichsetzung oder Verwechslung von Zensur mit sozialer Kontrolle hinauslaufe«[125]. Müller plädiert daher für einen engeren Zensurbegriff.[126] Sie findet: »Wer überall Zensur wittert, beraubt sich selbst wichtiger analytischer Differenzierungen«[127], womit sie meint, dass Akte ›echter‹ (staatlicher) Zensur (die eben besonders schwer wiegen und weitreichend sind) verharmlost werden, wenn ein erweitertes Zensurverständnis veranschlagt werde. Zugespitzt: Jeden Akt der ›Einschränkung‹ (sie bringt das Beispiel einer Mutter, die ihrem Kind den Mund verbietet) könnte man dann als Zensur bezeichnen.[128] Müller findet, dass »obwohl Zensur immer Diskurs- und Kommunikationskontrolle«[129] impliziere, könne umgekehrt »längst nicht jeder Akt solcher Kontrolle auch als Zensur gelten.[130]« Schließlich kommt sie zu der Auffassung, dass die »von Bourdieu beschriebenen Steuerungsprozesse eines diskursiven Feldes« sich selbst regulieren würden. Damit meint sie: »Was als wissenschaftlicher Diskurs gelten darf und was nicht, bestimmen die Wissenschaftler letztlich selbst.«[131] Und: Es bedürfte, weil »typisch für Zensur[132]«, eine »Diskurskontrolle von Seiten solcher Mächte, die selber außerhalb der beabsichtigten Kommunikation stehen.«[133] Müller, das ist eindeutig, möchte an einem enggefassten Zensurbegriff festhalten, um die Auswirkungen einer ›echten‹, ›staatlichen Zensur‹ nicht zu relativieren. Sie bleibt verhaftet in dem Konzept einer Zensur, die ›von außen‹, wie sie sagt: »von einer dritten Kraft zur autoritären Regelung eines Senders bzw. seiner Botschaft zu einem öffentlichen Publikum […][134] ausgeht. Man kann für diese Positionierung Verständnis aufbringen, wenn es darum geht, die Brutalität staatlicher Zensurmechanismen nicht zu relativieren – einerseits. Andererseits: Ein starres Zensurverständnis, das eine von oben verordnete staatliche Zensur als alleinige, ›echte‹ Zensurform versteht, relativiert letztlich auch jene aus dem journalistischen Feld entstehende sozialstrukturell ausgeformte Zensur so weit, dass die weitreichenden Auswirkungen, die sich aus ihr ergeben, nicht der Tragweite gemäß erfasst werden kann. Müller ist insofern zuzustimmen, dass es natürlich im Hinblick auf eine »Aufweichung« des Zensurverständnisses problematisch wäre, jeden Akt der Einschränkung als Zensur zu verstehen. Gerade im Hinblick auf die Berichterstattung der Medien ist es aus analytischer Sicht wenig hilfreich, *einzelne* Entscheidungen von Journalisten, die aus fragwürdigen Gründen Perspektiven und Themen ausschließen, als Zensur zu bezeichnen (das haben wir an anderer Stelle im Buch schon angesprochen).

Müllers Aussage hingegen, wonach Wissenschaftler selbst *bestimmten*, was als wissenschaftlicher Diskurs gelten dürfe (wir können das auch auf die Medien übertragen und sagen: Journalisten *bestimmen* selbst, was sie senden. Also findet auch keine Zensur statt), ist wohlfeil, ignoriert aber die Tatsachen, dass sich unter der leicht getätigten Aussage der »Selbstbestimmung« ein ganzer Komplex an (sozialen) Einflussfaktoren verbirgt, der nicht beleuchtet wird. Wer so argumentiert, ignoriert die äußeren, also die wirtschaftlichen und politischen Einflüsse, die sich bisweilen in der Forschung bemerkbar machen (Forschungsgelder, beispielsweise, fallen nicht vom Himmel, sie müssen beantragt werden. Und diejenigen Gruppen, Organisationen, Institutionen, die Forschungsgelder bereitstellen, sind nicht frei von Interessen.[135]). Und er ignoriert auch die inneren Macht- und Herrschaftsverhältnisse die in einem Feld herrschen und den freien Diskurs massiv behindern und ja: auch zensieren können, denn: Wer sind denn *»die«* Wissenschaftler (oder *»die«* Journalisten), die bestimmen, »was als Diskurs gelten darf und was nicht«? Es sind eben jene Akteure und Gruppen, die aufgrund ihrer dominierenden Positionen innerhalb ihres Feldes über Bestimmungsmacht (und implizite Zensurmacht) verfügen.

Anders gesagt: Nein, wir sollten uns nicht einem enggefassten Zensurverständnis anschließen. Denn das würde bedeuten, die Augen vor den massiven negativen Auswirkungen einer Zensur zu verschließen, die wir nur durch ein erweitertes Begriffsverständnis erfassen können. Es geht hier nicht darum, staatliche Zensur gegen die Zensur aus dem Innern des journalistischen Feldes auszuspielen. Beide Erscheinungsformen der Zensur sind auf ihre eigene Weise weitreichend. Während eine von außen, von oben verordnete Zensur in einer Diktatur oft mit direkten, harten Repression verbunden ist, wirkt die soziale Zensur vordergründig sanft, mild. (sie trägt aber auch eine eigene Gewalt in sich. Dazu gleich mehr). Niemand wird, weil er etwas veröffentlicht, was außerhalb des etablierten Diskurses steht (sofern er nicht gegen bestehende Gesetze verstößt) von einem Gericht angeklagt und verurteilt. Faktisch *kann* nahezu alles gesagt, geschrieben und gesendet werden. Aber: Unliebsame Äußerungen werden von diesem Zensursystem in der Regel nur am Rand des Gesamtmediensystems geduldet. Im Grunde genommen völlig legitime Wirklichkeitsauffassungen, die nicht in Einklang zu bringen sind mit den Wirklichkeitsvorstellungen in den großen Medien, wird die Koexistenz nur weit entfernt von den Diskurzentren gestattet.

Zum Abschluss der Diskussion sei an dieser Stelle erneut das Zitat von Michel Foucault angeführt: »Es ist immer möglich, daß man im Raum eines wilden Außen die Wahrheit sagt; aber im Wahren ist man nur, wenn man den Regeln der diskursiven ›Polizei‹ gehorcht (…).«[136] Das ist der springende Punkt: Diese Zensur erlaubt zwar die Existenz von Diskursräumen, die außerhalb des von ihr geschützten Diskurses stehen. Eine diskursive ›Polizei‹ – welch ein wunderbar treffender Ausdruck – existiert und wacht darüber, dass nicht alles, was gesagt wird und gehört werden sollte, auch Eingang in den großen, von den Mainstreammedien erzeugten öffentlichen Diskurs halten kann.

Wer gehört zu dieser diskursiven Polizei? All jene, die aufgrund ihrer Positions- und Kapitalvorteile (zum Bourdieu'schen Kapitalbegriff siehe Kapitel 1.4) die Grenzen des als legitim betrachteten Diskurses abstecken. Und dazu gehören neben Politikern vor allem Vertreter großer Medien. Sie sind in der Lage, den Diskursraum zu öffnen oder zu verengen. Und ähnlich der echten Polizei verfügen auch sie über allerlei Möglichkeiten der Repression – von der sie auch Gebrauch machen (siehe dazu Kapitel 3.2). Sobald es Akteuren einmal gelingt, nicht akzeptierte Diskursinhalte in Richtung Zentrum des Mainstreamdiskurses zu bewegen, greift die diskursive Polizei ein. Eine Zensurgewalt entlädt sich, die über die bloße symbolische Gewalt des Ignorierens hinausgeht. Die Abweichler vom etablierten Diskurs werden, je nach Umständen, mit harten publizistischen Bandagen bekämpft, ihnen wird der Glaubwürdigkeitsstatus abgesprochen und Akteuren, die sich innerhalb des Mainstreams bewegen, aber sich inhaltlich gegen ihn positionieren, droht die Exkommunikation. Wer sich ein klein wenig mit der Bedeutung des öffentlichen Diskurses, wie ihn die großen Medien erzeugen, aus machttheoretischer Sicht beschäftigt, wird schnell erkennen, dass in einer Demokratie der öffentliche Diskurs einer Arena gleichkommt, in der um die politische und soziale Wirklichkeit gekämpft wird. Bei aller Bedeutung, die mittlerweile alternativen Medienformaten zukommt: Die (für Institutionen) verbindliche soziale und politische Wirklichkeit wird nach wie vor nicht auf einem alternativen Blog ausgehandelt, sondern innerhalb der Diskursplätze in den großen Medien. Das, was die großen Leitartikler in ihren Zeitungen schreiben, das, was am Abend in den großen Polit-Talkshows gesagt wird, lädt in einem komplexen Wechselspiel mit den Reaktionen und Entscheidungen aus dem politischen Feld ›Herrschaftswirklichkeit‹ auf. Anders gesagt: Was innerhalb dieser wirklichkeitserzeugenden Diskursarenen nicht vorkommt (nicht nur, aber auch: das Zensierte!), kann nicht (oder allenfalls – unter bestimmten Bedingungen – und nur über sehr verschlungene Wege, und dann oft auch nicht effektiv genug) in den Prozess der sozialen und politischen Wirklichkeitsausformung einfließen.

Für ein demokratisches System, das Medien so gerne vorgeben zu schützen, ist dieser Ausschluss jener Ansichten, die nicht mainstreamkompatibel sind, pures Gift. Wenn Medien kollektiv und dauerhaft unliebsame Meinungen vonseiten der Bevölkerung aus der Berichterstattung raushalten, dann pervertieren sie eine ihrer Kernaufgaben, nämlich einen demokratischen Diskurs zu erzeugen und abzubilden. Die Stimme der Bürger (und jener Experten, die den Bürgern und nicht den Eliten zugeneigt sind), die sich in einer lebendigen Demokratie auch auf den zentralen Plätzen der Medienöffentlichkeit in ihrer *Vielfalt* wiederfinden muss, ist als politisches Korrektiv ausgeschaltet. Die Auswirkungen dieser Realität sehen wir länderübergreifend in vielen westlichen Demokratien.

Die bisher in diesem Buch diskutierten sozialen Einflüsse aus denen heraus Zensur entsteht, greifen alle ineinander. Eine für sich betrachtet, kann bereits eine enorme Zensurkraft entwickeln. In ihrem Zusammenspiel führen sie zu jenem Zustand, der heute im journalistischen Feld vorherrscht. Ihr Zusammenwirken lässt weitreichende Zensur entstehen, welche Medienkritiker von einer ›Gleichschaltung‹ oder einer ›ferngesteuerten Presse‹ sprechen lässt. Wenn Bourdieu im Hinblick auf Felder von einer »Ding gewordenen Geschichte« gesprochen hat, kann man hier auch von einem journalistischen Feld sprechen, dass Ding gewordene Zensur ist.

Die Zensur, die das gesamte journalistische Feld durchdringt, ist, wie vorne schon angesprochen, zwar einerseits so unübersehbar, man hat sie förmlich direkt vor Augen, aber, da nicht von einem Regime, von einem Zensor ausgehend, entzieht sie sich immer wieder geschickt dem Zugriff. Wenn man sie ›packen‹ will, zerfließt sie förmlich in den Händen. Bourdieu stellt fest:

> »Kein Diskurs (wissenschaftliche Analyse, politisches Manifest usw.), keine Aktion (Demonstration, Streik usw.), die nicht, um überhaupt öffentlich diskutierbar zu werden, die Probe der journalistischen Auswahl bestehen müssten – das heißt eine erbarmungslose Zensur, die die Journalisten ausüben, ohne es überhaupt zu wissen, und bei der nur durchschlüpft, was in der Lage ist, sie zu interessieren, ihre ›Aufmerksamkeit zu wecken‹, das heißt ihren Kategorien, ihrem Wahrnehmungsschema zu entsprechen, und bei der sie als unbedeutend oder gleichgültig symbolische Äußerungen zurückweisen, die es verdienen würden, alle zu erreichen.«[137]

Das journalistische Feld und die Akteure, die sich in ihm bewegen, senden die Impulse, die diese Zensur entstehen lassen, immer und immer wieder selbst aus – freiwillig. Sie prägen durch ihre sozialen Einflüsse den zensurhaften Moment und sie sind zugleich auch von ihm selbstgeprägt. Eine tief verinnerlichte Zensur entsteht, die von Journalisten, die sie ausüben, nicht erkannt, ja gar verleugnet wird. Die journalistische Einordnung und Bewertung von Informationen und Sachverhalten gerät zu einer weltbildhaft unterworfenen Praxis. Eine zensurhafte Berichterstattung entsteht, die nach einer Art ›höherem Schaltplan‹ funktioniert. Und dieser Schaltplan liegt nicht irgendwo bei einem Verleger, bei hochrangigen Politikern, bei Chefredakteuren oder einem Elitezirkel in der Schublade. Nein, Journalisten, die diesem Schaltplan folgen, haben ihn nicht ein einziges Mal in der Hand gehalten, denn er existiert nicht in physischer Form. Er ist vielmehr Teil einer durch Sozialisation erfolgten ›inneren Programmierung‹, die handlungsleitend im journalistischen Feld ist. Lassen wir abschließend noch einmal Bourdieu zu Wort kommen:

> »Die Journalisten, die im Übrigen viele Gemeinsamkeiten aufweisen, solche der beruflichen Voraussetzungen, aber auch der Herkunft und Ausbildung, lesen einander, sehen einander, begegnen sich bei Debatten, bei denen man immer auf dieselben Gesichter trifft, und all das

führt zu einer Geschlossenheit des Milieus und – scheuen wir uns nicht, es auszusprechen – zu einer Zensur, die ebenso wirksam ist wie die einer zentralen Bürokratie, eines förmlichen politischen Eingriffs, ja wirksamer noch, weil unauffälliger.«[138]

2 Medienwirklichkeit

»Im Anfang war die Presse. Und dann erschien die Welt.«[1]

Karl Kraus

»Wirklichkeit ist gesellschaftlich bestimmt. Aber die Bestimmung wird immer auch verkörpert, das heißt: Konkrete Personen und Gruppen sind die Bestimmer von Wirklichkeit. Will man den Zustand der gesellschaftlichen konstruierten Sinnwelt zu beliebiger Zeit (…) verstehen, so muss man die gesellschaftliche Organisation durchschauen, die es solchen Bestimmern ermöglicht, daß sie bestimmen. Etwas gröber ausgedrückt, verschiebt sich die Frage nach historisch greifbaren Wirklichkeitskonzeptionen zwangsläufig vom abstrakten ›Was?‹ Zum soziologisch konkreten ›Wer?‹«

Peter L. Berger/Thomas Luckmann[2]

Der Bruch mit der Realität ist zu einer Konstante in der Berichterstattung geworden. Immer wieder ist zu beobachten, wie Medien Wirklichkeit verdrehen, verzerren und frisieren. Die Annahme liegt nahe, dass Medien häufig nicht einmal mehr versuchen, Realität abzubilden. Vielmehr ist die Berichterstattung zum Abbild eines Weltbildjournalismus geworden, der oftmals nur noch die politischen Wirklichkeitsvorstellungen der Medienmacher bedient. Läuft er zur Hochform auf, werden sogar wichtige journalistische Selektionskriterien außer Kraft gesetzt. Von den Medienwirklichkeiten, die auf diese Weise entstehen, geht eine große Gefahr für uns als Bürger, genauso wie für die Demokratie aus. Aus diesem Grund ist es angebracht, dass wir uns mit dem Thema Medien und Wirklichkeit näher auseinandersetzen.

Vorab: Wenn wir über ›Wirklichkeit‹ reden, haben wir es mit einem ziemlich komplexen Thema zu tun. Das wissenschaftliche Feld hat – disziplinübergreifend – eine schier unendliche Zahl an Veröffentlichungen anzubieten, deren Gegenstand ›Realität‹ bzw. ›Wirklichkeit‹ ist. Wie nicht anders zu erwarten gibt es unterschiedliche Denkrichtungen und Schulen, die jeweils eigene Ansätze zum Themengegenstand verfolgen. Sind die Begriffe Realität und Wirklichkeit voneinander zu unterscheiden oder synonym? Gibt es eine faktisch, objektiv vorhandene Realität ganz unabhängig vom Betrachter? Ist diese dem Subjekt zugänglich? Wie wirklich ist überhaupt die Wirklichkeit[3]? Ist alles, was wir als Wirklichkeit begreifen, eine Konstruktion? Existiert Realität überhaupt oder findet sie nur in unserem Gehirn statt? So interessant und faszinierend Fragen wie diese sind, würde es den Rahmen dieser Auseinandersetzung sprengen, sich mit ihnen näher auseinanderzusetzen. Für uns als kritische Mediennutzer kommt es ohnehin nicht darauf an, einen philosophischen Diskurs über ›die Wirklichkeit‹ zu führen.

Pragmatisch nehmen wir an, dass es ›da draußen‹ eine objektiv vorhandene Realität tatsächlich gibt. Medien wollen diese Realität, diese Wirklichkeit jedenfalls erfassen und abbilden. Das interessiert uns, da setzen wir an. Manche Journalisten erheben diesen Anspruch ganz ohne Einschränkung. Sie sind offensichtlich der Überzeugung, dass Medien die Realität maßstabsgetreu abbilden können. Andere sind etwas vorsichtiger und verdeutlichen durch eine Einschränkung wie etwa ›so gut wie möglich‹, dass sie Realität natürlich nicht eins zu eins abbilden können, aber zumindest diese so unverfälscht wie möglich zu zeigen beabsichtigen. Nehmen wir das an dieser Stelle mal so hin. Wenn wir ehrlich zu uns sind: Aus genau diesem Grund nutzen wir die Medien. Es ist nämlich auch unser Anspruch, dass Medien Realität ›abbilden‹. Wenn wir abends die Tagesschau einschalten, dann wollen wir sehen, ›was ist‹ Wir können festhalten: Es gibt eine Übereinkunft zwischen Medien und Nutzern im Hinblick auf das, was Medien leisten (sollten).

»Sie erwarten zu Recht, dass die Nachrichten ihnen die Realität abbilden und nicht irgendwelche erzieherischen Konzepte umsetzen«[4], sagte vor einiger Zeit der Nachrichtenfrontmann des ZDF, Claus Kleber. Oder, um einige Jahre zurückzugehen: ‚Journalisten haben zu berichten, was ist. Sie haben das Wahre vom Falschen, die Spreu vom Weizen zu trennen. Wenn das gelingt, ist viel erreicht.«[5], meinte der ehemalige Chefredakteur des ZDF, Klaus Bresser 1992.

Das sind zwei Aussagen, die zeitlich ein gutes Stück auseinanderliegen, die aber sehr gut den Anspruch der Medien auf den Punkt bringen. Diese Haltung, von zwei Journalisten, lässt sich bei sehr vielen führenden Medienakteuren ausmachen. Die Botschaften, die in den Aussagen unmissverständlich mitschwingen, sind weitreichend. Aber nun kommen wir an einen kritischen Punkt und fragen: Wenn wir als Menschen Realität auf eine höchst subjektive Weise erfassen, wie wollen dann Medien, hinter denen Menschen, Journalisten stehen, Realität vollständig objektiv abbilden? Und das auch noch: Dauerhaft, Durchgängig? Realität abzubilden, ist ein ziemlich schwieriges Unterfangen. Von den ganzen Problemen, die alleine die vorgeschaltete Technik beim Einfangen von Wirklichkeit bereitet (verfälschte Farben, verwackelte Aufnahmen und so weiter) einmal abgesehen: Zu den schwächsten Gliedern in einer langen Kette der medialen Realitätserfassung gehören die handelnden Akteure, die Wirklichkeit versuchen ›einzufangen‹.

Was, liebe Leserin und lieber Leser, gilt es zu beachten, wenn ein Journalist wieder einmal behauptet, dass er ›sagt, was ist‹? Woher weiß derjenige, dass tatsächlich *ist*, was er sagt?[6] Eine solche Zuversicht setzt voraus, dass derjenige sich ›Wissen‹ angeeignet hat. Wer etwa den Konflikt in Syrien beleuchtet, über die Lage in der Ukraine oder die Armut in Deutschland berichtet, muss *wissen*. Der gesamte Prozess der Wissensaneignung aber ist von ›Unebenheiten‹ durchzogen. Die Aufnahme von Wissen ist ein hochgradig subjektiver Prozess. ›Wissen‹ wird von zeithistorischen Kontexten geprägt und ist stark von sozialisierten Wahrnehmungs- und Denkschemata aller bei der Wissensgewinnung und Weitergabe von Wissen beteiligten Akteure beeinflusst. Wenn jemand meint zu sagen, was ist, müssen wir uns fragen: Wer hat hier eigentlich Wissen aufgenommen? Wer sagt hier eigentlich, *was ist*? Gut, ein Journalist. Aber wer spricht da? Sagt der in jeglicher Hinsicht um Objektivität bemühte Journalisten, was ist? Oder der Journalist, der gerade aus einer transatlantischen Denkfabrik kommt? Spricht hier der Journalist zu uns, der gerade ein Haus gebaut und dringend auf seinen Job angewiesen ist oder derjenige, der ohne Rücksicht auf persönliche Konsequenzen uns mitteilen möchte, was er in Erfahrung bringen konnte? Berichtet zu uns ein Journalist, der mit der AfD sympathisiert? Oder einer, der von der Linkspartei begeistert ist? Oder einer, der Merkel ›ganz ok‹ findet? Berichtet hier ein Journalist, der aus der Unter-, der Mittel oder der Oberschicht stammt?

Diese Fragen lenken den Blick hin zu den Berichterstattern und ihren Überzeugungen, Hintergründen und Wirklichkeitsvorstellungen. Sie lassen uns erahnen, dass wir sehr wachsam sein müssen, wenn einer vorgibt zu sagen, ›was ist‹. Die Einflüsse auf den wahrnehmenden Akteur beim Versuch, Wirklichkeit zu erfassen, sind gewaltig – das gilt für uns alle. Und eben auch für Journalisten (siehe Kapitel 1.1).

Wir können noch einen Schritt weitergehen und feststellen, dass der Versuch von Journalisten, Realität abzubilden, immer auch bedeutet, das, was sie als Wirklichkeit wahrnehmen, aus einem größeren Wirklichkeitsgefüge zu extrahieren. Und schließlich: ›Ausgesiebte‹ Realität ist kein maßstabgetreues Abbild von *der* Realität mehr, aus der sie hervorgeht. Sie ist zu einer eigenen Wirklichkeit geworden. Wenn Karl Kraus, wie in dem eingangs eingeführten Zitat feststellt, dass »im Anfang die Presse« war und dann »die Welt erschien«, dann können wir das als Hinweis darauf verstehen, dass Medien gerade nicht Wirklichkeit abbilden, sondern Wirklichkeit erzeugen. Ja, Medien schaffen eigene Wirklichkeiten, das heißt Medienwirklichkeiten. Der ein oder andere Leser mag einwenden, dass diese Erkenntnisse längst in einer kritischen Sozialwissenschaft hoch und runter gepredigt wurden. Das stimmt. Dennoch halte ich es im Sinne eines kritischen Medienbewusstseins für angebracht, sooft es überhaupt nur möglich ist, auf die angeführten Zusammenhänge zu verweisen. Zumindest sollte dies so lange geschehen, bis kein führender Journalist vor einem breiten Publikum mehr, ohne Einschränkungen gemacht zu haben, behauptet, Medien würden ›sagen, was ist‹. Wenn Journalisten so etwas zu Mediennutzern sagen, dann können wir erahnen, dass die dringend notwendige Distanz verbunden mit einer erkenntnistheoretischen kritischen Selbstreflexion von Journalisten zu den eigenen Produkten nicht unbedingt immer vorhanden ist. Wer meint, zu ›sagen, was ist‹, kann schneller, als ihm lieb ist, zum Überzeugungstäter werden – und im Journalismus damit womöglich zu jemandem, der Wirklichkeit noch weiter verzerrt.

Aber werden wir konkret. Wie sieht es aus, wenn die Medienwirklichkeit mit der Realität bricht?

Gut veranschaulichen lässt sich die Mangelhaftigkeit der Medienwirklichkeit anhand von Fotos. Nehmen wir folgendes einfaches Beispiel aus dem Jahr 2005: Angela Merkel läuft mit ihrem Ehemann über den roten Teppich der Bayreuther Festspiele und hebt den Arm zum Gruß. Auf den Bildern der Fotografen ist ein Schweißfleck unter Merkels Achselhöhle zu erkennen. Als das Foto jedoch auf der Homepage des Bayerischen Rundfunks (BR) erschien, war der Schweißfleck verschwunden. Eigenartig, was war passiert? Spiegel Online setzte sich mit dem Sachverhalt auseinander und fragte nach:

> »Beim Bayerischen Rundfunk wies man entsprechende Vermutungen zurück. Gegenüber SPIEGEL ONLINE erklärte Hans Helmreich, Leiter des operativen Managements der Multimedia-Abteilung des BR, man habe den Fleck definitiv nicht wegretuschiert. Auch die Frage, ob hier vielleicht ein politischer Saubermann am Werk gewesen sei, der schwitzende Unions-Politiker in transpirationsfreie verwandelt, wurde verneint: »So einen Unsinn machen wir nicht.«[7]

Einen Tag später war auf Spiegel Online Folgendes zu lesen:

> »Auf Anfrage wies der Bayerische Rundfunk gestern Vermutungen, das Bild sei manipuliert worden, brüsk zurück.
> […] Heute sieht die Sache anders aus: Zunächst verschwand das fragliche Bild aus dem entsprechenden Artikel. Dann gestand der BR-Multimedia-Chef Rainer Tief, das Bild sei tatsächlich retuschiert worden. Ein freier Mitarbeiter habe einen Schweißfleck von dem Foto entfernt, sagte Tief zu SPIEGEL ONLINE. Damit habe man gegen hauseigene Prinzipien verstoßen: ›Bilder sind Dokumente‹, betonte Tief heute.«[8]

Also doch: Das Bild wurde manipuliert – ohne Kenntlichmachung. Und das von einem sogenannten Qualitätsmedium. Nun ist der Sachverhalt, um den es bei dem bearbeiteten Bild geht, von geringer Tragweite. Ob Merkel schwitzt oder nicht, kann uns ziemlich egal sein. Ja, es lässt sich sogar ein gewisses Verständnis dafür aufbringen, dass der Schweißfleck wegretuschiert wurde. Schließlich: Wenn Bilder von uns in der Öffentlichkeit auftauchen, die uns mit einem Schweißfleck zeigen, wären wir wahrscheinlich einer Redaktion dankbar, die bei Veröffentlichung des Bildes den Schweißfleck entfernt. Und keiner von uns würde »Manipulation!« rufen. Aber die Sache ist komplizierter. Selbst über eine scheinbar so harmlose Veränderung eines Bildes können Medien und Journalisten tief in unsere Wahrnehmung der politischen Wirklichkeit vordringen. Nehmen wir nur einmal an, Journalisten entfernen den auf einem Foto erkennbaren Schweißfleck der Bundeskanzlerin nicht etwa einfach nur aus einer grundsätzlichen Rücksicht gegenüber Menschen, die von ihren Medien auf Fotos abgebildet werden, sondern sie entfernen den Schweißfleck vielmehr aus politischer Sympathie für die Kanzlerin. Nehmen wir weiter an, ein entsprechendes Foto von Trump würden dieselben Journalisten unbearbeitet veröffentlichen, weil man so den ihnen unsympathischen US-Präsidenten in einem schlechten Licht, das heißt: verschwitzt, zeigen kann, dann hätten wir es mit einer perfiden Manipulation zu tun, die bewusst darauf setzt, Sympathien oder Antipathien für beziehungsweise gegen einen Politiker zu schüren.

Wir dürften an dieser Stelle eine erste Ahnung davon bekommen, dass die von Medien angeblich unverfälscht abgebildete ›Realität‹ mit Vorsicht zu genießen ist. Weiter gedacht: Wenn eine Redaktion ein Bild einer Person oder eines Politikers veröffentlicht, kann sie in der Regel auf mehrere Bilder zugreifen, also sie kann eine Auswahl treffen. Natürlich ist es von großer Bedeutung, wie der entsprechende Politiker auf dem ausgewählten Foto aussieht. Nehmen wir nun einmal als Beispiel Trump und Putin. Zumindest in meiner Wahrnehmung sehe ich erstaunlich häufig in großen Medien immer wieder Bilder von Trump und Putin, die beide unvorteilhaft zeigen. Trump mit verzerrtem, ja fast fratzenhaftem Gesicht, Putin als der finster dreinblickende ›böse Russe‹. Nun mag man einwenden: Die entsprechenden Bilder sind nicht manipuliert. Sie zeigen eben Trump so, wie er in dem Moment der Aufnahme sich gezeigt hat. Ja, die Bilder zeigen eben einen Putin, der grimmig blickt. Darf man diese Bilder nicht zeigen? Natürlich. Dennoch entsteht bei diesen Bildern ein manipulativer Moment, wenn die entsprechenden Redakteure Bilder dieser Art aufgrund ihrer persönlichen Antipathien gegen Trump und Putin auswählen und Fotos, auf denen die beiden vorhanden sind und sympathischer wirken, bewusst nicht verwenden.

Noch ein Beispiel: Ende November 2018 starb der ehemalige US-Präsident George H. W. Bush. Ist Ihnen Sully noch in Erinnerung? Bei »Sully« handelt es sich um einen Labrador, der Bush ein halbes Jahr vor seinem Tod von einer Veteranenorganisation übergeben wurde. Sully ist ein speziell trainierter Hund, der dem gesundheitlich schwer angeschlagenen Bush im Alltag helfen sollte. Sully kam nach dem Tod von Bush eine besondere Rolle zu. Viele Medien zeigten Bilder von Sully, der auch bei der Beerdigung von den Kameras eingefangen und auch etwas länger gezeigt wurde. Der Sprecher des früheren Präsidenten teilte am Abend des 2. Dezembers ein Bild auf Twitter auf dem Sully zu sehen ist, wie er vor dem Sarg seines Herrchens liegt. Darunter ist zu lesen: »Mission complete. Remembering 41« (die Zahl 41 gibt an, dass Bush Senior der 41. Präsident der USA war). Auffällig ist insbesondere, die perfekte Komposition des Bildes[9]: Hat der Hund die Bildästhetik, die sich aus einem symmetrischen Bild ergibt, antizipiert und sich mit gut überlegter Absicht direkt in der Mitte des Bildes platziert (wer weiß schon, was im Kopf eines Hundes vorgeht)? Ja, die Möglichkeit besteht, dass der Hund sich ganz ohne ›Gedanken‹ zu machen, aus freien Stücken, genau so hingelegt hat, dass es den gewünschten Effekt auf den Betrachter verstärkt. Möglich ist vieles. Aber wie glaubhaft ist das?

Wer weiß, wie hoch professionell die PR-Spezialisten, die das politische Universum in den USA bedienen, arbeiten, wer weiß, wie sehr die politischen Akteure der Macht auf ihre Außendarstellung bedacht sind, wird so ein Bild hinterfragen – in aller dazu notwendigen Grundsätzlichkeit. Man stelle sich nur einmal Folgendes vor: Ein Sprecher von Putin hätte solch ein Foto auf Twitter geteilt. Vermutlich hätten wir als Mediennutzer dieses Bild nie zu Gesicht bekommen. Medien in Deutschland hätten sofort gesagt, dass es sich dabei um ein PR-Foto handelt und man nicht dazu da sei, russische PR zu verbreiten. Hätten Medien das Foto doch veröffentlicht, dann nur in Verbindung mit dem Hinweis, dass hier mit hoher Wahrscheinlichkeit durch ein PR Foto versucht werde, Sympathien zu wecken und das Foto vermutlich gestellt sei. Doch in Sachen Sully sah die Berichterstattung anders aus:

T-Online: »Rührende Szene – Bushs Hund ruht vor Sarg des Verstorbenen«,
Focus.de: »Nach Tod des Ex-Präsidenten ›Mission Complete‹: Assistenz-Hund ›Sully‹ verabschiedet sich von George H. W. Bush«,
Südkurier: »Nach dem Tod von George Bush Senior: Sein Hund Sully trauert um sein Herrchen«
FAZ.net: »Auch Sully trauert um George H. W. Bush. Ein Bild geht um die Welt: Hund Sully liegt vor dem Sarg des verstorbenen George H. W. Bush. Was wird nun aus dem Hund?«
ZDF: »Ex-Präsident aufgebahrt – Begleithund Sully wacht vor Bushs Sarg«
ntv: »Treu bis über den Tod hinaus – Labrador Sully erweist Bush die letzte Ehre«
Stuttgarter Nachrichten: »Hund von US-Präsident George H. W. Bush. Sully weicht nicht von seiner Seite«
Süddeutsche.de: »Labrador-Hündin ›Sully‹ verabschiedet sich von Bush senior«
Tagesspiegel: »Labrador Sully hält verstorbenem US-Präsidenten über Tod hinaus die Treue«
Der Westen: »Absolut rührendes Foto! So trauert Assistenzhund ›Sully‹ um verstorbenen George H. W. Bush
General-Anzeiger: »Trauer um Ex-Präsidenten«
Berliner Morgenpost: »Trauriges Foto – Hund von George H. W. Bush nimmt Abschied«
Kieler Nachrichten: »Hund von George H. W. Bush bewacht dessen Leichnam«
SHZ.de: »Treue über den Tod hinaus: Labrador Sully hält am Sarg des toten US-Präsidenten Bush Wache«
Osnabrücker Zeitung: »Treue über den Tod hinaus – Labrador Sully hält am Sarg des toten US-Präsidenten Bush Wache«
Huffington Post: »Treuer Hund, auch nach dem Tod: Foto von Bush-Hund rührt Tausende«
heute.at: »Hier trauert Labrador Sully um George H. W. Bush«
Kurier.at: »George H. W. Bush: So trauert Hund Sully um sein totes Herrchen«

Wir sehen an den Überschriften: Qualitätsmedien im ganzen Land (und auch im Ausland) haben, ohne auch nur ansatzweise kritische Distanz zu zeigen, die (gewünschte?) Botschaft des Bildes übernommen. Da zeigen Medien nicht nur einfach das Foto, nein, sie laden es durch ihre Worte auch noch mit einem Inhalt auf, von dem sie beim besten Willen allenfalls vermuten können, dass er zutreffend ist. Sie lassen den Hund nicht einfach nur vor dem Sarg *liegen*, sondern sie lassen ihn »trauern«, sich von Bush Senior »verabschieden«, lassen ihn »treu bis über den Tod hinaus« sein, Bush »die Ehre erweisen« und das ZDF lässt »Begleithund Sully« vor dem Sarg gar wachen (vor wem soll Sully den Sarg »bewachen«? War das Sicherheitspersonal gerade beim Kaffeetrinken?).

Wir sehen, dass hier Medien nicht nur kritiklos das Foto verbreiten, sie tragen sogar noch bereitwillig dazu bei, eine Wirklichkeit zu schaffen, die mit der tatsächlichen Wirklichkeit nichts zu tun haben muss. Aber nehmen wir Folgendes an: Die hier geäußerte Skepsis ist unangebracht. Das Foto ist nicht gestellt. Der Hund hat sich freiwillig genau in der Mitte der Aufnahme hingelegt. Einer der Anwesenden hat einen Schnappschuss gemacht. Das perfekte Bild war im Kasten. Selbst dann müsste man den Medien, die dieses Bild verbreitet haben, Vorwürfe machen. In keinem der entsprechenden Beiträge, so wie ich es gesehen habe, werden die Leser über die genaue Entstehungsgeschichte des Fotos informiert. Bei einem so offensichtlichen PR-Foto wäre es angebracht gewesen, dem Leser mitzuteilen, dass die Entstehungsgeschichte des Bildes recherchiert und man gegebenenfalls darlegen kann, warum man das Bild für authentisch hält. Nun hat die sehr gefällige Verbreitung des Bildes sicherlich auch mit den hier in diesem Buch nicht weiter thematisierten ökonomischen Funktionsbedingungen der Medien zu tun. Das Bild von einem angeblich trauernden Hund, der vor einem Sarg liegt, lässt niemanden kalt. Ein Artikel mit diesem Bild dürfte zu einem Selbstläufer werden. Leser klicken den Artikel an, die Zugriffzahlen steigen – und das ist bekanntlich gut für die Werbeeinnahmen. Das also in diesem Fall ein ökonomisches Interesse bei der Veröffentlichung des Fotos handlungsleitend ist, davon kann ausgegangen werden. Aber eben nicht nur. Wie schon angesprochen: Wäre das Bild von Putins Sprecher veröffentlicht worden, hätten vermutlich auch ökonomische Gründe nicht zu einer Veröffentlichung geführt. Hier müssen also erneut auch Antriebe eine Rolle spielen, die auf die ›innere Programmierung‹ der Journalisten zurückzuführen sind. Immer wieder ist zu beobachten, dass Journalisten große Probleme damit haben, die PR und Propaganda jener politischer Akteure, denen man mehr oder weniger wohlgesonnen ist, zu durchschauen und für den Mediennutzer zu dekonstruieren. Das zeigt sich eben auch hier. Angenommen werden darf, dass die entsprechenden Journalisten in den Redaktionen das Foto erst gar nicht als PR-Foto betrachtet und auch seine Entstehungsgeschichte nicht kritisch hinterfragt haben. Die Tatsache, dass viele Medien dieses Foto veröffentlicht haben, passt gut zu der Berichterstattung, die nach dem Tod von Bush Senior in vielen Medien zu finden war: Jubelgesänge auf einen großen Staatsmann – so lässt sich die Berichterstattung zusammenfassen. Wer weiß, dass Bush nicht unbedingt eine Person ist, der man einen Heiligenschein aufsetzen sollte, und einen kritischen Nachruf erwartet hatte, musste auf alternative Medien zugreifen. Markus Kompa bringt es auf Telepolis wie folgt auf den Punkt: »George H.W. Bush, der 41. US-Präsident und Vater des 43. US-Präsidenten, war ein stiller Staatsmann. Lange verkannt, symbolisierte er jene Courage und Demut, die dem Amt heute so schmerzlich fehlen, schreibt DER SPIEGEL – über den Mann, der 88 500 Tonnen Bomben über dem Irak abwerfen ließ.«[10] In einem anderen Artikel schreibt Kompa:

> »Wenn ein Milliardär verstirbt, der sein Familienvermögen den Nazis verdankt, in den 1970er Jahren eine Terrororganisation (CIA) geleitet hat, mit nahezu jeder nicht kommunistischen Diktatur auf diesem Planeten Geschäfte gemacht hat, 1983 durch PsyOps beinahe den Dritten Weltkrieg auslöste, im Nahen Osten die arabische Staaten gegeneinander in den Krieg hetzte, in den 1990ern selbst mit Kriegslügen einen Rohstoffkrieg führte, dabei Kriegsverbrechen beging, dann als Rüstungsunternehmer seinen Sohn ins Weiße Haus schickte, um den Irak zu überfallen und Deutschland in den perspektivlosen Afghanistan-Krieg zu locken – wäre da von Journalisten, die der Menschenwürde und Völkerverständigung verpflichtet sind und in jedem Staatschef, der nicht zur NATO gehört, einen neuen Hitler sehen, nicht wenigstens ein kritisches Wort zu erwarten? Null. Nada. Stattdessen Hündin Sully (oder hieß sie Blondie?).«[11]

Die Auseinandersetzung mit den besprochenen Bilder zeigt: Es bedarf einer grundlegenden Skepsis, um überhaupt der von Medien verzerrten Realität auf die Spur zu kommen. Als Mediennutzer müssen wir Bildern, filmischen Aufnahmen, präsentierten ›Fakten‹ und ›Sachverhalten‹, aber eben auch der Sprache (siehe Kapitel 3.3), die wir in journalistischen Beiträgen finden, ein gesundes grundsätzliches Misstrauen entgegenbringen. Es gilt, nicht wie das Kaninchen, das auf die Schlange starrt, nur auf die gezeigte Medienwirklichkeit zu blicken, sondern wir als Rezipienten müssen das Gezeigte und das Gesagte kritisch in Beziehung zu unserem eigenen Wissen, aber auch zu einem Wissen stellen, das außerhalb der großen Medien liegt. Wir müssen verstehen, dass das, was zu sehen ist, nicht immer tatsächlich das zeigt, was mit dem Gezeigten vorgegeben wird. So können wir die Inhalte kontrastieren und besser auf ihre Schieflagen untersuchen. Nachfolgend werden wir genauer anhand komplexerer Beispiele aufzeigen, wie Medien Wirklichkeitsbrüche entstehen lassen und warum von ihnen eine große Gefahr ausgeht.

2.1 Warnung vor Drittem Weltkrieg? Egal! Bundesregierung will Parlament nicht informieren? Unwichtig!

Wenn hochrangige Politiker in einem dramatischen Appell vor der Gefahr eines Dritten Weltkriegs warnen, könnte man als Mediennutzer erwarten, dass die großen Medien sich intensiv mit dieser Ansicht auseinandersetzen. Wenn Journalisten allerdings Selektionskriterien, die sie normalerweise verwenden, um relevante Informationen zu filtern, im Sinne ihrer Weltbilder außer Kraft setzen, sieht die Welt plötzlich anders aus. Anstatt zu zeigen, was gezeigt werden muss, wird Wichtiges ignoriert und abgetan.

Genauso, wenn es um den schwersten Terroranschlag in der Bundesrepublik geht – dem Oktoberfestattentat. Die Bundesregierung weigert sich, viele Jahrzehnte später, wichtige Fragen zu dem Anschlag gegenüber dem Parlament zu beantworten. Das Bundesverfassungsgericht verpasst durch einen Beschluss in der Sache der Regierung eine schallende Ohrfeige. Für die Medien war die Information eine Randmeldung. Wichtiger an dem Tag ist, dass Cathy Hummels schwanger ist und die Bundesanwaltschaft im Verfahren gegen die Rechtsterroristin Beate Zschäpe beabsichtigt, ein Plädoyer von 22 Stunden zu halten.

2.1.1 Sachverhalt A: Kollektives Ignorieren

Besteht die Gefahr eines Dritten Weltkriegs? Davor haben vier hochrangige Akteure aus dem politischen Feld in einem Zeitungsartikel gewarnt, der als Gastbeitrag in der *Frankfurter Allgemeinen Zeitung* im April 2018 erschienen ist. Antje Vollmer, die frühere Vizepräsidentin des Bundestages (Bündnis 90/Die Grünen), Edmund Stoiber (ehemaliger bayerischer Ministerpräsident, CSU), der SPD-Politiker Günter Verheugen und Horst Teltschik (ehemaliger Vorsitzender der Münchner Sicherheitskonferenz, CDU) haben eindringlich unter der Überschrift »Konflikt mit Russland – Dialog statt Konfrontation« vor den Gefahren gewarnt, die eine Konfrontation mit Russland mit sich bringen wird:

> »Mit großer Sorge beobachten wir den sich zuspitzenden Konflikt zwischen Russland und dem Westen. Gegenseitige Sanktionen, die Schließungen von Einrichtungen und Dialogforen, die einmal der Verständigung und Kooperation dienten, folgen in immer schnellerem Rhythmus. Wir haben es inzwischen mit einer beunruhigenden Entfremdung zu tun. Das gegenseitige Verhältnis ist bestimmt von gegenseitigen Schuldzuweisungen, Verdächtigung und militärischen Drohgebärden (...) Viele Westeuropäer sind heute alarmiert und fürchten Krieg. Viele betrachten Russland als Gefahr. Umgekehrt sieht die Mehrheit der Russen ihr Land zu Unrecht vom Westen an den Pranger gestellt.« [12]

Der Artikel endet mit den Worten:

> »Wir sollten eine Politik entwickeln, die sich ausschließlich am internationalen Recht und an der gemeinsamen Verantwortung für das Schicksal der gesamten Menschheit ausrichtet. Deutschland und die Europäische Union sollten dazu die Initiative ergreifen. Die Idee einer gesamteuropäischen Partnerschaft ist zwar nicht neu, aber wartet auf Verwirklichung. Das ist das richtige und große außenpolitische Thema dieser Legislaturperiode. Wer das nicht sehen will, ist blind für die Gefahr eines dritten und letzten Weltkrieges.«[13]

Der Aufruf verhallte in den Medien und eine Berichterstattung zu den Aussagen und der Positionierung der Politiker fand nicht statt. Zu dem Vorgang verfasste der Medienjournalist Stefan Niggemeier einen Beitrag auf dem Portal Übermedien:

> »Antje Vollmer und Edmund Stoiber haben Deutschland und die Europäische Union eindringlich zu einer Deeskalation des Konfliktes mit Russland aufgerufen und vor der Gefahr »eines dritten und letzten Weltkrieges« gewarnt (…) Mit ein paar Tagen Verzögerung erschien der Aufruf schließlich am gestrigen Donnerstag dann doch in der FAZ-Gast-Rubrik »Fremde Federn« (…) Von dort aus zog er keine Kreise. Keine Nachrichtenagentur berichtete über das bemerkenswerte überparteiliche Bündnis altgedienter Politiker, keine Zeitung, kein Online-Medium. Die einzige Ausnahme bildete die ›Deutschen Welle‹.«[14]

In einem NachDenkSeiten-Interview[15] sagte Vollmer auf die Frage, welche Erfahrung sie bei dem Versuch, den Aufruf zu veröffentlichen, gemacht habe:

> »Wir haben natürlich aus den ersten Erfahrungen gelernt. Wir wussten im Vorfeld, dass es kein Interesse der Medien gibt, die Grundsatzdebatte zu führen. Daher haben wir gedacht, wenn wir es schon nicht schaffen, über einen Aufruf die Diskussion entstehen zu lassen, dann könnten wir versuchen, einen Artikel zu veröffentlichen. Schließlich haben die großen Printmedien alle eine Rubrik für ›fremde Federn‹, also die Möglichkeit, auch Gastautoren zu Wort kommen zu lassen. Darüber wollten wir in der aufgeheizten Atmosphäre der Skripal-Affäre wenigstens die neue Bundesregierung erreichen.«[16]

2.1.2 Analyse: Nachrichtenauswahl Weltbild gemäß

Bei aller begründeten Vorsicht im Umgang mit Stellungnahmen von Politikern, liegt hier der Schluss nahe, dass die fünf Beteiligten tatsächlich ein sehr ernsthaftes Anliegen hatten. Warum haben Medien die Einlassungen der Fünf ignoriert?

Wir stellen fest: Der Umgang einer ganzen Medienlandschaft mit den Äußerungen dieser Politiker, zeigt, dass hier die normalen Gesetzlichkeiten, die bei der Auswahl und Gewichtung von Nachrichten eine Rolle spielen, außer Kraft gesetzt sind. Die Selektionskriterien , die eigentlich greifen müssten finden keine Anwendung (wenn wir beispielsweise auf die Filterkriterien, die Luhmann in den Medien ausgemacht hat, zugreifen, können wir »Punkt 9« anführen: Meinungsäußerung einer bekannten Person, die über eine bemerkenswerte Reputation verfügt.«[17]).

Das ist bemerkenswert. Für dieses Verhalten muss es einen Grund geben. Und dieser führt in genau jenen Abgrund, den wir bereits zu Beginn dieses Buches ausgeleuchtet haben. Stichwort: Zensur. Wir können hier eine Medienlandschaft identifizieren, die kollektiv dazu in der Lage ist, die journalistischen Standards bei der Einordnung und Gewichtung von Informationen auf den Kopf zu stellen. Wir wissen bereits aus der Untersuchung von Cornelia Mothes dass sich Journalisten manchmal »für eine verzerrte Informationsauswahl entschieden haben, sich also vermutlich auch bewusst dagegen entscheiden (können), objektiv zu sein«.[18]

Anders gesagt: Im hier diskutierten Fall ist ein Mediensystem zu beobachten, in dem sich individuelle Entscheidungen, die den Prinzipien der journalistischen Nachrichtengewinnung entgegenstehen, medienübergreifend synchronisieren.

Anhand dieses Beispiels können wir quasi in Zeitlupe erkennen, wie ein Mediensystem ›kippt‹, in dem verantwortliche Akteure, die in ihm agieren, gleichzeitig eine Art ›Sabotage‹ am Prozess der journalistischen Realitätserfassung betreiben. So betrachtet dürfte deutlicher werden, dass diese ›Synchronisation‹ nicht durch eine zuvor hinter verschlossenen Türen stattgefundene Absprache abgelaufen ist. Es bedarf dazu vermutlich nicht einmal Telefonate[19] zwischen beteiligten Chefredakteuren, Herausgebern und Politikern. Wie von einer ›Geisterhand‹ geführt, synchronisiert sich eine komplette Medienlandschaft auf eine Weise, die dazu führt, dass sie ihre eigenen Selektionskriterien, nach der sie unter normalen Bedingungen auch arbeitet, missachtet. Und das ist nur deshalb möglich, weil viele Journalisten, die sich in diesem System bewegen aufgrund ›synchron geschalteter‹ Wahrnehmungs-, Denk- und Handlungsschemata quasi wie auf Knopfdruck identisch reagieren. ›Man‹ ist sich im Prinzip einig, dass die Einlassung der Politiker nicht ›ins Bild‹ (das eigene politisch Weltbild) passt. Es besteht – ohne dass man sich mit irgendjemanden rückversichern müsste, Einigkeit darin, dass diese Stellungnahme keine oder allenfalls nur minimale Aufmerksamkeit verdient. Aber warum? Was ist der Antrieb? Die Antwort lautet: Es dürften vermutlich vor allem persönliche Abneigungen gegen Putin und Russland sein, die hier zu einer hochgradig subjektiven Informationsauswahl geführt haben. Wer die Berichterstattung der letzten Jahre zu Russland verfolgt hat, kann erkennen, dass viele Medienvertreter – um es sehr zurückhaltend auszudrücken – mit Russland ihre ›Probleme‹ haben. Wenn es um Russland geht, zeigt sich auch in den sogenannten Qualitätsmedien eine Berichterstattung, die auf der Ebene eines Freund-Feindbildes agiert.[20] Die Schlagseite beim Thema Russland in der Berichterstattung ist so schwerwiegend, dass selbst ein flammender Appel, wie der von Vollmer und Co. – und da sollte man wirklich für einen Moment inne halten – vor einem drohenden Dritten Weltkrieg (!) warnt, abgetan wird, weil er als ein Störfaktor im Dauerfeuer der medialen Russlandkritik wahrgenommen wird. Damit werden – davon muss man ausgehen – die persönlichen (politischen) Einstellungen zum Maßstab bei der journalistischen Einordnung und Bewertung von Nachrichten.

Das Fatale ist, dass es hier nicht um *einzelne* Journalisten von *einzelnen* Medien geht, die entgegen den normalen journalistischen Funktionsweisen handeln, sondern um ein gesamtes Mediensystem. Wenn Systeme und Strukturen wie auf Knopfdruck außer Kraft gesetzt werden, wenn die Funktionsweise zum Nachteil des Systems nach eigenem Belieben verändert werden, dann können diese Systeme und Strukturen ihre Aufgabe nicht mehr erfüllen.

Wenn in einem Land nur diejenigen bestimmte notwendige Papiere von den Behörden erhalten, die einen guten Draht zur Politik haben, dann sprechen wir von einer Bananenrepublik, von einem korrupten Land. Unser Mediensystem ist, wenn es um einen kritischen politischen Journalismus geht, oft mit einem korrupten Land zu vergleichen. Die journalistischen Kriterien der Selektion und Gewichtung von Informationen, werden in bestimmten Fällen weit über das Maß hinaus gebeugt.

2.1.3 Sachverhalt B: Das Oktoberfestattentat und eine schallende Ohrfeige für die Bundesregierung

> »Er hat geblutet, aber ich habe keine Wunde gesehen. Er hat gesagt: Papa, mir ist kalt. Dann hat jemand den Jungen mitgenommen. Dann habe ich weitergesucht und kam an diese Stelle. Hier war ein Bratwurststand. Und da lehnte meine Tochter. Bei ihr war alles offen und herausgerissen. Dann hat sie gesagt: Papa, hilf mir, es tut so weh. Dann hat sie ihre Augen zugemacht und sie war tot.«[21]
>
> *Die Aussage eines Mannes, dessen Kinder am 26. September 1980 auf dem Münchner Oktoberfest in den Tod gerissen wurden.*

Im Juni 2017 war in einem Beschluss des Bundesverfassungsgerichts das Folgende zu lesen: »Die Bundesregierung [hat] die Bundestagsfraktionen BÜNDNIS 90/DIE GRÜNEN und DIE LINKE sowie den Deutschen Bundestag teilweise in ihren Rechten verletzt (…), indem sie unter Berufung auf das Staatswohl und die Grundrechte verdeckt handelnder Personen die vollständige Beantwortung von Anfragen zu nachrichtendienstlichen Erkenntnissen zum Oktoberfestattentat verweigert hat.«[22]

Zur Erinnerung: Das »Oktoberfestattentat« von 1980 war der schrecklichste Terroranschlag der deutschen Nachkriegsgeschichte – zwölf Menschen kamen ums Leben und 213 wurden verletzt. Die Hintergründe des Terrorakts wurden nie vollständig aufgeklärt. 2014 stellten Bündnis 90/Die Grünen und Die Linke eine Kleine Anfrage an die Bundesregierung zum Anschlag, in der sie unter anderem Näheres zu Heinz Lembke, dessen Name im Zusammenhang des Oberfestattentats auftaucht, wissen wollten. Lembke wurde 1981 verhaftet und soll sich laut Behördenangaben noch während seiner Zeit in Haft das Leben genommen haben. Lembke, der von Beruf Förster war, geriet unter Verdacht, nachdem im Laufe der Ermittlungen in seinem Revier 33 geheime Waffenverstecke gefunden wurden. Laut Anfrage der Parteien befanden sich in den Waffenlagern »13 520 Schuss Munition, 50 Panzerfäuste, 156 kg Sprengstoff und 258 Handgranaten«[23]. Die Parteien wollten unter anderem wissen, ob Lemke als V-Mann agiert hat. Der Rechtsanwalt Werner Dietrich, der Opfer des Oktoberfestattentats vertritt, hat in einer der Spurenakten einen Hinweis entdeckt, der auf eine entsprechende Verbindung von Lemke zu einem Geheimdienst hindeuten könnte. So heißt es in der entsprechenden Spurenakte: »Erkenntnisse über Lembke sind nur zum Teil gerichtsverwertbar.«[24] 2014 merkte der Anwalt gegenüber der *Süddeutschen Zeitung* an: »Solche Vermerke gibt es normalerweise nur bei V-Leuten oder Mitarbeitern von Geheimdiensten.«[25] Politiker von Bündnis 90/Die Grünen und der Linkspartei fragten die Bundesregierung: »War Lembke ein V-Mann einer Sicherheitsbehörde (gegebenenfalls welcher) des Bundes oder – nach Erkenntnissen der Bundesregierung eines Landes?«[26] Die Bundesregierung antwortete unter anderem wie folgt: »Im Hinblick auf den Verfassungsgrundsatz der wehrhaften Demokratie und der Bedeutung der betroffenen Grundrechtspositionen hält die Bundesregierung die Informationen der angefragten Art für so sensibel, dass selbst ein geringfügiges Risiko des Bekanntwerdens unter keinen Umständen hingenommen werden kann.«[27] Die Bundesregierung erklärte weiter, dass »ein solcher Hinweis auf die nachrichtendienstliche polizeiliche Schutzbedürftigkeit einer Information (…) nicht den Schluss nahe [legt], dass es sich bei einer in der Erkenntnismitteilung genannten Person um eine nachrichtendienstliche Quelle oder eine verdeckte Quelle der Polizei (V-Mann) handelt«.[28]

In seinem Beschluss stellte das Bundesverfassungsgericht schließlich klar, dass zwar »dem Einsatz verdeckter Quellen (…) bei der Informationsbeschaffung der Nachrichtendienste eine hohe Bedeutung« zukomme, weshalb die Bundesregierung auch »Auskünfte zum Einsatz verdeckt handelnder Personen in der Regel mit Hinweis auf eine Gefährdung des Staatswohls und der Grundrechte dieser Personen verweigern«[29] dürfe, »wenn bei Erteilung der begehrten Auskünfte ihre Enttarnung droht«.[30]

Die Karlsruher Richter hoben allerdings zugleich die Bedeutung des »parlamentarische Informationsinteresse«[31] hervor. Dieses sei mitunter als wichtiger zu bewerten als der Schutz der Nachrichtendienste. Insbesondere der Faktor Zeit spiele bei der Entscheidung, ob entsprechende Anfragen zur Tätigkeit von V-Männern beantwortet werden, eine gewichtige Rolle. Die Karlsruher Richter sind der Auffassung, dass »sich im Einzelfall bei weit zurückliegenden Vorgängen die Geheimhaltungsbedürftigkeit erheblich vermindert oder erledigt haben«.[32] In aller Deutlichkeit erklärt der Zweite Senat des Bundesverfassungsgerichts der Regierung:

> »Im Hinblick auf die Frage, ob und gegebenenfalls für welche Behörde Heinz Lembke ein V-Mann gewesen sei, kann die Fraktion BÜNDNIS 90/DIE GRÜNEN ein Informationsinteresse von besonderem Gewicht geltend machen. Denn mit Blick auf eine zukünftige gesetzliche Regelung des Einsatzes von V-Leuten ging es ihr darum festzustellen, ob es – auch in der Vergangenheit – zu einer Verstrickung von V-Leuten in rechtsterroristische Straftaten gekommen ist. Die von der Bundesregierung gegebene Begründung rechtfertigt die Verweigerung der Antwort nicht.«[33]

Nun zur Berichterstattung: Um 9:30 Uhr erreichten die Pressemitteilung des Bundesverfassungsgerichts jene Redaktionen und Journalisten, die sich im E-Mail-Verteiler des Gerichtes befinden. Um 13:57 desselben Tages bringt eine Google-Suche folgende Ergebnisse: »Auskünfte wurden teils zu Unrecht verweigert« (*Handelsblatt*), »Die Bundesregierung hat dem Verfassungsgericht zufolge Informationen zum Münchner Oktoberfest-Attentat von 1980 teilweise zu …« (Bayerischer Rundfunk), »Die Bundesregierung hat Auskünfte zum Einsatz von V-Leuten im …« (Pressrelations), »Regierungsauskünfte zu V-Leuten teils zu Unrecht verweigert« (*Schwäbische Zeitung*), »Oktoberfestattentat: Bundesregierung muss Auskunft über V-Männer geben« (Telepolis).

Gerade einmal fünf Artikel zeigte Google News zu der Nachricht an. Das ist auch deckungsgleich mit einer direkten Suche auf einer Vielzahl von Nachrichtenseiten. Einen Tag später um 21:12 Uhr zeigt die Suchmaschine Folgendes an: »Verfassungsschutz muss Akten über das Oktoberfest-Attentat …« (Süddeutsche.de), »Regierung hielt Informationen teils zu Unrecht zurück« (*Die Welt*), »Das Oktoberfest-Attentat und die V-Leute« (Bayerischer Rundfunk), »Gericht rügt Auskunftsblockade zu Attentat« (n-tv.de), »Verfassungsgericht rügt Auskunftsblockade zu Oktoberfest-Attentat« (Meinung-Deutsche Welle), »Auskünfte zu Oktoberfest-Attentat teils zu Unrecht verweigert« (Ausführlich-SPIEGEL ONLINE), »›Staatswohl‹ hat Vorrang« (taz.de), »Auskunftsverweigerung zu V-Leute-Einsatz im Zusammenhang mit …« (Neue Juristische Wochenschrift).

Innerhalb von 1,5 Tagen kamen also noch einmal fünf Artikel dazu.

2.1.4 Analyse: Eine Nachricht, die nicht ins Bild passt

Wie ist nun das Verhalten der Medien im Hinblick auf den hier skizzierten Sachverhaltes zu bewerten? Die große Zeitspanne, die zwischen dem Versand der Pressemitteilung des Bundesverfassungsgerichts und dem Erscheinen der ersten Artikel vergangen ist, lässt darauf schließen, dass Redaktionen (kollektiv) diese Information nicht als besonders wichtig betrachtet haben. Wenn Medien ein Interesse daran haben, Pressemitteilungen des Bundesverfassungsgerichts schnell zu verarbeiten, dann geschieht das oft innerhalb kürzester Zeit, ja, innerhalb von Minuten. Das war hier nicht der Fall. Ferner ist die Anzahl der Beiträge, die zu dem Fall erschienen sind, in Anbetracht dessen, worum es hier geht, eine journalistische Bankrotterklärung. Vergegenwärtigen wir uns: »Das Bundesverfassungsgericht bescheinigt der Bundesregierung (ja, jene Bundesregierung, die sich für Menschenrechte in diktatorischen Ländern einsetzt), dass sie »BÜNDNIS 90/DIE GRÜNEN und DIE LINKE sowie den Deutschen Bundestag teilweise in ihren Rechten verletzt (…), indem sie unter Berufung auf das Staatswohl und die Grundrechte verdeckt handelnder Personen die vollständige Beantwortung von Anfragen zu nachrichtendienstlichen Erkenntnissen zum Oktoberfestattentat verweigert hat.«[34] Schließlich legt das Bundesverfassungsgericht dar, dass die Parteien sehr wohl »ein Informationsinteresse von besonderem Gewicht geltend machen« dürfen.

Was bedeuten diese Ausführungen? Sie sind eine schallende Ohrfeige für die Bundesregierung. Nun ist es zwar nicht ungewöhnlich, dass das Bundesverfassungsgericht als korrektiv fungiert und auch immer mal wieder der Regierung ihre Grenzen aufzeigen muss, aber man darf hier durchaus davon sprechen, dass dieser Beschluss der Karlsruher Richter seine eigene Bedeutung hat. Die Bundesregierung verhindert 36 Jahren nach dem schlimmsten Terroranschlag in der deutschen Nachkriegsgeschichte das Aufklärungsinteresse demokratischer Parteien und des Bundestages mit Begründungen, die das Bundesverfassungsgericht nicht akzeptiert. Seine besondere Bedeutung erhält der Beschluss auch dadurch, dass es, weitergedacht, nicht »nur« um das Oktoberfestattentat geht. Er berührt jenes Thema, das viel Brisanz birgt und auch immer mal wieder von den Medien aufgegriffen wird. Stichwort: V-Mann-Problematik. Erinnern wir uns: Im Fall des 1977 von der Roten Armee Fraktion (RAF) ermordeten Generalbundesanwalt Sigfried Buback wurde immer wieder die Frage aufgeworfen, ob die ehemalige RAF-Frau Verena Becker für den Verfassungsschutz tätig war. Im Fall Anis Amri, der laut Behördenangaben für den Anschlag auf den Berliner Weihnachtsmarkt verantwortlich sein soll, haben Medien ebenfalls die Frage aufgeworfen, ob Amri ein V-Mann war. Und, ebenfalls aktuell: Im Juli 2017 wurde bekannt, dass ein Bericht des hessischen Landesamtes für Verfassungsschutz in Sachen des Nationalsozialistischen Untergrund (NSU) mit einer Sperrfrist von 120 Jahren (!) belegt wurde. In diesem Bericht geht es unter anderem auch um V-Männer. Man könnte an dieser Stelle auch nochmal einen Sprung zurück, zu V-Mann Peter Urbach machen, der unter anderem in der Gründungszeit der RAF die Gruppe mit Waffen versorgt hat. Es wird deutlich, dass es ein größeres Problem mit V-Männern gibt, ein Problem, das augenscheinlich seit Jahrzehnten besteht. Die Haltung der Bundesregierung, genauso wie der Beschluss des Bundesverfassungsgerichts, wären *die* Möglichkeit für Medien gewesen, das Thema seiner Tragweite entsprechend zu gewichten und eine Berichterstattung abzuliefern, die dem Anspruch eines Qualitätsmediums gerecht wird. Wie vorne bei der Sachverhaltsbeschreibung angeführt, war die Berichterstattung erstaunlich dünn. Wenn man sich die hier angeführten Überschriften anschaut, dann wird klar, dass die Medien, die berichtet haben, durchaus sauber den Kern des Beschlusses erkannt haben. Zwar sind die Überschriften zurückhaltend, aber inhaltlich korrekt. Nur die *taz* spitzt die Überschrift gekonnt (»Staatswohl hat Vorrang«) dem Sachverhalt angemessen zu. Inhaltlich kann zu den Artikel knapp festgestellt werden: Sie waren nachrichtlich gehalten, ohne Tiefgang. Weiter gilt zu beachten, dass es nicht nur darauf ankommt, wie viele Artikel zu einem Thema publiziert wurden. Genauso wichtig ist auch die Frage, wie prominent die Artikel platziert wurden und wie lange sie entsprechend gut sichtbar für die Leser auf den Onlineseiten zu finden waren.

Nun dürfte es für kritische Medienbeobachter kein Geheimnis sein, dass auch Qualitätsmedien mehr und mehr dazu neigen, auf das Triviale zu fokussieren. Nichtigkeiten messen Redaktionen immer wieder eine große Bedeutung bei, während sie politisch Brisantes abtun oder so veröffentlichen, dass Mediennutzer es kaum wahrnehmen können. Beispielhaft wollen wir hier darauf verweisen, wie Spiegel Online am Tag der Meldung zum Oktoberfestattentat berichtet hat. Das große Online-Portal fand es an diesem Tag für besonders berichtenswert, dass die Bundesanwaltschaft plante, im Falle des NSU-Mitgliedes Beate Zschäpe ein Plädoyer von 22 Stunden zu halten. Ein entsprechender Artikel, in dem über die ›Nachricht‹ berichtet wurde, war eine ganze Weile prominent im oberen Viertel der Startseite des Nachrichtenportals platziert. Auf Rubikon lautet es dazu:

> »Die Nachricht zum Beschluss des Bundesverfassungsgerichtes erscheint auf dem Online-Portal einige Zeit nach Bekanntgabe und ist tief unten auf der Seite in der Rubrik Panorama »begraben«. Aus Sicht eines kritischen Online-Mediums ist es offensichtlich wichtiger, Nachrichten mit Überschriften wie »Sektenvorwurf gegen R.Kelly – Meister mit totaler Kontrolle« und »Schwangeres Model – Cathy und Mats Hummels bekommen ein Baby« größere journalistische Bedeutung beizumessen als dem Beschluss des Bundesverfassungsgerichtes. Beide Boulevard-Meldungen hat die Redaktion mit Bild über der Nachricht zum Oktoberfestattentat platziert.«[35]

Hier kommen sicherlich auch die Funktionsbedingungen der Medien zum Vorschein. Medien stehen unter einem ökonomischen Druck. Ein Artikel über die Schwangerschaft von Cathy Hummels führt vermutlich zu mehr Klicks als die ›schwere‹ Nachricht zum Beschluss der Karlsruher Richter. Aber ökonomische Zwänge hin oder her: Was ist davon zu halten, dass ein so reputiertes Medium offensichtlich die Nachricht zu dem 22-stündigen Plädoyer für wichtiger erachtet hat als die Nachricht aus Karlsruhe? Dass auch andere Medien der Nachricht zum Oktoberfestattentat kaum Bedeutung beigemessen haben, lässt aufhorchen. Angenommen werden darf, dass zu dieser Art von Nachricht medienübergreifend Verantwortliche in den Redaktionen offensichtlich keinen richtigen ›Zugang‹ haben. Man begegnet, so die Vermutung, solch einer Nachricht mit einer gewissen Distanziertheit, kann oder will die Hintergründe (schmutzige Rolle des Staates?) nicht konsequent zu Ende denken. Das (journalistische) Verständnis, dass der Beschluss der Karlsruher Richter ›berichtenswert‹ ist, ist zwar vorhanden, doch man ist dieser Information offensichtlich nicht gerade ›zugeneigt‹. Beim Umgang von Redaktionen mit dieser Art von Nachricht müssen wir nochmal auf den dominierenden Habitus im journalistischen Feld fokussieren. Immer wieder ist festzustellen, dass es bestimmte Grenzen der journalistischen Kritikfähigkeit gibt. Dem Träger eines Habitus, der dazu neigt, sich an der Orthodoxie auszurichten, fällt es schwer, Kritik an ›denen da oben‹ so weit zu treiben, bis Macht- und Herrschaftsverhältnisse jenseits naiv-demokratietheoretischer Wirklichkeitsvorstellungen freigelegt sind. Anders gesagt: Ein Fall wie das Oktoberfestattentat, bei dem der Verdacht einer wie auch immer gearteten Verstrickung des Staates im Raum steht, scheinen Träger des besprochenen Habitus mit einem großen Unbehagen zu begegnen. Begriffe wie Tiefenpolitik, Tiefer Staat oder gar Staatsterrorismus (siehe zu dem Begriff eine interessante Passage in einem *Zeit*-Interviews mit Helmut Schmidt[36]) empfinden sie offensichtlich als einen Angriff auf ihr Wirklichkeitsverständnis (und das sind sie auch, zweifelsfrei). Mit einem derart angelagerten Thema ist man bereit, sich allenfalls oberflächlich auseinanderzusetzen. Locker-leichte Artikel wie die über ein »schwangeres Model« oder politisch unbedenkliche Berichte wie die über ein 22-stündiges Plädoyer der Bundesanwaltschaft sind sicheres Terrain, auf dem nicht verlangt wird, den Blick auf eine heterodoxe Erfassung der Wirklichkeit zu richten.

Selbst in den Nachrichtensendungen von ARD und ZDF wurde die Nachricht nicht an vorderster Stelle platziert – ökonomische Zwänge können die Öffentlich-Rechtlichen jedenfalls nicht anführen, wenn es darum geht zu begründen, warum sie nicht mit ihrer vollen publizistischen Macht über das Verhalten der Bundesregierung berichtet haben. Wo waren (sind), beispielsweise, die großen Polit-Talkshows zum Beschluss des Bundesverfassungsgerichts? Wo war (ist) die Einladung an die Opfer, die Hinterbliebenen des Oktoberfestattentats und an ihren Anwalt, die in einer entsprechenden Sendung vermutlich das ein oder andere Wort auch an die eingeladenen Vertreter der Bundesregierung zu richten gehabt hätten? Ausreden aus den Redaktionen, warum der Beschluss des Verfassungsgerichts kein Anlass gegeben hat, eine eigene Sendung zum Thema zu machen, kann man sich denken: zu schwierig, zu kompliziert. Interessiert nicht genug

Zuschauer. Der Sendeplatz ist begrenzt. Man muss auswählen, welches Thema man ›diskutiert‹, und so weiter und so fort. Aber, wie gesagt, selbst in den Nachrichtensendungen von ARD und ZDF platzierten die Sender die Nachricht nicht an vorderster Stelle. Um 12 Uhr hob ZDF heute folgende Themen in der Ankündigung hervor:

»Abschlussbericht Domspatzen-Skandal; Deutsche IS-Kämpferinnen gefasst?; Polen: Umstrittene Justizreform; Discounter LIDL erobert die USA; DFB-Frauen starten mit Remis; weiteren Nachrichten und dem Wetter.«[37]

In der heute-Sendung um 19 Uhr waren es folgende Themen, die für wichtig gehalten wurden:

»Abschlussbericht Domspatzen-Skandal; Trumpcare vorerst gescheitert; weiteren Nachrichten, dem Sport und dem Wetter.«[38]

Die Tagesschau um 20 Uhr führte diese Themen prominent an:

»Sechs Menschenrechtsaktivisten in türkischer Untersuchungshaft, Merkel hält Inhaftierung von Aktivisten für ungerechtfertigt, Beginn der Plädoyers im NSU-Prozess, Abschlussbericht im Missbrauchsskandal um Domspatzen veröffentlicht, Daimler weitet Rückruf von Dieselfahrzeugen aus, ›Trumpcare‹ scheitert bereits vor Abstimmung im US-Senat, Neue US-Wirtschaftssanktionen gegen den Iran, Verheerende Waldbrände auf dem Balkan, Tour de France, Das Wetter«.[39]

2.1.4 Fazit Sachverhalt A und B: Wichtiges wird falsch gewichtet und präsentiert

Beide hier besprochenen Sachverhalte verdeutlichen, dass die Medienwirklichkeit stark durch Ausblenden und die falsche Gewichtung und Präsentation von Informationen bestimmt wird.

Auf mindestens drei Ebenen entfaltet sich so eine weitreichende Wirkung: Zunächst führt die Nichtberichterstattung beziehungsweise eine Alibiberichterstattung dazu, dass viele Bürger mit hoher Wahrscheinlichkeit nichts von den Informationen erfahren. Daraus ergeben sich Folgen für die kollektive Einordnung der Realität. Wer als Bürger nicht über einen Sachverhalt informiert ist, kann dazu auch nicht Stellung beziehen, kann seine Stimme nicht erheben.

Auf der zweiten Ebene entfaltet sich eine Wirkung im politischen Feld. Wir wissen, dass Medien die Möglichkeit haben durch ihre Berichterstattung Druck aufzubauen. Eine kritische Berichterstattung kann, wenn auch nicht immer, Wirkung zeigen. Gerade dann, wenn Medien in geschlossener Formation berichten, kann der Druck enorm groß und Politiker beziehungsweise die Politik zum Handeln gebracht werden. In beiden hier besprochenen Fällen ist die Wirkung die, dass durch den fehlenden Druck, die Akteure im politischen Feld nahezu unangetastet weiter fungieren können, wie sie es bisher getan haben. Die dritte Ebene liegt innerhalb der Medien selbst. Wir kennen das: Online Medium A macht mit der Meldung Z groß auf. Online Medium B sieht den Aufmacher, möchte aber nicht darauf einsteigen. Kurze Zeit später legen die Online Medien C, D, E, F und G nach und berichten ebenfalls (mit eigenem Touch) groß über die Meldung Z. Mittlerweile sind bereits zahlreiche Mails und Anrufe bei Online-Medium B eingegangen und es wird nachgefragt, warum die Redaktion nicht über den Sachverhalt Z berichtet. Schließlich entscheidet sich die Verantwortlichen bei Medium B doch noch prominent zu berichten.

Anders gesagt: Medien erzeugen durch ihre Berichterstattung auch Druck nach innen, also in ihr eigenes Feld.

Zugespitzt lässt sich aus dieser Erkenntnis ableiten: Entweder berichten alle Medien über einen Sachverhalt oder gar keine. Des Weiteren fällt an dem Beispiel auf: Wir haben es mit einer Medienlandschaft zu tun, in der nicht nur Qualitätsmedien Boulevard-Themen (Spiegel Online, Schwangerschaft Cathy Hummels) weitreichenden politischen Themen vorziehen. Sondern selbst wenn diese Medien über wichtige politische Themen berichten, konzentrieren sie sich oft auf das Triviale. Wie angesprochen: In der Berichterstattung zum Zschäpe-Prozess etwa hat Spiegel Online prominent die ›Nachricht‹ gebracht, dass die Bundesanwaltschaft ein 22-stündiges Plädoyer halten werden. Neben Spiegel Online haben diese ›Nachricht‹ eine Vielzahl der großen Medien aufgegriffen und prominent ihren Lesern zugänglich gemacht. Bei Lichte betrachtet ist es vollkommen egal, ob die Bundesanwaltschaft ein Plädoyer von 22, 18, 15 oder 10 Stunden zu halten beabsichtigt. Sicher, Medien können zwar die ›Nachricht‹ zur Dauer des Plädoyers als berichtenswert betrachten und die Leser darüber ›informieren‹, aber was tut diese Information zur Sache? Dass bei einem derart großen Fall die Bundesanwaltschaft das ein oder andere in ihrem Plädoyer zu sagen haben und dieses nicht bereits nach 5 Minuten zu Ende sein würde, konnte man sich an einer Hand abzählen. Die Tatsache, dass Medien diese ›Nachricht‹ aufgegriffen haben, aber auch wie viel Raum sie ihr zur Verfügung gestellt haben und wie prominent sie diese platziert haben, zeigt beispielhaft, dass große Medien über wichtige Themen berichten (Fall NSU), ohne über sie zu berichten. Das Triviale, das einfach Rezipierbare, das, was beim Leser auf die Schnelle einen Aha-Effekt auslöst,[40] wird in den Vordergrund gerückt (zum Beispiel die Berichterstattung zu Beginn des Prozesses, wo man sich auf das Äußere von Zschäpe konzentrierte und sie als »Teufel« bezeichnet wurde).[41] Entscheiden Sie selbst, liebe Leserin und lieber Leser: Welche Nachricht ist die Gewichtigere? Welche Nachricht sollte der Aufmacher sein? Die vom 22-stündigen Plädoyer der Bundesanwaltschaft? Oder die von der Blockadehaltung der Bundesregierung zum Oktoberfestattentat?

Halten wir fest: Beide hier behandelten Themen hätten, würden die normalen journalistischen Kriterien der Auswahl und Gewichtung von Informationen und Nachrichten greifen, breit in den Medien behandelt und diskutiert werden müssen. Die Stellungnahmen von fünf Politiker wurde von den Redaktionen ignoriert, weil an einer differenzierten Betrachtung des Konfliktes zwischen dem Westen und Russland kein Interesse besteht. Über den Beschluss des Bundesverfassungsgerichts wurde, so die Vermutung, nur zaghaft berichtet, weil er ein überaus negatives Licht auf die Bundesregierung wirft und man ja auch nicht will, dass wieder die Verschwörungstheoretiker ›um die Ecke kommen‹, die an das ganz große Komplott glauben und für die die Nachricht eine Steilvorlage ist, etwas von Staatsterrorismus und Operationen unter falscher Flagge zu ›faseln‹. Sachlich formuliert: Beide Nachrichten sind inhaltlich so gelagert, dass sie zu einer Irritation der im journalistischen Feld vorherrschenden politischen Überzeugungen führen. Deshalb werden die Informationen ignoriert beziehungsweise falsch gewichtet. Die Grenzen dessen, was der politische Journalismus in Deutschland leisten kann, werden anhand dieser beiden Nachrichten sichtbar. Eine Medienlandschaft, die auch durch den Habitus der Akteure, die sich in ihr bewegen, so ausgerichtet ist, wie weiter vorne beschrieben, steigt einer Bundesregierung bei solch einem Thema nicht mit aller Härte auf die Füße. Dazu ist sie nicht in der Lage. Das kann sie nicht. Und das will sie auch nicht.

2.2 Qualitätsmedien: Eine Falschmeldung mit offenen Armen begrüßen

Die großen Medien inszenieren sich gerne als Vorreiter im Kampf gegen Fake News. Ihrer Berichterstattung, so verkündigen sie es immer wieder, darf man als Mediennutzer vertrauen. Dass sich hin und wieder auch in eine qualitativ hochwertige Berichterstattung ›Fehler‹ einschleichen, räumen diese Medien zwar ein, allerdings handelt es sich (natürlich) immer um bedauernswerte Einzelfälle.

Gut, möchte man sagen: Fehler sind menschlich. Uns allen passieren Fehler. Wenn es keine weiteren Probleme gibt, können wir als Mediennutzer sehr zufrieden sein. Aber: Es gibt weitere Probleme. Was, wenn echte oder vorgetäuschte ›Fehler‹ dazu führen, dass eine Scheinwirklichkeit entsteht, die so lange ›wirkliche Wirklichkeit‹ ist, bis Medien den Fehler eingestehen und korrigieren? Und: Was bedeutet es für unser Wirklichkeitsverständnis, wenn Medien ›Fehler‹ machen, aber Fehler nicht als Fehler erkennen oder Fehler nicht korrigieren?

Wie sollen wir damit umgehen, wenn Medien etwas bestätigen, was gar nicht gesagt wurde? Und was, wenn es sich dabei auch noch um eine hochgradig politisch aufgeladene Meldung handelt, mit weitreichender Bedeutung?

2.2.1 Sachverhalt: Eilig falsch berichten

Der Fall des übergelaufenen Spions Sergej Skripal hat über viele Wochen und Monate die Medien beschäftigt. Rückblende: Am 4. März 2018 wird laut Medienberichten ein Gift-Anschlag auf Skripal und seine Tochter verübt.

Das Nervengift Nowitschok, so die Verlautbarungen der Behörden, soll dabei zum Einsatz gekommen sein. Da dieses spezielle Nervengift ursprünglich von Russland hergestellt wurde, war der Schuldige für den Anschlag schnell gefunden: Russland. Obwohl die Sachlache alles andere als eindeutig war, ließen Regierungen und viele Medien über Wochen kaum Zweifel daran, dass Russland verantwortlich war. Dann, am 12. April 2018, ›berichteten‹ Medien über die Untersuchungsergebnisse der Organisation für ein Verbot chemischer Waffen (OPCW), die sich dem Fall angenommen hatte. Ergebnis: Die (vertrauenswürdige) Organisation *bestätigt* durch ihre Untersuchung, dass das Gift aus Russland stammt.

Diese Meldung war von weitreichender politischer Bedeutung: Sollte bewiesen werden, dass Russland tatsächlich den Anschlag auf Skripal in Großbritannien verübt hat, würde das zu einer weiteren Belastung der Beziehung zwischen Russland und dem Westen führen. Die Tatsache, dass die Beziehungen zwischen Russland, Großbritannien und den anderen NATO-Staaten ohnehin bereits angespannt sind, sollte Journalisten bei der Verarbeitung der Nachricht der OPCW eigentlich dazu verpflichten, ganz besonders sorgfältig, sensibel und vorsichtig mit den erhaltenen Informationen umzugehen.

Betrachten wir die Schlagzeilen, mit denen reputierte Medien über die Nachricht berichteten: Spiegel Online (Bildunterzeile): »Die Organisation für ein Verbot der Chemiewaffen hat festgestellt, dass der frühere Doppelagent mit einem Gift russischer Herkunft attackiert wurde – einen Schuldigen nannte die OPCW allerding nicht«; Süddeutsche.de: »Russische Herkunft des Giftes im Fall Skripal bestätigt«; Nachrichtenagentur AFP: »OPCW bestätigt russische Herkunft des Giftes im Fall Skripal«; Welt.de: »Vier Labore bestätigen russische Herkunft von Gift im Fall Skripal«; Stern.de: »OPCW bestätigt russische Herkunft des Giftes im Fall Skripal«; Zeit.de (Eilmeldung): »Sergej Skripal: PCW bestätigt russische Herkunft des Giftes«.

Das Problem bei der Sache: Die Meldung zum Untersuchungsergebnis der OPCW, dass die Herkunft des Giftes nachgewiesen sei, war falsch. Die Organisation hatte nie bestätigt, dass das Gift tatsächlich aus Russland stammte! Die NachDenkSeiten[42], das Portal Meedia.de[43] und Übermedien berichteten detailliert über »Die Geschichte einer vergifteten Eilmeldung«[44]. Wie meedia.de bemerkt, haben viele weitere Medien mit Schlagzeilen, die ähnlich angelegt waren, wie die hier erwähnten, ›berichtet‹. Da Medien auch intensiv Twitter nutzen, fanden sich auch entsprechende Tweets mit falschem Inhalt wieder. Übermedien führt aus, dass einige Medien, nachdem klar wurde, dass die Meldung der Realität nicht standhält, die Falschmeldung transparent korrigiert (unter anderem Tagesspiegel, Welt.de, n-tv) und entsprechende Tweets richtiggestellt haben. Andere Medien haben sich nicht so vorbildlich verhalten und entweder die falsche Meldung und/oder den Tweet einfach stehen lassen beziehungsweise haben zwar korrigiert, aber nicht transparent auf die Korrektur verwiesen. Ausgegangen war die Falschmeldung von der Nachrichtenagentur AFP. Angeblich sei es zu einem Interpretationsfehler im Londoner Korrespondentenbüro gekommen, den die Agentur bedauere.

2.2.2 Analyse: Wahrheit? Unwahrheit? Hauptsache, die Meldung bedient das Narrativ

Die Tragweite der Meldung dürfte allen Medien und Journalisten, die sie aufgegriffen haben, klar gewesen sein. Wie konnte es also überhaupt zu der Falschmeldung kommen? Klar ist, dass die Nachrichtenagentur AFP die Nachricht als Eilmeldung verbreitet hatte. Aber warum? Die Agentur behauptet, ein Interpretationsfehler sei verantwortlich. Wer sich die Zusammenfassung[45] der OPCW-Untersuchung anschaut, wird schnell feststellen, dass auf den knapp eineinhalb Seiten das Wort Russland nicht einmal auftaucht. Missverständlich ist in der OPCW-Zusammenfassung eigentlich nichts. Wenn davon die Rede ist, dass britische Untersuchungsergebnisse bestätigt werden konnten, dann heißt das nicht automatisch, dass die gefundene chemische Substanz auch aus Russland stammt beziehungsweise gar von Russland selbst eingesetzt wurde.

Was auch immer nun die Gründe für den AFP-Bericht sind: Für unsere Analyse ist es eher nebensächlich. Der Einfachheit halber nehmen wir an, dass es bei AFP tatsächlich ›nur‹ zu einem Interpretationsfehler gekommen ist.

Den großen Medien ist es jedenfalls kollektiv nicht gelungen, einen schwerwiegenden ›Interpretationsfehler‹ vor Veröffentlichung zu erkennen und zu überprüfen. Die Sorgfaltspflicht, auf die gerade gegenüber alternativen (›unseriösen‹) Medien immer wieder verwiesen wird, wurde offensichtlich nicht erfüllt.

Medienvertreter führen gerne die Wahrheit als Kennzeichen der qualitativ hochwertigen journalistischen Arbeit an. Der Wahrheit, so der Tenor, sei man verpflichtet. Im Pressecodex heißt es etwa: »Die Achtung vor der Wahrheit, die Wahrung der Menschenwürde und die wahrhaftige Unterrichtung der Öffentlichkeit sind oberste Gebote der Presse.«[2] Weiter heißt es unter Ziffer 2: »Zur Veröffentlichung bestimmte Nachrichten und Informationen in Wort und Bild sind mit der nach den Umständen gebotenen Sorgfalt auf ihren Wahrheitsgehalt zu prüfen.«[46] Das hört sich gut an, aber: Geht es Redaktionen, geht es Medien tatsächlich immer um ›die Wahrheit‹?

Erhellend sind in diesem Zusammenhang die Ausführungen des Systemtheoretikers Niklas Luhmann, der sich in seinem Werk *Realität der Massenmedien*[47] umfassend mit dem Mediensystem auseinandergesetzt hat. Darin bestätigt er zwar, dass Wahrheit und Unwahrheit auf der journalistischen Ebene durchaus eine Rolle spielen, schränkt die Bedeutung der Wahrheit für das System aber entscheidend ein:

> »Das Ansehen von Journalisten, Zeitungen, Redakteure etc. hängt davon ab, dass sie gut oder doch ausreichend recherchieren (…) Selbstverständlich muß, wie überall, mit Fehlerquoten gerechnet werden. Wichtig ist, daß sie nicht hochgerechnet werden zu einem mehr oder weniger Normalfall (…) Informationen, die im Modus der Nachrichten und Berichterstattung angeboten werden, wird vorausgesetzt und geglaubt, daß sie zutreffen, daß sie wahr sind.«[48]

Der Soziologe führt weiter aus:

> »Aber wahres interessiert die Massenmedien nur unter stark limitierten Bedingungen (…) Anders als in der Wissenschaft wird die Information nicht derart durchreflektiert, daß auf wahre Weise festgestellt werden muß, daß Unwahrheit ausgeschlossen werden kann, bevor Wahrheit behauptet wird.«[49]

Diese Ausführungen helfen uns, aus systemtheoretischer Sicht zu verstehen, warum eine Falschmeldung wie die, über die wir hier reden, sich überhaupt ihren Weg bahnen kann. Wir erkennen, dass eine grundlegende Funktionsweise des Systems Massenmedien Falschmeldungen begünstigt, weil es nicht nach dem Grundsatz, beziehungsweise Funktions-Code »Wahrheit oder Unwahrheit« funktioniert (wie die Wissenschaft), sondern nach dem Prinzip »Information oder Nicht-Information«.[50]

Die Weiterverbreitung der Falschmeldung kam demnach auch dadurch zustande, weil sie genau die vorherrschenden Erwartungen der Redaktionen einer validen Information bedient hat. Wer die Berichterstattung zum Fall Skripal verfolgt, erkennt rasch, dass es eine (Vor-) Verurteilung von Russland gegeben hat. In den Redaktionen muss der Glaube vorgeherrscht haben, dass Russland für den Anschlag verantwortlich ist (dabei spielt es erstmal keine Rolle, ob es faktisch so war oder nicht. Stand Mitte Juni 2019 ist der Fall noch nicht geklärt). Hier ist davon auszugehen, dass die eigenen Überzeugungen bei der Einordnung der Meldung eine entscheidende Rolle gespielt haben. Eine Nachricht, die genau ›ins Bild‹ passte, die also den eigenen Überzeugungen und Ansichten entspricht, führt dazu, dass Medien nicht mit der notwenigen Distanz und dem Bemühen um Objektivität einordnen, wie es eigentlich der Fall sein sollte und wie sie es eher tun würden, wenn es um eine Nachricht ginge, die ihren Ansichten entgegenstünde.

2.2.3 Fazit: Wir können den Medien nicht trauen

Die skizzierte Berichterstattung zur Meldung der Nachrichtenagentur AFP zeigt: Hochreputierte Medien lassen aufgrund eines (angeblich) ›Interpretationsfehlers‹ eine Scheinwirklichkeit entstehen, die, solange nicht korrigiert, sofort in den Status der wirklichen Wirklichkeit erhoben wird.

Im Justizwesen kennt man den Begriff der ›prozessualen Wahrheit‹, die entsteht, wenn ein Gericht durch all die Mittel, die ihm zur Verfügung stehen, zu einer bestimmten Erkenntnis gelangt und diese dann durch ein entsprechendes Urteil verkündet. Diese ›prozessuale Wahrheit‹ mag tatsächlich auch der Realität gerecht werden, was aber längst nicht immer der Fall ist, wie zahlreiche Fehlurteile beweisen. Auch die Medien versuchen an ihren ›besseren Tagen‹ mit den ihnen zur Verfügung stehenden Mitteln ›die Wahrheit‹ herauszufinden, aber auch das ist eben längst nicht immer, durchgehend bei allen Informationen der Fall, die sie veröffentlichen. Die Medienwahrheit mag wie die prozessuale Wahrheit *die* wirkliche Wahrheit widerspiegeln, sie muss es aber nicht – und zu oft tut sie es eben auch nicht. Die hier diskutierte Falschmeldung zeigt, dass Medien sich nicht einmal ansatzweise jener Werkzeuge und Methoden bedient haben, die es ihnen erlauben, der Wahrheit zumindest auf die Spur zu kommen. Vielmehr haben sie die Falschmeldung, die ›das System‹ als valide Information erkannt hat, von der Nachrichtenagentur übernommen und verbreitet (und damit der schier unendlich langen Liste an Falschmeldungen, die Medien verbreiten, eine weitere hinzugefügt).

Für uns als kritische Mediennutzer stellt sich die Frage: Wenn Medien es mit der Wahrheit nicht immer so genau nehmen, wie sie es selbst bekunden, was ist dann überhaupt von dem, was sie berichten, ›wahr‹? Und: Wie sollen wir mit Medien umgehen, die nachweislich *nicht* die Wahrheit berichten? Mit den Worten Luhmanns:

> »Andererseits wissen wir so viel über die Massenmedien, daß wir diesen Quellen nicht trauen können (…) Wir wehren uns mit einem Manipulationsverdacht, der aber nicht zu nennenswerten Konsequenzen führt, da das den Massenmedien entnommene Wissen sich wie von selbst zu einem selbstverstärkenden Gefüge zusammenschließt.« [51]

Ein »selbstverstärkendes Gefüge« – so kann man es auch nennen. Das ist die Sprache des Systemtheoretikers. Es wird klar, dass die von Medien produzierten Scheinwirklichkeiten in unser Wirklichkeitsverständnis eindringen können und, wenn wir nicht aufpassen, unsere eigene Wahrnehmung der Wirklichkeit verändern. Unser ›Wissen‹ über die ›Welt da draußen‹ erhalten wir zu einem großen Teil durch Medien.[52] Eine viel zitierte Aussage von Luhmann lautet: »Was wir über unsere Gesellschaft, ja über die Welt, in der wir leben, wissen, wissen wir durch die Massenmedien.« Und lange vor Luhmann, 1956, erklärte der US-amerikanische Soziologe Charles Wright Mills: »Nur sehr wenig von unserem Wissen über die gesellschaftlichen Gegebenheiten der Welt haben wir durch eigene Erfahrung gelernt. Die meisten unserer bildhaften Vorstellungen haben wir eben von diesen Informationsorganen empfangen. Das führt oftmals so weit, daß wir nicht einmal das glauben, was wir mit eigenen Augen gesehen haben, bevor wir es nicht in der Zeitung gelesen oder im Radio gehört haben [...] unsere Vorstellungen von der Wirklichkeit werden mehr und mehr von diesen Masseninformationsmitteln statt von unserer eigenen bruchstückhaften Erfahrung bestimmt.«[53] Wenn Nachrichten immer und immer wieder einen bestimmten ›Sachverhalt‹ ›berichten‹, dann wird dieser zum Teil unseres ›Wissens‹ und somit auch zum Teil ›der‹ beziehungsweise ›unserer Wirklichkeit‹. Ist die Information, um die es geht, falsch, entspricht sie nicht der ›wirklichen Wirklichkeit‹, wird sie dennoch durch die wirklichkeitserzeugende Macht der Medien zur Wirklichkeit, die sich über die eigentliche Realität legt. Die Medien, die als Konstrukteure von Wirklichkeit nicht außerhalb der jeweilig geschaffenen Wirklichkeiten stehen, betrachten die von ihnen erzeugten Scheinwirklichkeiten dann auch noch als ›wirkliche Wirklichkeit‹. Das Fatale ist, dass die geschaffene Medienwirklichkeit – wenngleich nachweisbar falsch – so lange Wirklichkeit *ist*, bis Medien ihr selbst den von ihnen zuvor zuerkannten Wirklichkeitsstatus absprechen (durch eine öffentliche Korrektur).

Wie fatal diese künstlich erzeugten Pseudowirklichkeiten sein können, wissen wir alle. Denken wir an den Irakkrieg und die Lüge von den Massenvernichtungswaffen. Im Jahr 2004 ging die *New York Times* mit ihrer Berichterstattung im Vorfeld des Irakkrieges ins Gericht. Auf Spiegel Online ist zu lesen:

> »Man habe sich bei einigen Berichten auf Informanten gestützt, deren Verlässlichkeit inzwischen in Zweifel stehe. So seien Meldungen über Massenvernichtungswaffen im Irak oder Beziehungen der Regierung zu internationalen Terroristen nicht genügend hinterfragt und überprüft worden, heißt es in dem Artikel weiter. Kritisch wird angemerkt, es sei weit ausführlicher über angebliche Gefahren durch Saddam Hussein berichtet worden, als über Hinweise, dass diese Behauptungen falsch sein könnten. [...] Vielen dieser Artikel sei auch nach dem Bekanntwerden der Falschinformation kein klärender Bericht gefolgt, der den Sachverhalt nachträglich ins rechte Licht gerückt hätte, so das Blatt in seiner Selbstkritik.«[54]

Werden deutsche Medien in einigen Jahren selbstkritisch über ihre Berichterstattung zu den »Pleite-Griechen« oder zur Ukraine-Krise und Russland nachdenken? Zu erwarten ist das nicht. Behalten wir Luhmann im Hinterkopf: Wir können den Medien nicht trauen.

2.3 Kritische Berichterstattung: Solange es ein Minister sagt, wird es schon stimmen

Verlassen sich Medien zu sehr auf Informationen von Behörden? Auch wenn alle Journalisten wissen, dass auch Informationen, die von scheinbar vertrauenswürdigen Quellen kommen, kritisch zu hinterfragen sind, zeigt sich: Medien halten sich daran längst nicht immer. Gerade dann, wenn es um weitreichende Ereignisse wie etwa einen Terroranschlag geht , also Geschehnisse, bei denen Medien oft auf die Informationen der Behörden angewiesen sind, kann immer wieder ein schweres Medienversagen beobachtet werden. Hochreputierte Medienhäuser kleben förmlich an den Lippen der Behördenvertreter und übernehmen sehr schnell die ›Wahrheiten‹ der offiziellen Stellen. Das grundsätzliche Motto scheint zu lauten: Wenn es ein Minister sagt, muss es stimmen. Im kleinen Maßstab lässt sich diese Grundhaltung recht gut an einer Äußerung des damaligen Innenministers von Baden-Württemberg nach dem Amoklauf in Winnenden ablesen.

2.3.1 Sachverhalt: Die Tat wurde angekündigt, berichten die Medien

Am 11. März 2009 kam es in der Albertville Realschule in Winnenden zu einem Amoklauf. Als Täter wurde ein 17-jähriger Schüler der Schule ausgemacht. 20 Menschen kamen bei dem Amoklauf in Winnenden und in der Umgebung ums Leben.

Nach dem Amoklauf fand eine Pressekonferenz statt, auf der der damalige Innenminister von Baden-Württemberg, Heribert Rech, den versammelten Medienvertretern erklärte, der mutmaßliche Amokschütze habe seine Tat in einem Chatroom angekündigt. Rech zitiert aus dem Chatroom-Eintrag wie folgt:

> »Ich meine es ernst, ich habe Waffen hier. Ich werde morgen zu meiner Schule gehen. (…) Ihr werdet morgen von mir hören, merkt euch nur den Namen des Ortes Winnenden. (…) Scheiße, es reicht mir, ich habe dieses Lotterleben satt, immer dasselbe, alle lachen mich aus, niemand erkennt mein Potenzial. Ich meine es ernst, ich habe Waffen hier, ich werde morgen früh an meine frühere Schule gehen und mal so richtig gepflegt grillen. Vielleicht komme ich ja auch davon. Ihr werdet morgen von mir hören, merkt euch nur den Namen des Ortes: Winnenden.«

Laut Rechs Worten hat der Amokschütze in der Nacht von Dienstag auf Mittwoch vor dem Amoklauf (um 2:45 Uhr) diese Nachricht an einen gleichaltrigen Chatpartner abgesetzt. Dieser habe die Nachricht aber nicht ernst genommen und erst später, nachdem es zu dem Amoklauf kam, seinem Vater davon erzählt. Viele Medien übernahmen diese »Information« von höchster Stelle.

Auf Zeit Online[55] ist (auch heute noch im April 2019 unter der Überschrift: Ankündigung im Web: »Mal so richtig gepflegt grillen«) zu lesen: »Tim K. kündigte seine Tat indirekt im Internet an und löste Gelächter aus. Die Polizei informierte keiner. Einen Tag nach der Tat gibt es erste Trittbrettfahrer.« Auf Focus Online[56] heißt es (unter der Überschrift: Winnenden. Amokläufer wollte »gepflegt grillen«): »In der Nacht vor seiner Tat kündigte Tim K. seinen Amoklauf in einem Web Forum an. Er prahlte mit Waffen und erklärte, ›richtig gepflegt grillen‹ zu wollen.«

Im Grundtext des Artikels geht es dann weiter mit der Aussage: »In der Nacht zum Mittwoch schrieb der 17-jährige Tim K. offenbar einem gleichaltrigen Chatpartner aus Bayern …«

(Focus Online hat nachdem sich die Information als falsch herausgestellt hat, mitten in den Artikel einen entsprechenden Korrekturhinweis eingebaut). Sueddeutsche.de greift die Nachricht ebenfalls (unter der Überschrift: »Es reich mir«) auf: »Zu den Hintergründen des Amoklaufs von Winnenden hat die Polizei nun neue Details bekanntgegeben. Demnach kündigte Tim K. die Tat zuvor in einem Chatroom im Internet an – die anderen Teilnehmer nahmen ihn nicht ernst«[57], lautet es im Vorspann. Im weiteren Verlauf des Artikels heißt es: »Der Amokläufer von Winnenden hat seine Tat offenbar in einem Internet-Chat angekündigt. In der Nacht zum Mittwoch habe der 17

Jahre alte Tim K. in einem Chat davon gesprochen, teilte der baden-württembergische Innenminister Heribert Rech (CDU) mit. Der Vater eines Jugendlichen, der an dem Chat teilgenommen hatte, habe sich am Mittwoch bei der Polizei gemeldet.«[58] (auch hier achte man auf das »offenbar« am Anfang). Neben weiteren großen Medien, die die Nachricht gebracht haben, ließen sich auch viele lokale und regionale Zeitungen nennen. Als bekannt wurde, dass die Nachricht nicht stimmt, veröffentlichte Spiegel Online immerhin einen Artikel, in dem selbstkritisch dargelegt wurde, wie die Redaktion des Online-Magazins mit den Informationen von Rech umgegangen ist,

So heißt es etwa, Spiegel Online habe im Laufe des Mittwochnachmittags E-Mails erhalten, die auf den Foreneintrag hinwiesen:

> »Veröffentlicht wurde die Information nicht, denn es gab keinerlei Beleg für die Echtheit. Die Quelle war nicht zu verifizieren, und nach Amokläufen tauchen im Internet immer wieder gefälschte Bekennerschreiben oder Internet-Seiten der Täter auf. SPIEGEL ONLINE verglich Foren-Threads auf Krautchan mit einem Screenshot des angeblichen Beitrags von Tim K. Bei einem Thread, der mit dem Amoklauf zunächst gar nichts zu tun hatte, stimmten die automatisch eingefügte Zeit (der sogenannte Timestamp) und andere Kenndaten überein – was Zweifel an der Authentizität nährte. Rech jedoch widersprach auf der Pressekonferenz der von skeptischen Journalisten mehrfach geäußerten Vermutung, bei dem Foreneintrag handele es sich um eine nachträgliche Fälschung. Schließlich fügte er einen entscheidenden Satz hinzu: Ermittler hätten entsprechende Daten auf dem Computer des Amokläufers gefunden. Die Staatsanwaltschaft Stuttgart schloss sich dieser Aussage an. Dies war auch für SPIEGEL ONLINE der zentrale Hinweis, dass die Behörden den Forumseintrag ernst nehmen und eine Bestätigung für seine Echtheit haben.«[59]

2.3.2 Analyse: Blinde Medien ›sehen‹ durch die Augen der Behörden

Der gefälschte Foreneintrag, ist ein sehr gutes Beispiel, um das Spannungsverhältnis zwischen ›glaubwürdigen‹ Quellen, einer distanzierten, kritisch hinterfragenden Berichterstattung und medial konstruierten Wirklichkeiten durchzudeklinieren. Zunächst: Wenn ein

Innenminister sich vor die versammelte Presse stellt und vorträgt, dass ein Amokläufer seine Tat angekündigt hat und sich dabei auf Informationen der Staatsanwaltschaft stützt, dann schwingt in all seinen Aussagen ein hohes Maß an Glaubwürdigkeit mit. Die Gründe hierfür liegen nahe:

- Grundsätzlich: Warum sollte er etwas Falsches sagen?
  Seine Position/sein Amt vermittelt (in gewisser Weise) ›Glaubwürdigkeit‹.
- Der Fall hat eine enorme Öffentlichkeit, erfordert aufgrund der schlimmen Umstände ein hohes Maß an Sensibilität. Weiterverbreitete Informationen müssen – davon darf man eigentlich ausgehen – genau geprüft werden, bevor sie an die Öffentlichkeit herangetragen werden.
- Auch die ermittelnden Behörden dürften ein großes Interesse daran haben, dass die Ermittlungsergebnisse, die sie nach außen geben, auch tatsächlich akkurat sind – insbesondere auch dann, wenn man weiß, dass sich der Innenminister auf sie stützen wird.

Wenn ein hochrangiger Politiker bei einem derart sensiblen Fall auf einer Pressekonferenz Informationen zu den Hintergründen der Tat rausgibt, kann man als Journalist eigentlich davon ausgehen, dass diese auch korrekt sind.

Wo liegt nun das Problem? Ganz einfach: Die hier angeführten Gedanken sind eindimensional. Sie werden der Realität nicht gerecht. Zwar mögen Ministerien, Behörden, Politiker in der Regel darauf bedacht sein, nur zutreffende Informationen zu verbreiten. Trotzdem dürfen auch solche Informationen niemals ungeprüft und unkritisch übernommen werden.

Es ist nun einmal nicht auszuschließen, dass selbst führende Politiker, deren Mimik, Gestik und Semantik ein hohes Maß an Glaubwürdigkeit vermitteln, falsche Informationen verbreiten, ob gewollt oder nicht. Schließlich wurden ihnen die Informationen, die sie nach außen geben, auch nur zugetragen und unterliegen einem gewissen Fehlerpotenzial. Es ist an dieser Stelle gar nicht so wichtig, wie die Informationsweitergabe in diesem konkreten (aber auch in anderen, vergleichbaren Fällen) im Detail abgelaufen ist, aber man kann sich leicht vorstellen, wie über verschiedene Hierarchieebenen und Behörden unterschiedliche Akteure Informationen zusammentragen, diese weitergeben, bis sie schließlich ›oben‹ ankommen. Ein Minister kann vielleicht auch nochmal nachhaken, ob das, was ihm da vorgelegt wird, auch tatsächlich stimmt. Die Realität ist, dass er sich in vielen Fällen auf das ihm Zugetragene verlassen wird und auch verlassen muss.

Das ist sicherlich verständlich. Aber es zeigt uns im Hinblick auf die ›Wahrheitsgewinnung‹, auf den Prozess der medialen Erfassung von Realität, dass das, was wir als Mediennutzer schließlich zu hören bekommen, immer mit einer gewissen Skepsis zu betrachten ist. Wir wissen eben nicht, ob die Informationen weitestgehend ›rein‹ oder ›verunreinigt‹ sind.

Wir wissen nicht, was – nun mal von diesem konkreten Fall abstrahiert – bei der Informationsgewinnung hinter den Kulissen abläuft. Ein hochrangiger Politiker kann, allgemein gesprochen, wenn er bestimmte Informationen vorträgt, felsenfest daran glauben, dass er ›die Wahrheit‹ verkündet. Genauso gut könnte er Teil einer ausgeklügelten Propagandakampagne sein und bewusst falsche Informationen nach außen geben (und sich gegebenenfalls ganz leicht darauf berufen, dass er ja nur das wiedergegeben hat, was andere an ihn weitergegeben haben). Um es abzukürzen: Selbst scheinbar sehr glaubwürdige Quellen müssen mit kritischer Distanz betrachtet werden. Diese Erkenntnis ist alles andere als neu und jeder Journalist wird vermutlich aus dem Stegreif einen Vortrag dazu halten können, warum man sorgfältig mit Informationen, die von offizieller Seite kommen, umzugehen hat.

Doch die Realität zeigt, dass die notwendige kritische Distanz zu den Informationen der Behörden längst nicht immer eingehalten wird. Der zitierte Ausschnitt aus dem Artikel auf Spiegel Online veranschaulicht sehr schön, wie eine Redaktion trotz einer gewissen Skepsis, trotz eines relativ kritischen Umgangs mit dem Foreneintrag, am Schluss dennoch den Behörden vertraut hat. Und das offensichtlich deshalb, weil Ermittler sagen, sie verfügten über »entsprechende Daten« und weil eine Staatsanwaltschaft sich dieser »Aussage anschließt«. Zum Vorschein kommt ein Journalismus, der letztlich die ›Wahrheit‹ der Behörden übernimmt.

Anders gesagt: Das, was Behörden als ›wirklich‹ betrachten wird dann in aller Regel auch zur Wirklichkeit in den Medien. Hier kann man einwenden, dass es für diese Übereinstimmung einen simplen Grund gibt, nämlich: Wenn Informationen, die vonseiten der Behörden und der Politik kommen, doch korrekt sind, dann ist es nur folgerichtig, dass die Medien keine andere ›Wahrheit‹ verbreiten. Das ist sicherlich richtig. Die Betonung liegt aber auf dem Wörtchen *wenn*. Insbesondere in Extremsituationen wie etwa bei einem Terroranschlag, ist folgendes zu beobachten: Eine überschaubare Anzahl bekannter Medien und Journalisten, die aufgrund ihrer guten Vernetzung mit Behörden, Politik und Geheimdiensten schnellen Zugang zu Informationen bekommen, werden zu den Taktgebern bei der Herausbildung der Medienwirklichkeit. Medien fangen an, um es etwas zuzuspitzen, durch die Augen der Behörden zu ›sehen‹. Sie erfassen den Terroranschlag etc. (zwar nicht nur, aber eben doch sehr stark) durch die Informationen der Behörden. Oft ist dann eine Berichterstattung zu beobachten, die die ›Wahrheit‹ der Behörden untermauert (ob nun zu Recht oder nicht, sei dahin gestellt). Widersprüche werden allenfalls am Rande thematisiert, aber nicht mit genügend Nachdruck geklärt, über Unstimmigkeiten sieht man großzügig hinweg und wenn auf Ebene der Behörden und Politik eine nicht mehr verhandelbare Wahrheit geformt wurde beziehungsweise gar irgendwann ein Gericht ›die Wahrheit‹ festgestellt und verkündet hat, sind bei vielen Medien weitestgehend alle Irritationen beseitigt.

Um das Problem an einem weiteren Beispiel festzumachen, sehen wir uns den Fall Buback an: Am 7. April 1977 wurde der ehemalige Generalbundesanwalt Siegfried Buback, sein Fahrer Wolfgang Göbel und Georg Wurster, Leiter der Fahrbereitschaft der Bundesanwaltschaft von einem Kommando der Roten Armee Fraktion (RAF) erschossen. Als Täter (beziehungsweise Mittäter) wurden die RAF-Mitglieder Christian Klar, Knut Folkerts und Brigitte Mohnhaupt verurteilt, allerdings wurde nicht geklärt, wer tatsächlich die tödlichen Schüsse vom Rücksitz eines Motorrades, dass den Dienstwagen von Buback umfuhr, abfeuerte. Diese ›Wahrheit‹, dass die drei Angeführten die Täter beziehungsweise Mittäter waren, wurde auch zur Wahrheit der Medien. Sie hatte mehrere Jahrzehnte Bestand. Es war im Jahr 2007, als der Sohn Bubacks, Michael, durch den Anruf eines ehemaligen RAF-Mitglieds darauf aufmerksam gemacht wurde, dass die Person, die die tödlichen Schüsse abgefeuert hat, nie für die Tat verurteilt wurde. Daraufhin hat Michael Buback als Privatperson die Initiative ergriffen und durch eigene Recherchen maßgeblich dazu beigetragen, dass es zu einem Verfahren gegen die ehemalige RAF-Frau Verena Becker gekommen ist, die dann auch verurteilt wurde. Allerdings nicht als Täterin, sondern wegen Beihilfe an der Ermordung von Siegfried Buback und seinen Begleitern.

Interessant für uns ist, dass nicht Medien, sondern eine Privatperson sich des Falls angenommen hat und dabei die schweren Schieflagen bei den Ermittlungen erkannt hat. Medien waren es, die über viele Jahre die offizielle Wahrheit gestützt haben. Nun könnte man einwenden, der Hinweisgeber habe ja auch nicht die Medien, sondern Michael Buback kontaktiert, also sei es kein Wunder, dass nicht sie, sondern er den Stein ins Rollen brachte. Ja, das könnte man sagen. Aber: Wer sich mit den Recherchen von Michael Buback auseinandersetzt[60], wird feststellen: Eine Presse, die sich nicht mit der Wahrheit der Behörden zufrieden gibt, eine Presse, die ernsthaft an Aufklärung interessiert ist, hätte die problembeladenen Ermittlungen in dem Fall auch ganz ohne Hinweisgeber erkennen können. Sie hätte vermutlich von Anfang nach und nach selbst die Bruchstellen in dem Fall erkennen und nachbohren können. Einen gewichtigen Teil der Zusammenhänge, die Buback zusammengetragen hat, hätten auch nach und nach Journalisten, die sich nicht mit der staatsoffiziellen Version abgefunden haben, finden und der Öffentlichkeit frühzeitig zugänglich machen können. Das haben sie aber nicht getan. Erst als Buback mit seinen Erkenntnissen an die Öffentlichkeit gegangen ist, haben sich Medien wieder mit dem Fall auseinandergesetzt. Hier gab es, dass muss man fairerweise erwähnen, durchaus auch einen kritischen Journalismus. Es gab Journalisten von großen Medien, die eigene Recherchen betrieben und den Fall beleuchtet haben. Der Sender 3Sat hatte Buback einen eigenen Blog eingeräumt, wo der Professor für Chemie ausgiebig zu dem Fall und dem Prozess schreiben konnte. Allerdings: Die Journalisten, die sich intensiv wirklich kritisch mit dem Fall auseinandergesetzt haben, sind sehr überschaubar. Hinzu kommt: Während des Prozesses gegen Becker (und dann auch zum Schluss) war wieder einmal (von Ausnahmen abgesehen) eine Berichterstattung zu beobachten, die erneut sehr stark hin zur ›Wahrheit‹ des Gerichtes und den Behörden neigte. Der Verdacht, der im Raum stand (und steht), dass beim Buback-Mord längst nicht die gesamte Wahrheit auf dem Tisch liegt und gerade die Rolle des Staates in vielerlei Hinsicht genauer zu beleuchten wäre, hat, das wurde aus der Berichterstattung deutlich, einigen Medienvertretern nicht geschmeckt. Buback, immerhin eine reputierte Persönlichkeit, wurde gar versucht, das Etikett eines Verschwörungstheoretikers anzukleben, weil er mit Nachdruck auf die lange Liste an Auffälligkeiten und Ungereimtheiten bei den Ermittlungen hinwies.

»Als der Stuttgarter Senat 2012 im Urteil gegen Verena Becker erklärte, er könne die Täter beim Karlsruher Attentat nicht nennen, haben sich«[61], so meint Buback auf Anfrage im Rahmen dieser Bucharbeit, »die Medien damit zufrieden gegeben.«[62] Buback weiter: »Mir ist nicht aufgefallen, dass die noch immer unbeantwortete Täterfrage zu besonderen Aktivitäten oder einem energischen Nachbohren in den Medien geführt hätte'«[63]. Die Berichterstattung zum Oktoberfestattentat ist übrigens ähnlich gelagert (über den Fall haben wir schon gesprochen).

Die Frage, die sich stellt ist: Warum tun sich Medienvertreter mit Fällen dieser Art so schwer? Wie kann es sein, dass hier nicht viel mehr Journalisten mit Nachdruck versuchen, Hintergründe aufzudecken und Zweifeln nachgehen?

Wie schon vorne angesprochen: Wenn es wirklich darauf ankommt, die Rolle des Staates und seiner handelnden Akteure mit aller gebotenen Grundsätzlichkeit zu hinterfragen, ist die Leistungsfähigkeit des journalistischen Feldes erschöpft. Der in ihm dominierende Habitus ist in der Tendenz nicht dazu ausgelegt, die ›Wahrheit‹ von höchster Stelle grundsätzlich so zu hinterfragen, dass die Unwahrheit ans Licht kommt. Journalisten, die einen ›herrschaftsnahen Habitus‹ aufweisen, fällt es sehr schwer, sich gegen einmal in der Breite festgelegte Narrative hinwegzusetzen. Der im journalistischen Feld dominierende Habitus will geradezu an jene Wahrheiten glauben, die von Eliten, Machteliten und Herrschenden angeführt werden, weil sich in diesen Wahrheiten jene Orthodoxie formt und festigt, an denen er sich ausrichten kann. Der innere Antrieb dieses Habitus führt dazu, dass seine Träger an die Lauterkeit der Institutionen, ihrer Funktionsträger und überhaupt allem, dem ›man‹ gefälligst mit Respekt und Ehrfurcht zu begegnen hat, glauben.

Zusammengefasst: Das journalistische Feld neigt sehr oft dazu sich vor die Institutionen zu stellen und deren ›Wahrheiten‹ aufzusaugen und zwar auch dann, wenn es nicht angebracht ist. Und so vertraut man dann eben, selbst nach einer anfänglichen Skepsis, dem Innenminister. Wenn der Innenminister es sagt, wird es schon stimmen.

2.3.3 Fazit: Auch scheinbar gesicherte Informationen sollten Mediennutzer hinterfragen

Wir erkennen, dass die Berichterstattung bei Ereignissen wie den hier diskutierten mit äußerster Vorsicht zu betrachten ist. Medien stehen, wenn es zu einem schlimmen »Großereignis«, wie etwa einem Terroranschlag oder einem Amoklauf kommt, unter einem enormen Druck. Sie müssen, obwohl sie eigentlich zunächst mit ziemlicher Sicherheit kaum etwas oder gar nichts ›sehen‹ beziehungsweise ›wissen‹, berichten, Informationen liefern.

Doch wir sollten an dieser Stelle Medien nicht für etwas kritisieren, wofür sie nichts können. Es geht erst einmal nur darum, nüchtern festzuhalten, dass Medien unmittelbar nach einem Terroranschlag konkret zu dem Ereignis kaum mehr wissen dürften, als der Durchschnittsbürger. Diese Erkenntnis ist trivial, aber sie ist insofern wichtig, weil sie uns Mediennutzern vor Augen führt, dass Medien nicht allwissend sind, sondern sich auch erstmal informieren müssen. Wenn Medien nach der Informationsgewinnung von ›gesicherten‹ Informationen sprechen, muss uns klar sein, dass diese dennoch falsch sein können. Es gilt zu verstehen, dass Medien (im Idealfall), hoffentlich alles daran setzen, so sauber und journalistisch korrekt, wie es nur geht, zu berichten, aber dass das Zustandekommen der Berichterstattung in Fällen wie den hier diskutierten mit Mängeln übersät sein kann, so dass Mediennutzern nicht blind der abgelieferten Berichterstattung folgen dürfen. Hier – und das ist sicherlich keine leichte Aufgabe – gilt es, dass Rezipienten selbst (soweit das eben in ihren Möglichkeiten liegt), Nachrichten und Informationen

›prüfen‹, kritisch hinterfragen und es sich auch zutrauen, selbst zu bewerten, einzuordnen, um dann gegebenenfalls die eigene Sicht auch in der Diskussion mit anderen zu überprüfen.

Doch die natürlichen Limitierungen eines Mediensystems, über die wir gerade sprechen, sind das eine. Viel schwerer wiegt, dass Medien an jenen Stellschrauben, an denen sie sehr wohl drehen können, um die qualitativ hochwertige Berichterstattung abzuliefern, die sie immer wieder anpreisen, in die falsche Richtung drehen. Wenn Medien, sobald sie ›sehend‹ werden, nicht die Bereitschaft mitbringen, wirklich kritisch das, was sie sehen, zu hinterfragen, dann begrenzen sie selbst ihre Möglichkeiten. Wir haben in diesem Kapitel gesehen, wie schnell Medien Aussagen eines legitimen Sprechers wie Rech Glauben schenken. Wir haben gesehen, wie schnell eine Information und Nachricht, die schlicht mit der Realität nichts zu tun hat, in das Mediensystem Eingang findet und hoch und runter berichtet wird. Wir haben auch gesehen, dass Medien (durch Hilfe von außen) die Falschmeldung doch noch erkannt und korrigiert haben.

Allerdings ist es offensichtlich, dass eine Medienlandschaft, die so funktioniert, wie wir sie hier in diesem Buch beschreiben, es nicht schaffen wird, alle fehlerhaften Informationen zu erfassen. Oftmals mag diese Tatsache nur ein Ärgernis sein. Wenn es aber dann um Terroranschläge wie auf das Oktoberfest, auf Buback und so weiter geht, wenn es darum geht, auch die Beeinflussungsversuche von außen auf das Mediensystem immer wieder zu erkennen, wenn es darum geht, nicht zum Opfer von Desinformation, Manipulation und Propaganda, die natürlich auch ihren Weg in Medien von demokratischen Ländern finden möchten, zu werden, dann haben wir es nicht nur mit einem ›Ärgernis‹ zu tun. Dann geht es schlimmstenfalls um Fragen von Krieg und Frieden. Und dann ist eine demokratische Gesellschaft darauf angewiesen, dass Medien existieren, die nicht an den Lippen der Politik hängen, sondern in der Lage sind, auch scheinbare ›Wahrheiten‹ und ›Wirklichkeiten‹ grundlegend zu hinterfragen.

2.4 Der Spiegel, die Wirklichkeit und ein paar Märchen

»Kein Reporter wird je untertreiben. Doch die Versuchung zu übertreiben, liegt immer in der Luft. Wenn die Wellen vier Meter hoch waren, wird er von fünf Metern schreiben, wenn der Sturm so brauste, daß man Mühe hatte, seinen Nachbar zu hören, wird er sein »eigenes Wort nicht verstanden« haben. Wenn die Sturmflut ein Siebentel von Hamburg überschwemmt hat, wird die Überschrift lauten »Hamburg ist eine Wasserwüste«. Die Verfälschung der Realität beginnt bei fünf Prozent, ehe sie hundert Prozent in der klaren Lüge erreicht. Vorsatz ist beides.«

Wolf Schneider[64]

»Wenn die Realität in so hohem und erfolgreichem Maße selektiv konstruiert wird, muß man mit gelegentlichen Zusammenbrüchen rechnen. Der stets mitlaufende Manipulationsverdacht bleibt unbestimmt, solange nicht handfeste Beweise vorliegen – und das heißt immer durch die Medien selbst geliefert werden.«[65]

Niklas Luhman

Wenn Journalisten bewusst und gezielt Sachverhalte verfälschen, erfinden und Informationen für ihre Berichterstattung herbeifantasieren, dann haben Medien den Bruch mit der Realität endgültig vollzogen. Journalismus als Fantasieprodukt? Ja, mitunter ist selbst die Berichterstattung angesehener Medien, die angeblich allerhöchsten Ansprüchen genügt, nichts weiter als Fiktion. Im Dezember 2018 gab das Nachrichtenmagazin *Der Spiegel* bekannt, zahlreiche Beiträge abgedruckt zu haben, deren Inhalt teilweise oder komplett erfunden war. Zu dem Fall Relotius wurde zwar ausführlich berichtet, die tieferliegenden Probleme, die sich in dem Märchenjournalismus erkennen lassen, wurden, wenn überhaupt, nur vereinzelt und knapp angesprochen. Die Branche – zumindest ist dieser Eindruck entstanden – hat ein Interesse daran, den Skandal nur in einem sehr begrenzten Wahrnehmungsraster zu erfassen. Es ist bequem, wenn man der Auffassung ist, hier habe *ein* schwarzes Schaf – aus welchen

Gründen auch immer – Journalismus missbraucht, aber selbstverständlich stehe diese Berichterstattung nicht für die journalistische Arbeit in ihrer Gesamtheit. Die Sache ist allerdings komplizierter. Warum haben die Fälschungen des Top-Reporters eigentlich immer nur einen bestimmten Wirklichkeitshorizont bedient? Warum haben Sie nicht mit den in der Redaktion vorherrschenden Vorstellungswelten, wie man sie durch die Berichterstattung erkennen kann, gebrochen? Wenn wir diesen Fragen nachgehen, können wir den Blick von der Person und dem individuellen Fehlverhalten lenken und dorthin schauen, wo die gewichtigeren Probleme liegen, dann lässt sich erkennen: Der Fall, so unsere Interpretation, hat auch sehr viel mit einem Weltbildjournalismus zu tun, der nicht von einem echten Erkenntnisinteresse angeleitet wird, sondern der in erster Linie seine (politischen) Wirklichkeitsvorstellungen bestätigt sehen will – und das betrifft, wie wir in diesem Buch gesehen haben, leider sehr viele Medien.

2.4.1 Sachverhalt: Journalismus als Fantasieprodukt

Kurz vor Weihnachten 2018 musste der *Spiegel* mit einer für das Magazin ziemlich unangenehmen Nachricht an die Öffentlichkeit: Claas Relotius, ein hochangesehener Reporter, der mit Journalistenpreisen überschüttet wurde, hatte in zahlreichen Artikeln Inhalte erfunden. Folgendes war zu lesen:

> »**Manipulation durch Reporter: SPIEGEL legt Betrugsfall im eigenen Haus offen**
> Ein Reporter des SPIEGEL hat in großem Umfang eigene Geschichten manipuliert. Durch interne Hinweise und Recherchen erhärtete sich in den vergangenen Tagen der Verdacht gegen Claas Relotius – der inzwischen Fälschungen zugegeben und das Haus verlassen hat. Auch andere Medien könnten betroffen sein.« [66]

Erst wenige Wochen zuvor stand der Reporter auf einer Bühne, um wieder mal einen der begehrten Journalistenpreise abzuholen, heißt es in dem Artikel. Der *Spiegel*-Redakteur hatte aus Sicht der Jury den

Preis für die beste Reportage des Jahres verdient. Seine Reportage handelte von einem Jungen in Syrien, der davon ausgehen muss, dass sein Kinderstreich zum Bürgerkrieg in Syrien geführt hat. Die Jury, der 10 renommierte Journalisten angehörten, begründete die Wahl damit, der Artikel des *Spiegel*-Redakteurs sei »von beispielloser Leichtigkeit, Dichte und Relevanz, der nie offenlässt, auf welchen Quellen er basiert«.[67] Später schreibt der *Spiegel*: »Aber in Wahrheit ist, was zu diesem Zeitpunkt noch niemand wissen kann, leider alles offen. Alle Quellen sind trüb. Vieles ist wohl erdacht, erfunden, gelogen. Zitate, Orte, Szenen, vermeintliche Menschen aus Fleisch und Blut. Fake.«[68]

In dem sehr langen Beitrag schildert der Autor Ulrich Fichtner (der 2019 eigentlich einer der Chefredakteure beim *Spiegel* werden sollte[69]) im Detail, wie ein Reporter aus eigenem Haus, dem etwas zu ›kreativen‹ Journalisten auf die Schliche kam und legt den zum damaligen Zeitpunkt bekannten Stand der Dinge dar. Zu Fall brachte den *Spiegel*-Reporter eine Geschichte, die unter der Überschrift »Jaegers Grenze« veröffentlicht wurde und in den USA spielte. Der Mitautor bemerkte, dass an der Geschichte etwas nicht stimmen konnte. Der Artikel handelte von Flüchtlingen, die über die Grenze im Süden des Landes wollen und von einer Bürgerwehr, welche die Flüchtlinge mit Waffengewalt aufhalten will. Der Vorspann beginnt mit den Worten:

»Die Honduranerin Aleyda marschiert durch Mexiko, um in die USA zu fliehen. Der Amerikaner Jaeger wartet mit bewaffneten Bürgern, um das zu verhindern. Für beide gibt es kein Zurück.«[70]

Unter dem Vorspann hat *Der Spiegel* eine Anmerkung »in eigener Sache« eingefügt. Dort heißt es unter anderem:

> »Dieser Text des ehemaligen SPIEGEL-Redakteurs Claas Relotius hat sich nach einer Überprüfung in wesentlichen Punkten als gefälscht herausgestellt. Darüber hinaus steht die gesamte Berichterstattung von Relotius im Verdacht weitgehender Fälschungen und Manipulationen […].«[71]

In einem weiteren Fall hat sich der *Spiegel*-Reporter nach Fergus Fall begeben. In seinem Beitrag über die amerikanische Kleinstadt im

Bundesstaat Minnesota und ihre Einwohner, die vorwiegend für Trump gestimmt hatten, bedient er eine Vielzahl gängiger Klischees und Vorurteile, die sich gegenüber den Trump-Wählern finden lassen.

Unter der Überschrift »In einer kleinen Stadt – Ein Monat unter Menschen, die sonntags für Donald Trump beten« liefert der Reporter ein beeindruckendes, dichtes Bild jenes kleinstädtischen Amerikas ab, wie es wohl in den Köpfen vieler Journalisten in Deutschland herumspukt.

Cicero merkt in einem Beitrag an, dass der Reporter

> »(…) offenbar nicht damit gerechnet [hatte], dass die Bewohner von Fergus Falls keineswegs jene Provinzdeppen sind, als die er sie darstellt. Zwei von ihnen, Michele Anderson und Jake Krohn, haben die Rechercheergebnisse des *Spiegel*-Reporters nachverfolgt und zerpflücken dessen Artikel nach Strich und Faden. Am schönsten ist dabei eine Passage über einen angeblichen Waffennarren namens Andrew Bremseth, der mit seinen 27 Jahren noch nie mit einer Frau zusammen gewesen und auch noch nie am Meer gewesen sei. Anderson und Krohn warten in ihrem Beitrag mit einem Foto von Bremseth auf, das ihn mit seiner langjährigen Freundin Amber am Meeresufer zeigt (…).«[72]

Die erwähnten Michele Anderson und Jake Krohn haben frühzeitig erkannt, dass die Reportage des *Spiegel*-Journalisten mit der Realität nichts zu tun hatte. Am 6. April 2017 schrieb Michele Anderson eine Nachricht an den Twitteraccount des *Spiegels*[73] mit folgendem Inhalt: »Ich lebe in Fergus. Wir fragen uns, warum er hier Zeit verbrachte, wenn er doch nur Fiktion schreiben wollte. Urkomisch, eine beleidigende Form von Pseudo-Journalismus (…) Kommt nach Fergus Falls und schreibt die wahre Geschichte. Kunst, lokales Essen (Bürgermeister besitzt Brauerei), Fahrräder und fürsorgliche, kreative Menschen.«[74]

Das Paar, so heißt es in dem *Spiegel*-Beitrag weiter, hatte, unmittelbar nachdem der *Spiegel* die Öffentlichkeit über die gefälschten Beiträge seines Vorzeigejournalisten aufklärte, einen langen, ausführlichen Text veröffentlicht. Sie zeigen darin im Detail auf, was in dem *Spiegel*-Beitrag nicht der Realität entspricht.

In dem (sehr lesenswerten) Artikel schildern die beiden ihren Eindruck, wie sie Journalisten wahrnehmen, die im Kontext der Wahl Trumps zum US-Präsidenten über das kleinstädtische Amerika und seine Trump-Wähler berichten:

> »Es scheint nur zwei Dinge zu geben, auf die diese Schreiber gekommen sind oder die sie ihren Redakteuren anbieten können: Entweder sind wir Rückständige, die in der Vergangenheit leben und unsere Köpfe im Arsch haben, oder wir sind dumme, liebenswerte Tiere, die nur ein wenig Beachtung benötigen, um uns davor zu bewahren, den Rest der Welt lebendig aufzuessen.«[75]

Im Zuge der Aufarbeitung des Falles interviewte *Der Spiegel* Michele Anderson:

> »SPIEGEL: Sind Sie unserem damaligen Reporter Claas Relotius jemals begegnet?
> Anderson: Ich hatte gehört, dass er in der Stadt war, und an einem Abend im Rathaus habe ich mich bei ihm vorgestellt. Ich bot an, mit ihm über Fergus Falls zu reden. Ich arbeite in der Kunstszene hier und dachte, das könnte eine interessante Perspektive für ihn in diesem ländlichen Teil Amerikas sein.
> SPIEGEL: Und wie hat er reagiert?
> Anderson: Er hat freundlich gelächelt und mir den Rücken zugedreht. Er war sehr damit beschäftigt, die amerikanische Flagge im Rathaus zu fotografieren. An dem Tag waren ungefähr 50 bis 60 Gemeindemitglieder dort, die gern mit ihm geredet, ihm ihre Geschichten erzählt hätten. Aber er war sehr auf seine Fotos konzentriert.«[76]

In den Tagen und Wochen nach Bekanntwerden des Skandals wurde der Fall innerhalb der Medienwelt viel diskutiert. Kaum ein Medium, kaum ein führender Redakteur, der den Fall nicht kommentierte. Dabei wurde sich vor allem auf den *Spiegel*-Reporter eingeschossen, der öffentlich vernichtet wurde. Tiefergehende Analysen zu dem Fall, die auf ein grundlegenderes Problem, also losgelöst von dem konkreten Verhalten des Spiegel-Mannes, fokussierten, gab es zwar, waren aber selten.

Der Münchner Kommunikationswissenschaftler Michael Meyen findet auf seinem Blog »Medienrealität« klare Worte:

> »Die Geschichte des Reporters, der Menschen und Geschichten für den Spiegel erfunden hat, ist eine schöne Bescherung. Sie könnte der Branche helfen, sich darauf zu besinnen, wozu die Gesellschaft Journalismus braucht. Und wir alle könnten dabei mitreden. Stattdessen wird die alte Berufsideologie beschworen und ein junger Mann geopfert.«[77]

Meyen ist der Ansicht, die Branche sollte den Fall zum Anlass nehmen, um sich selbst ehrlich zu machen und einmal grundlegend über die viel beschworenen Kategorien von Objektivität und Neutralität nachzudenken. Meyen kommt zu dem Fazit: »Der Journalismus hat (...) ein Interesse am Mythos vom kranken Einzeltäter. Sonst müsste er anfangen, seine Berufsideologie auf den Prüfstand zu stellen.«[78] *Der Spiegel* hat indes den Versuch unternommen, den Fall weiter aufzuklären. Eine Kommission, die von der Geschäftsführung und Chefredaktion eingesetzt ist, »(...) soll die Vorgänge prüfen und Vorschläge erarbeiten, wie die hausinternen Sicherungsmechanismen verbessert werden müssen«.[79]

In einem anderen Beitrag auf Spiegel Online heißt es, dass drei renommierte Redakteure der Kommission angehörten und diese »aller Voraussicht nach mindestens ein halbes Jahr lang tätig seien«.[80] Die Ergebnisse der Kommission genauso ihre Empfehlungen würden öffentlich dokumentiert.

2.4.2 Analyse: Ein ›Qualitätsjournalismus‹, der Weltbilder bedient

> »Er bedient sich aus Bildern, aus Facebook-Posts, YouTube-Videos, er fleddert alte Zeitungen, entlegene Blogs, und aus den Teilen und Splittern und Fetzen und Krümeln erschafft er seine Kreaturen wie ein verspielter kleiner Gott. [...] Neil Becker aus Fergus Falls, Nadim und Khalid in Kirkuk, Ahmed und Alin aus Aleppo, Mohammed Bwasir aus Guantanamo, sie sind keine Menschen aus Fleisch und Blut, sie leben nur auf dem Papier, und ihr Schöpfer heißt Claas Relotius. Manchmal lässt er sie singen, manchmal weinen, manchmal beten. Und wenn es ihm gefällt, wie in »Jaegers Grenze«, dann lässt er seine Hauptfigur auch einmal schießen, mit einem Sturmgewehr, mit scharfer Munition, in die Nacht hinein, einfach so, und weil es an den Schluss seines Märchens gerade so gut passte.«

Diese Zeilen stammen aus dem Artikel, in dem *Der Spiegel* die Öffentlichkeit über das Vorgehen seines Reporters informierte.[81] Der Fall des Märchenerzählenden Top-Journalisten des Spiegels setzt im Grunde genommen einem Mediensystem, das immer wieder eigene Wahrheiten produziert, die Krone auf. Trotz der Schockwellen, die die abgelieferte Arbeit des Reporters in der Branche ausgelöst hat, hätte der Fall zu einem Glücksfall für den Journalismus werden können, nämlich dann, wenn Medien bereit gewesen wären, sich ehrlich zu machen. Es wäre nötig gewesen, offen über eine ideologische Kontaminierung in einer als ach so objektiv angepriesene Berichterstattung zu sprechen. Es wäre nötig gewesen, offen einzugestehen, wo die Grenzen dessen liegen, was Journalismus überhaupt leisten kann. Die vergangenen Monate haben gezeigt: Genau das ist nicht passiert. Das liegt daran, dass die Selbstreinigungskräfte innerhalb des journalistischen Feldes ungefähr so ausgeprägt sind, wie bei der SPD. Im journalistischen Feld ist ein unerschütterliche Glaube an die Unfehlbarkeit des eigenen Wirklichkeitsverständnis auszumachen, der letztlich auch den Umgang mit dem Fall des abtrünnigen Spiegel-Reporters bestimmt. Nach dem Bekanntwerden der ›Kreativarbeit‹ des *Spiegel*-Mannes, hat sich die Diskussion schnell in Richtung »Einzelfall« ausgerichtet. Der Tenor lautete: Ein einzelner Reporter, der den gesamten *Spiegel* und hochrangig besetzte Journalisten-Jurys vorgeführt habe, sei der Schuldige. Diese Sicht entspricht einer der Funktionsweise unseres Mediensystems. Unentwegt reduziert es Komplexität und läuft dann zur Höchstform, wenn ein Missstand, wenn eine Verfehlung einem Einzelnen angeheftet werden kann. Der Tatbeweis liegt vor? Name und Fotos sind vorhanden? Dann gilt: Feuer frei! Jeder darf einmal draufschlagen. Den Übeltäter benennen. Sagen, ›was ist‹, wer ›verantwortlich‹ ist. In diesem Operationsmodus kennen Medien keine Grenzen mehr. Da hält sich offensichtlich selbst der *Spiegel* nicht mehr zurück und teilt der Öffentlichkeit mit, dass ihr ehemaliger Top-Reporter in einem persönlichen Gespräch angesprochen habe, dass er »krank«[82] sei. Kritische Medienbeobachter, die ihre Emotionen im Griff haben, lesen eine solche Information und Fragen, wie Meyen es zurecht tut: »Gehört so ein Satz in die Öffentlichkeit?«[83] Bei aller berechtigten Kritik an dem *Spiegel*-Reporter und auch bei allem Verständnis, das man für ein Medium aufbringen kann, dass von einem seiner Spitzenmitarbeiter auf diese Weise ausgetrickst wurde: Bisweilen, allgemein gesprochen (und ja, man muss es so krass ausdrücken), ›schlachten‹ Medien Menschen mit einer brachialen Gewalt öffentlich ab. Kein Tag vergeht, an dem Medien als selbsternannte moralische Instanz nicht nur über vermeintliche oder echte Fehler des Einzelnen berichten, sondern weit über das vertretbare Maß an journalistischer Berichterstattung hinaus mit reichlich Häme zum Pranger werden mit dem Ziel, einen Menschen öffentlich hinzurichten.[84] Für komplexe systemische Zusammenhänge, vor allem, wenn sie das eigene Feld betreffen, bleibt in diesem Journalismus kein Platz. Der *Spiegel*-Mann war zwar derjenige, der gefälscht hat, aber bei Lichte betrachtet muss man festhalten: Er hat perfekt den Erwartungshorizont der Redaktionen bedient. Seine Beiträge haben dem vorherrschenden Wirklichkeitshorizont nicht weiter irritiert. Seine Arbeit war vor allem auch sprachlich virtuos. Darauf kommt es den großen Medien, die auf Journalistenpreise aus sind, an. Ein Journalismus, der grandios mit Sprache umzugehen vermag und Reportagen hervorbringt, die mindestens mit den Romanen Hemingways mithalten können. Es geht darum, (reale) ›Geschichten‹ zu erzählen und dabei journalistischen und literarischen Stil perfekt miteinander zu verschmelzen. Die Reportagen müssen sprachlich fließen wie Wasser. Der Reporter muss den Leser in seiner Geschichte quasi mit auf eine Floßfahrt nehmen, die mindestens in Stimmung, Tempo und Dramatik der in »Fluss ohne Wiederkehr« (Marilyn Monroe, Robert Mitchum, 1954) ähnelt, nein, sie besser gar überbietet. Darunter braucht, wer einen großen Reportagepreis einheimsen möchte, erst gar nicht anzutreten. Es ist bekannt, dass die Ausbildung an den Journalistenschulen gerade auf das Schönschreiben fokussiert. Stil, Stil und nochmal Stil. Lernen, wie man *erzählt*, literarisch, wohlgemerkt, hochwertig. Starre Sachverhalte sollen in Handlung aufgelöst werden. Man schreibt nicht etwa: Am 9. September 2002 war es am Morgen in Toronto trocken und heiß, sondern: »Trocken und heiß zog der 9. September über Toronto auf, Montag vor fünf Wochen, für Punkt 10 Uhr Ortszeit war Delmart »Mike« Vreelands Verhandlung bei Gericht angesetzt, aber Vreeland kam nicht, und so begann, im Wirrwarr der Geschichten, schon wieder eine neue.«[85] So wird es gemacht. Die Zeilen stammen von *Spiegel*-Mann

Ulrich Fichtner, der Chef des Fake-News-Reporters war. Sie sind Teil des Artikels »Die Septemberlüge«, in dem sich Fichtner mit den 9/11-Verschwörungstheorien auseinandersetzt und den Versuch unternimmt, Fiktion und Wahrheit voneinander zu trennen.[86] Andreas Wolfers, langjähriger Leiter der Henry-Nannen-Schule, kommentierte den Fall des *Spiegel*-Reporters in einem Gastbeitrag für die Zeit und erklärte: »Richtig ist: Wir an der Henri-Nannen-Schule lieben Schönschreiber. Wir mögen an der Reportage, dass sie Einzelschicksale beleuchtet. Und natürlich lehren wir, dass nicht jede Information in den Text gehört, manchmal ist sie einfach nur Ballast. Journalismus bedeutet Auswahl, zwangsläufig, in der Nachricht ebenso wie in der Reportage.«[87] Nur damit an dieser Stelle keine Missverständnisse entstehen: Ein Journalismus, der von Erzählkraft geprägt ist, soll hier nicht grundsätzlich schlecht geredet werden. Ein literarischer Journalismus, der es versteht, den Leser zu ›packen‹, in die Geschichte ›reinzuziehen‹, hat durchaus seine Berechtigung. Wenn ein Text elegant geschliffen und sprachlich ausgefeilt ist, dann dürfen wir Leser daran auch unsere Freude haben. Aber: Wenn dieser Stil sich verselbstständigt, wenn er so weit geht, dass die Realität gedehnt, verbogen und verdreht wird und immer wieder Authentizität vorgetäuscht wird, um der gewünschten Dramaturgie gerecht zu werden, dann lässt sich das aus journalistischer Sicht nicht mehr vertreten. Womit wir, wenn wir über den Erwartungshorizont der Redaktionen sprechen, beim Inhalt wären. Natürlich geht es den Redaktionen nicht nur um einen großartigen Stil. Der Inhalt muss auch passen. Und der ›passte‹ bei den Geschichten des *Spiegel*-Redakteurs offensichtlich sehr gut. Da, beispielsweise,

- überlebt ein Protagonist innerhalb kurzer Zeit die Angriffe einer Klapperschlange, eines Hais und eines Bären (»Jäger«, Der Spiegel. 27/2018),
- findet ein Amerikaner nach drei Monaten Suche seinen verschollenen Sohn und dessen Bekannte tot in einem Wüstengebiet,
- führt ein Lausbubenstreich zu einem Bürgerkrieg. (»Letzte Ruhe«, Der Spiegel. 01/2018),
- gibt es eine Kleinstadt namens Ferguson Falls in der die Einwohner als bekennende Trump-Wähler genauso dumm ›sind‹, wie man es

in deutschen Redaktionen erwartet (»In einer kleinen Stadt«, Der Spiegel. 13/2017),
- empört sich die letzte Überlebende der Widerstandgruppe Weiße Rose in einem Interview, über Lügenpresse-Rufe in Deutschland (Der Spiegel. 39/2018) und in der Überschrift lässt der *Spiegel* sie bedeutungsschwanger die Frage stellen: »Kehrt nicht auch das Böse, wenn man es lässt, eines Tages zurück?«.

Die ersten beiden Beiträge sind politisch bedeutungslos, das heißt, Verfälschungen fallen bei ihnen weniger ins Gewicht. Die anderen Beiträge sind jedoch im politischen Journalismus einzuordnen. Der Reihe nach. Verzerrungen und Verfälschungen in Beiträgen dieser Art haben im Hinblick auf unser Verständnis von Realität eine weitreichende Bedeutung. Wer die Berichterstattung der deutschen Medien zu Syrien verfolgt, weiß, dass sie mit einem kritischen politischen Journalismus wenig gemein hat. In unzähligen Beiträgen und Einlassungen ist ein Bild entstanden, das kaum Zwischentöne zulässt. Dort der böse Assad und Putin, der ›Feind‹ des Westens, der dem Diktator zur Hilfe im Kampf gegen das syrische Volk eilt, dort die in unseren Medien als ›Opposition‹ bezeichneten Gegner Assads, die gegen den Diktator aufbegehren – durch Unterstützung des Westens, der, wer hätte es gedacht, auf der ›guten‹ Seite steht. Bei Lichte betrachtet: Der Krieg in Syrien genauso wie der Konflikt in der Ukraine zählen zu den großen Vorboten eines brandgefährlichen geostrategischen Machtkampfes zwischen dem Westen und Russland. Seit Jahren ist eine zunehmend konfrontative Politik zwischen den Mächten zu beobachten. Die Aufkündigung des INF-Vertrages durch die USA und die darauffolgende Ankündigung Russlands, den Vertrag ebenfalls zu beenden (Stand Februar 2019) sind weitere Schritte einer Entwicklung, von der nicht abzusehen ist, wie sie enden wird. Anders gesagt: Die Antworten auf die Frage, wie es faktisch (nicht aus Sicht von Märchenerzählern) zu dem Krieg in Syrien kam und was seine Gründe sind, sind von weitreichender Bedeutung. Hat tatsächlich ein Lausbubenstreich zum Bürgerkrieg in Syrien geführt? Oder geht es vielmehr um massive geostrategische Interessen des Westens, der verdeckt eine Politik des Regimewechsels betreibt?

Hier geht es nicht um eine Petitesse.

Hier geht es um die Festschreibung von Geschichte und damit darum, was zur Wahrheit wird und was Wirklichkeit ist – mit all den sich daraus ergebenden Konsequenzen. Gerade deutsche Journalisten sollten, wenn es um die Auseinandersetzung mit den Ursachen und Gründen von Kriegen geht, sehr vorsichtig sein. Wir sollten und müssen sensibilisiert gegenüber möglichen Kriegsanlasslügen sein. *Der Spiegel*, das sogenannte Sturmgeschütz der Demokratie, der mit einer Redaktion aus hocherfahrenen Journalisten und mit einer sagenumwobenen Fact-Checking-Abteilung aufwarten kann, hat die Geschichte des Starreporters gedruckt, die Juroren des Reporterpreises 2018 haben sie ausgezeichnet.

Auf Übermedien hat Boris Rosenkranz die Geschichte um den Jungen, der den Bürgerkrieg ausgelöst haben soll, genauer betrachtet. Deutlich wird: Die Story wird seit 2011 immer wieder von unterschiedlichen deutschen und ausländischen Medien erzählt. Nur: Sie wird immer wieder anders erzählt. Da an dieser Stelle nicht auf alle Details eingegangen werden kann, nur so viel: Als die Geschichte zum ersten Mal erzählt wurde, hieß es, eine Gruppe von 15 Kindern habe einen Spruch, der gegen den Diktator gerichtet war, auf eine Wand gesprüht. Die Kinder wurden dann, angeblich, in ein Gefängnis gesteckt, woraufhin es zum ersten großen Aufstand in Syrien gekommen sein soll.

In der folgenden Zeit wurde die Geschichte in unterschiedlichen Variationen mit unterschiedlichen sich widersprechenden Details erzählt – bis eben hin zur Zuspitzung, wonach faktisch ein Junge durch seine Aktion den Bürgerkrieg ausgelöst habe. Rosenkranz kommt zu folgendem Fazit:

> »Möglicherweise ist es genau das: eine Story, eine Legende, die sich unter den Menschen in Syrien herumsprach, die auch einen wahren Kern hat, aber beim Weitererzählen ausgeschmückt wurde, und zwar schon von den Menschen vor Ort. Als Journalisten sich dafür interessierten, haben verschiedene Jungen ihre Version erzählt. Mancher hat vielleicht etwas geprahlt, es zu seiner Geschichte gemacht, und Journalisten haben es aufgeschrieben oder sogar, wie Relotius, weiter ausgeschmückt.
>
> Schon vor dem Fall Relotius gab es Menschen, die die ganze Erzählung vom Jungen, der den Krieg auslöste, als Propaganda westlicher

Medien verteufelten: Alles erfunden, um Syriens Präsident Assad als Monster darzustellen, das sogar Kinder quälen lässt. Sie begründen das auch damit, dass es so viele Versionen, so viele Jungen gebe. Ein Fall Relotius mit all den Erfindungen ist solchen Leuten nun bloß ein weiterer Beleg für die große Verschwörung.«[88]

Diese Schlussfolgerung klingt vernünftig. So kann es gewesen sein. Aber kann man bei dem »Fog of War« wirklich , ausschließen, dass Geostrategen, deren Tätigkeitsbereich auch der Regime Change umfasst, nicht bereits von Anfang an diese Geschichte als Propagandageschichte konzipiert haben, von der man sich an einer Hand ausrechnen konnte, dass Medien sie dankend aufnehmen würden? Den »Nebel des Krieges« berücksichtigend: Lässt sich so einfach ausschließen, dass ein realer Anlass aufgefangen wurde, um ein für den Krieg in Syrien zentrales Stück Propaganda zu schaffen, das dazu dienen sollte, die Bürger der westlichen Staaten zu beeinflussen? Wir können an dieser Stelle nicht klären, was wirklich der Realität entspricht. Man darf aber von Journalisten erwarten, dass sie wissen, dass es bei Kriegen und Konflikten oft vielfältige Interessen gibt und auch verdeckte Einflüsse keine Seltenheit sind. Man darf erwarten, dass sie gerade allzu gefälligen Erzählungen, die vor allem durch einen hohen Grad an Emotionalität unser Denken beeinflussen, mit äußerster Vorsicht begegnen. Hier liegt das eigentliche Problem. Wer den Artikel von Rosenkranz gelesen hat, muss sich die Frage stellen, wie es sein kann, dass seit 2011 immer wieder unterschiedliche Erzählungen mit Teils widersprüchlichen Inhalten aufgetaucht sind. Warum haben auch deutsche Medien die Geschichte in unterschiedlichen Versionen veröffentlicht, ohne darauf zu verweisen, dass es unterschiedliche Erzählungen gibt? Warum klären Medien ihre Leser nicht detailliert über die inneren Widersprüche auf und legen dar, warum sie die Geschichte in der erzählten Form für glaubwürdig halten? Stattdessen erzählt man einfach drauflos. Hätte man nicht auch von der Jury aus erfahrenen Journalisten, die den Reporter ausgezeichnet hat, eine kritischere Prüfung erwarten können? Die Jury nahm Stellung zu der Vergabe des Preises. Einige der Antworten sind sehr erhellend:

Ein Jurymitglied sagt etwa, dass es zwar Bedenken gab, aber »die arabisch-deutsche Übersetzung«[89] habe »sauber«[90] gewirkt, »die Reportage war packend, Details aus Syrien schienen richtig – eine wichtige Geschichte, sehr gut erzählt, so lauteten meine Argumente.«[91]

Wir merken uns aus dem Zitat die Aussage: »eine *wichtige* Geschichte«. Ein anderes Jurymitglied merkte an, ihm sei aufgefallen, dass die ganze Geschichte des syrischen Jungen im Netz (etwa bei CNN) längst bekannt war«[92] und er sich deshalb »ein wenig wunderte«[93], dass der *Spiegel*-Mann den Eindruck erweckt habe, »er habe den Jungen alleine ausgegraben.«[94] Seine Bedenken hätten er und die anderen Jury-Mitglieder dann aber mit dem – wie er sagt – »im Nachhinein kuriosen [...] Argument preiswürdig sei ja nicht das Faktum, sondern die Art *wie* genial Relotius die Geschichte erzählt, nämlich als spannenden Dialog über die Handys, womit er die Methode der Recherche selbst zum Gegenstand der Reportage mache.«[95] Nochmal in Zeitlupe: Ein Jurymitglied spricht davon, dass es nicht um das »Faktum« gehe und ein anderes davon, dass es sich dabei um eine »wichtige Geschichte« handele. Wie darf man die Aussagen deuten? Hier ein Blick, der sich auf die Form beziehungsweise auf das *wie* konzentriert, dort ein Blick, der Geschichten nach ihrer *Wichtigkeit* einordnet. Zugespitzt ausgedrückt: Fakten sind zweitrangig, solange die Form besonders ist und Geschichten sind dann prämierungswürdig, wenn sie das eigene (politische) Wirklichkeitsempfinden bedienen. Immerhin sagte eines der Jurymitglieder, das nicht für den Beitrag gestimmt hatte: »Ich habe nicht für diese Geschichte gestimmt. Mir war das Ganze – ein Junge, der durch ein Graffiti den Krieg mitausgelöst haben soll – zu parabelhaft überhöht dargestellt (...). Ich hatte ein Problem damit, dass ich mich zu sehr auf den Erzähler verlassen muss, weil er sich hauptsächlich auf den Jungen als Quelle stützt.«[96] Und der Journalist und Moderator Jörg Thadeusz merkte in einem Beitrag auf Welt.de an: »Ich hatte schon im Spätsommer meinen Ausstieg aus der Jury angekündigt. Mir war es in den Jurysitzungen oft so vorgekommen, als stünde ein gewisses Weltbild fest. Wer das mit einer süffigen Geschichte möglichst prachtvoll bestätigt, hört wahrscheinlich seinen Namen von einer Bühne schallen.«[97]

Thadeusz trifft mit seiner Aussage ins Schwarze. Wenn man sieht, wie Medien mit dieser Geschichte umgegangen sind, liegt der Verdacht nahe, dass wieder einmal *nicht* das journalistische Qualitätskriterium Objektivität im Vordergrund gestanden hat, sondern die im Feld vorherrschenden Wirklichkeitsvorstellungen und Glaubensüberzeugungen das Denken gelenkt haben. Eine Gruppe von Jugendlichen oder gar *ein* Junge, die/der den Bürgerkrieg ausgelöst haben? Großartig! Man wusste doch, welch ein übler Despot Assad ist. Wenn er nun auch noch Jugendliche ins Gefängnis steckt, nur weil sie offen ihre Meinung äußern (als ob in den Jahren zuvor, wie anzunehmen ist, keine Jugendlichen für vergleichbare Taten inhaftiert worden wären) und der Regime Change in der Luft liegt, dann schließen, so darf man es sehen, ideologisch verblendete Redaktionen ihre Reihen, klatschen Beifall und lassen bei der Hinterfragung einer mindestens fragwürdigen, vielleicht sogar propagandistisch kontaminierten, aber so wunderbar passenden Erzählung fünfe gerade sein.

Man muss sich das einmal in Ruhe vor Augen führen: Die Zusammenstellung, die auf Übermedien zu lesen ist, hat sicherlich etwas Zeit beansprucht, aber hätte ein Nachrichtenflaggschiff wie der *Spiegel*, mit Manpower und Ressourcen ausgestattet, nicht selbst dieser Erzählung im Vorfeld mit einem ähnlich kritisch-analytischen Blick wie Übermedien begegnen können und müssen? Zumal davon auszugehen ist, dass das Magazin nicht unter einem Wissensdefizit leidet, was Syrien angeht. Wäre es ein Problem gewesen, diese Zusammenstellung neben die Geschichte seines Starreporters zu stellen, um die Leserschaft so umfassend wie möglich über die problematischen Hintergründe zu informieren? Um es abzukürzen: Der in Ungnade gefallene *Spiegel*-Reporter hat eine Fake-Reportage abgeliefert, aber das Magazin hat den Wirklichkeitsbruch wohl mit offenen Armen aufgenommen. Auch bei den anderen angeführten Beispielen kann man zu der Ansicht gelangen, dass der *Spiegel* nicht einfach nur das Opfer eines meisterhaft vorgegangenen Fälschers war, sondern das Opfer seiner eigenen nicht oder nicht ausreichend hinterfragten Wirklichkeitsvorstellungen ist.

Da darf der *Spiegel*-Mann mehrere Wochen in einer US-amerikanischen Kleinstadt verweilen, um den deutschen Lesern einen Einblick in die Lebenswelt jener Bürger zu geben, die Trump gewählt haben, und sein Reporter liefert ein Bild, das so voller Klischees steckt, das eigentlich bei den Redakteuren alle ›roten Lichter‹ hätten angehen müssen. Da die Klischees aber so wunderbar dem Wirklichkeitsbild entsprechen, wie es sich durch nahezu alle Redaktionen der Leitmedien zieht, war man beim *Spiegel* vermutlich nicht ohne Begeisterung über die Arbeitsleistung des Reporters. Zugespitzt: Bestellt, geliefert, und alle sind zufrieden.

Eine Berichterstattung wie diese hat weitreichende Konsequenzen. Sie verdeutlicht, wie Medienversagen aussieht und was es zur Folge hat.

Wer die Berichterstattung zur Wahl in den USA verfolgt hat, muss feststellen: Von Anfang an haben nahezu alle großen Medien in Deutschland in ihrer Berichterstattung Hillary Clinton (›aufrechte Demokratin‹) als Präsidentin favorisiert (und teilweise in den Himmel gelobt), während Trump immer und immer wieder abgewertet wurde. Clinton gut, Trump böse. Dies war jenes Wirklichkeitsbild, an dem eine Vielzahl deutscher Journalisten von Anfang an gearbeitet haben und das bis heute die Berichterstattung zu Trump dominiert. Das ›Erkenntnisinteresse‹ an den wirklichen Gründen und Zusammenhängen für die Spaltung in den USA, bewegt sich sehr oft auf einer oberflächlichen Ebene. Noch berauscht von Obama (dem aufrechten Demokraten – verantwortlich für Drohnentote, aber egal) zeigt man sich blind gegenüber jenen Ursachen, die bis tief ins Innerste des politischen Systems der USA reichen und auf die der großartige Soziologe Charles Wright Mills bereits in den 1950er-Jahren aufmerksam gemacht hat. Mills erkannte früh, dass das hochgelobte demokratische System in seinem Land schwere Defizite aufweist. Er sprach offen an, dass »in seinem Land eine Machtelite existiert, die aus den gesellschaftlichen Teilbereichen Politik, Wirtschaft und Militär besteht und die in der Lage ist, einen Einfluss auszuüben, demgegenüber die ›Macht‹ der normalen Bürger geradezu lächerlich wirkt. In den USA, so Mills' Erkenntnis, hat sich ein ›politisches Direktorat‹ gebildet, von dem die tatsächliche politische Macht im Land ausgeht.«[98] Mills, der mit seiner Machtelitentheorie einen zentralen Baustein für die Machtstrukturforschung gelegt hat, kam zu dem Ergebnis, dass zwar »rein formell«, die Autorität beim Volk liege, »aber in Wahrheit liegt die Macht, die Initiative zu ergreifen, nur bei zahlenmäßig kleinen Kreisen«. Der Soziologe sprach von einer landläufigen »Strategie der Manipulation«, die den Eindruck hervorrufe, »dass das Volk, oder mindestens ein großer Teil des Volkes, »tatsächlich die Entscheidungen trifft«.[99]

Man kann sich förmlich vorstellen, wie bei diesem Befund viele Akteure im journalistischen Feld den Kopf schütteln, weil ihnen diese Form der Macht- und Herrschaftskritik zutiefst befremdlich erscheint.

Genau hier wird sichtbar, wie es zu dem angesprochenen Medienversagen kommt. Die dominierenden Wirklichkeitsvorstellungen innerhalb des journalistischen Feldes lassen es nicht zu, dass die tieferliegenden Ursachen für die Situation in den USA in den Mittelpunkt der journalistischen Aufmerksamkeit rücken. Die Wahrheit eines so ausgerichteten Mediensystems steht fest, ist nicht verhandelbar: Trump-Wähler müssen sonderbar sein. Sie müssen irgendwie dumm sein. Sie können kein ausgefeiltes Verständnis von Politik und den ›wahren‹ Zusammenhängen haben. Sie leben in einer einfach strukturierten Welt, in der Fox News die Wirklichkeit vorgibt. Ihr Demokratieverständnis, wenn überhaupt vorhanden, hat mehr Löcher als ein Schweizer Käse. Wenn Journalisten, wenn Redaktionen, wenn ein ganzes Mediensystem ›Wirklichkeit‹ so wahrnimmt, dann kommt am Ende das raus, was der vielgescholtene *Spiegel*-Reporter abgeliefert hat. Ein Märchen. Solch ein Journalismus hat kein Interesse an Vielschichtigkeit. Er will nicht die sozialen und politischen Hintergründe freilegen. Er will keinen klugen Trump-Wähler zu Wort kommen lassen, der den Lesern eine intelligente Analyse der politischen Wirklichkeit vorlegt. Wie soll das auch gehen, wenn bereits im Vorfeld feststeht, dass Trump-Wähler dafür ohnehin zu dumm sind? Der *Spiegel* hätte, wäre seine Berichterstattung in Sachen Trump und seinen Wählern in Fergus Falls von einem echten journalistischen Erkenntnisinteresse geleitet gewesen, den Lesern aufzeigen können, dass die viel gescholtenen ›deplorables‹, wie Hillary Clinton gewiss nicht ohne Verachtung die ›Kläglichen‹ in ihrem Land bezeichnet hat, längst nicht so dumm sind, wie es ihnen angedichtet wird. Gerade von denjenigen, die ›das System‹ von unten kritisch beäugen und mit ihrer Aversion gegen die vorherrschende Politik nicht zurückhalten, kann man als kritischer Analyst mitunter viel lernen. Die Rednecks und Hillbillys, die mehr oder weniger ›einfachen‹ Menschen im ländlichen Amerika, sind nicht die Idioten, für die sie offensichtlich in den Redaktionen gehalten werden. Typen, die tatsächlich jedes negative Klischee zu erfüllen scheinen, gibt es, sicher. Aber genauso gut gibt es Bürger, die vielleicht Politik nicht mit den Worten eines Ivy League Studenten erklären können, die dafür aber mit einem klaren Blick zwischen einer Politik, die ihnen zur Seite steht und einer Politik, die gegen sie gerichtet ist, unterscheiden können. Der *Spiegel*, fast noch wichtiger, hätte nicht nur diese Menschen zu Wort kommen lassen können. Er hätte auch den Lesern hierzulande aufzeigen können, dass die Ursachen, wenn auch sicherlich länderspezifisch nochmal unterschiedlich, für die Erosion der Demokratie, für das Erstarken radikaler Kräfte innerhalb der westlichen Demokratien in den USA dieselben sind wie in Europa. Dort als auch hier haben wir es mit Eliten zu tun, die in der Lage sind, trotz formal vorhandener demokratischer Strukturen ihre Macht zum Nachteil der breiten Bevölkerung auszuspielen und die in der Lage sind, die Weichen so zu stellen, dass in erster Linie ihre eigene Klassen und Schichten profitieren (Repräsentationskrise). All das hätte in einer Reportage, die versuchen will zu sagen, was ist, angesprochen werden können. Aber so war es nicht. Wir müssen feststellen: Der Wirklichkeitsbruch wurde nicht allein von Relotius erzeugt, auch wenn er handelnder Akteur war. Der Wirklichkeitsbruch liegt fest verankert innerhalb des journalistischen Feldes.

Nicht anders ist es mit dem Interview mit Traute Lafrenz, der letzten Überlebenden der Weißen Rose. Da sagt die alte Dame (beziehungsweise lässt der *Spiegel*-Reporter die Dame sagen):

> »Deutsche, die streckten auf offener Straße den rechten Arm zum Hitlergruß, wie früher. Ich bin alt, aber ich bekomme ja alles mit. Die Art, in der jetzt über Flüchtlinge geredet wird wie über Kriminelle oder Vieh, da werde ich hellhörig. Ich weiß auch, was Politiker im Bundestag nun wieder so sagen. ›Lügenpresse‹, ›Volksverräter‹, ›Stolz auf die Wehrmacht‹? Diese Leute wissen ja gar nicht, wovon sie reden, aber sie benutzen die gleichen Tricks. So fängt es an.«[100]

Lügenpresse! Da ist er, der Begriff, der zum Unwort des Jahres 2015 gewählt wurde. In ihm bildet sich die große Konfliktlinie zwischen Medien und Teilen ihrer Nutzer ab.[101] Und nun, das muss man sich auf der Zunge zergehen lassen, kritisiert die letzte Überlebende der Weißen Rose, also einer Gruppe, der man gar nicht genug Respekt für ihren Mut entgegenbringen kann, diejenigen, die Lügenpresse rufen. Die gesamten Verwerfungen innerhalb des journalistischen Feldes, die schwere Schieflage des Mediensystems, das durch seine Ignoranz gegenüber seinen Kritikern mit zu einer Erstarkung radikaler Kräfte beigetragen hat, genauso wie der Frust, die Verärgerung und auch die Wut von Teilen der Bürger, die sich (zu Recht oder nicht) laut über die Medien beschweren und Lügenpresse rufen, wird ausgeblendet. Wer Lügenpresse ruft, weiß nicht, wovon er redet, Punkt! Das sagt, angeblich, eine Frau, die sich zusammen mit ihren Freunden im Dritten Reich gegen das Nazi-Regime gewehrt hat.

Man kann sich förmlich vorstellen, wie zufrieden die Redaktion über dieses Interview allein schon aufgrund der angeführten Stelle war. In der Auseinandersetzung mit den Medienkritikern bekommen die kritisierten Medien nun sozusagen Unterstützung von einer Person, deren Worte ein unermessliches Gewicht haben.

Aber: Hat Traute Lafrenz diese Sätze überhaupt gesagt? In einem eigenen Artikel, der über das Interview aufklären will, heißt es: »Kaum ein Text von Claas Relotius wurde so gelobt wie sein Gespräch mit Traute Lafrenz, der letzten Überlebenden der ›Weißen Rose‹. Jetzt zeigen erneute Recherchen: Auch in diesem Text sind Passagen offenbar erfunden.«[102]

Im weiteren Verlauf wird auf einige der angeblich falschen Passagen eingegangen. So ist zu lesen: »Auf Neonazis in Chemnitz bezogen, zitiert Relotius sie so: ›Deutsche, die streckten auf offener Straße den rechten Arm zum Hitlergruß, wie früher.‹ Die Sätze in der vierten Antwort habe sie nie benutzt, sagt Lafrenz. Sie habe auch nie aktuelle Fotos in US-Zeitungen von entsprechenden Aufmärschen in Deutschland gesehen.«

In dieser Antwort taucht auch die Aussage mit der »Lügenpresse« auf. Nun heißt es also: »Die Sätze in der vierten Antwort habe sie nie benutzt«[103]. Da die »vierte Antwort« auch die Formulierung mit der Lügenpresse beinhaltet, würde das bedeuten, dass Lafrenz auch diese Aussage nicht getätigt hat.

Stellen wir uns nun folgende Situation vor: Ein Reporter soll ein Interview mit der letzten Überlebenden der Weißen Rose führen. Stellen wir uns weiter vor, diese Frau hätte nicht gegen die Lügenpresserufer Stellung bezogen, sondern Verständnis dafür geäußert, dass

Bürger Medien kritisieren und sie auch als Lügenpresse beschimpfen. Frage: Was meinen Sie? Wäre dieses Interview jemals gedruckt worden? Ja, an dieser Stelle spekulieren wir, aber vermutlich hätte diese Aussagen zu viel Unmut in der Redaktion geführt und am Ende hätte man sich vermutlich gegen eine Veröffentlichung entschieden. Diese kleine Gedankenspiel dient dazu, noch einmal klarer hervorzuheben, dass man bei den Märchen-Reportagen und Interviews des *Spiegel*-Reporters auch darüber nachdenken muss, warum die Fälschungen so und nicht anders ausgefallen sind, das heißt, warum die Fälschungen immer in Richtung des Erwartungshorizonts der Redaktion gelaufen sind und nicht mit dem in der Redaktion vorherrschenden Wirklichkeitsverständnis gebrochen haben. Naiv gefragt: Warum hat jemand, der so frech, dreist, mutig, verrückt wie der *Spiegel*-Reporter agiert, und der für einige ›tolle‹ Stories bereit ist, seine komplette Karriere aufs Spiel zu setzen, nicht gleich noch eins draufgelegt und Inhalte so gefälscht, dass sie die Wirklichkeit noch weiter ad absurdum führen? Angenommen, er hätte Lafrenz tatsächlich sagen lassen, dass sie Bürger, die Lügenpresse rufen, verstehe, dann wäre auch dies eine Nachricht mit einem ziemlichen Gewicht gewesen. Schlagzeile: Letzte Überlebende der Weißen Rose sympathisiert mit Lügenpresse-Rufer. Anzunehmen ist: Der *Spiegel*-Reporter kennt das journalistische Feld und seine Gesetzmäßigkeiten gut. Er wusste, dass seine gefälschten Geschichten wohl nur dann eine realistische Chance auf Veröffentlichung haben würden, wenn sie inhaltlich (politisch, ideologisch) den Wirklichkeitserwartungen der Redaktionen gerecht werden. Er wusste vermutlich, dass die normalen journalistischen Maßstäbe bei der Bewertung von Informationen längst nicht immer gelten. Er würde solange Handlungsfreiheit haben, wie die gelieferten Inhalte die politischen Überzeugungen der Redaktion bedienen.

Hätte der Reporter Artikel mit Fälschungen abgeliefert, die den politischen Wirklichkeitsvorstellungen in den Redaktionen völlig entgegengelaufen wären, hätte es die Karriere eines Claas Relotius vermutlich erst gar nicht gegeben. Da hätte es ihm wenig gebracht, wie der liebe Gott persönlich zu schreiben. Man stelle sich einmal vor, wie der *Spiegel* reagiert hätte, wenn sein Reporter aus Fergus Falls zurückgekommen wäre mit klugen, kritischen Aussagen von einem

Dutzend kluger, kritischer Trump-Wähler. Man kann es sich förmlich ausmalen, wie plötzlich das große Misstrauen eingesetzt hätte. Vermutlich wäre die Fact-Checking-Abteilung in den Überstunden-Modus gegangen und das Nachrichtenmagazin hätte den Recherchen seiner Edelfeder ein halbes Dutzend Kollegen hinterhergeschickt, um jeden einzelnen vorgestellten Charakter und jede einzelne Aussage doppelt und dreifach zu überprüfen (verzeihen Sie mir an dieser Stelle den ironischen Unterton. Wäre es nicht so traurig, man müsste laut lachen).

Wie in der Einleitung dieses Buches betont: Die grundlegenden Probleme, die in der Berichterstattung unserer Medien auftauchen, sind mittlerweile so offensichtlich, dass viele Bürger sie erkennen. Interessant sind oftmals auch Stimmen, die von kritischen Medienbeobachtern kommen, die außerhalb des journalistischen Feldes stehen. Einer der renommiertesten Strafrechtler des Landes, Gerhard Strate, hat sich als ›alter Spiegelleser‹ auch Gedanken über den Fall des Kreativreporters gemacht und in einem Beitrag auf *Cicero* veröffentlicht. Er spricht von einer »Hexenjagd«[104] auf den Reporter, die »verlogen«[105] und »unnötig«[106] sei, denn schließlich sei der Spiegel-Mann einfach nur ein »würdiger Vertreter«[107] eines »Haltungsjournalismus«[108], also jenem Journalismus, wie ihn hochrangige Journalisten und reputierte Medien schon länger predigen. Strate ist der Auffassung, dass auch der Spiegel-Reporter, »[wie] alle erfolgreichen Hochstapler […] über einen feinen Scanner [verfügen] für das, was seine Peergroup umtreibt.«[109] »Haltung«, so erkennt Strate, »zählt als Wahrhaftigkeit«. Der *Spiegel*-Mann habe diesen Trend ausgezeichnet zu nutzen gewusst: »Sein hohes Gespür für Sprachbilder und ihre unterschwellige Wirkung sorgte dafür, dass niemand sein Treiben kritisch beobachtete. Lieferte er nicht genau den Stoff, der haltungsbesoffene Redakteure zum Schwärmen brachte?« Bezüglich des Artikels über die Trump-Wähler, fragt Strate: »Wären die redaktionellen Kontrollen strenger ausgefallen, wenn Clinton-Wähler auf diese Weise vorgeführt worden wären?« Seine Antwort: »Mit Sicherheit!«[110] Klar ist für ihn: »Der im März 2017 erschienene Artikel passte wie die Faust aufs Auge zu den infantilen Trump-Karikaturen, mit denen der *Spiegel* immer wieder seine einwandfreie »Haltung« gegen den immerhin demokratisch gewählten Präsidenten der USA demonstriert.«[111]

Auch das Interview mit Traute Lafrenz kommentierte Strate. Das Gespräch sei ein gute Gelegenheit gewesen, »den missliebigen Sachsen so richtig einen mitzugeben und mangelnde Wahrhaftigkeit durch gute Haltungsnoten auszugleichen: Was der vielfach preisgekrönte Reporter der alten Dame zum Thema Chemnitz in den Mund legte, war ausschließlich der Dichtkunst des Schreibers und den feuchten Träumen der *Spiegel*-Redaktion geschuldet.«[112]

Ja, so kann man das sehen. Der Weltbildjournalismus – er ist durchschaut.

Kurz vor Fertigstellung dieses Buches veröffentlichte die ›Relotius-Kommission‹ ihren Abschlussbericht. Darin werden unter der Zwischenüberschrift »Manipulation aus weltanschaulichen Gründen«[113] zwei Beispiele angeführt, die Grund zu der Annahme bieten, dass in *Spiegel*-Geschichten auch ideologische Antriebe bei der Verfälschung der Realität eine Rolle spielen. Doch der ansonsten kritische und erhellende Bericht[114] gibt sich an dieser Stelle recht einsilbig. Anders gesagt: Die Masterfrage, nämlich inwiefern weltanschauliche Einflüsse der Redakteure bei absichtlich realitätsverfälschenden Geschichten auch von Bedeutung sind, und vor allem: wie weitreichend diese Einflüsse in der Berichterstattung sind, wird nicht konsequent nachgegangen.

Allerdings drängt sich beim Betrachten einer E-Mail-Korrespondenz zwischen einem leitenden Redakteur und zwei Reportern, die in dem Bericht auszugsweise veröffentlicht ist, der Eindruck auf, dass der Prozess der journalistischen Realitätserfassung bei dem Hamburger Magazin auch durch Erwartungshaltungen der Redaktion in eine Schieflage gerät.

»Wir suchen nach einer Frau mit Kind. Sie kommt idealerweise aus einem absolut verschissenen Land (…) Sie setzt ihre Hoffnung auf ein neues, freies gutes Leben in USA (…) Es muss eine sein, die mithilfe eines Kojoten über die Grenze will (…) Die Figur für den zweiten Konflikt beschreibt Claas (…) Dieser Typ wird selbstverständlich Trump gewählt haben, ist schon heiß gelaufen, als Trump den Mauerbau an der Grenze ankündigt hat, und freut sich jetzt auf die Leute dieses Trecks, wie Obelix sich auf die Ankunft einer neuen Legion von Römern freut (…) Wenn ihr die richtigen Leute findet, wird das die Geschichte des Jahres.«[115]

Erklärend zu der zitierten Stelle heißt es in dem Bericht, die Reportagen, die das Magazin produziere, seien oft »filmisch erzählte Geschichten«[116]. Die »Plots werden akribisch geplant und Figuren gelegentlich wie bei einem Filmcasting gesucht.«

Auch wenn sich nachvollziehen lässt, dass eine gute journalistische Geschichte mitunter einiges an Planung erforderlich macht: Hier lässt sich erahnen, dass man im Qualitätsjournalismus einmal intensiv über ›bestellte Wirklichkeiten‹ diskutieren müsste. Man versetze sich in die Lage eines Reporters, dessen Redaktion mit dieser Art von vorgefertigten Wirklichkeitsbildern an ihn herantritt. Was ist, wenn die gewünschten Figuren in der Realität nicht anzutreffen sind? Oder genauer: Was ist, wenn die Figuren zwar einen kleinen Teil der Wirklichkeitsvorstellungen der Redakteure bedienen, aber letztlich überhaupt nicht so klischeehaft sind, wie es die Redaktion wünscht? Was, wenn der US-Amerikaner, der den Bau einer Mauer begrüßt, gar nicht wie »Obelix« sich auf den Treck aus Migranten freut (um ihnen so richtig einzuheizen), sondern, im Gegenteil, eigentlich menschlich sogar ihr Anliegen, in sein Land kommen zu wollen, nachvollziehen kann? Ist die Geschichte damit gestorben, weil so ein Typ nicht in das gewünschte Bild passen würde? Der ein oder andere Reporter mag dem Druck (oder der Versuchung) unterliegen, dann eben etwas nachzuhelfen, die Realität zu verbiegen, sodass sie den Vorstellungen der Redaktion gerecht wird. Die zitierte E-Mail kann als weiterer Hinweis betrachtet werden, wie wichtig es ist, die Medienrealität, die sich uns jeden Tag aufdrängt, zu hinterfragen. Was bedeuten derartige Vorstellungen für die Ergebnisoffenheit von Recherchen und Reportagen? Denken wir noch einmal aus einer anderen Richtung: Was, wenn doch genau jene Figuren gefunden werden, die eine Redaktion unbedingt in einem Beitrag sehen möchte? Wie repräsentativ wären diese Figuren dann?

Das interessante an dieser Stelle ist, dass sich weltanschauliche Einflüsse und die Funktionsbedingungen der Medien überschneiden. Natürlich suchen Medien nach dem Herausragenden, dem Besonderen, Kuriosen und dergleichen. Die Normalität interessiert Medien oftmals nicht. Es müssen zwei extreme Schicksale, Einstellungen, Typen oder Leben aufeinandertreffen, damit der gewünschte starke Kontrast für die Geschichte entsteht. Damit ist die Aufmerksamkeit des Lesers geweckt – was bekanntlich gut für die Medien ist. Doch was bedeutet dieses ›Bild der Extreme‹ für unsere Vorstellungen von Wirklichkeit? Sollen wir nun glauben, dass alle Trump-Wähler, die den Bau der Mauer befürworten, bereit sind mit automatischen Gewehren arme Geflüchtete und ihre Kinder an der Grenze abzuknallen? Die Geschichte als solches, ja, die von der Redaktion gewählte Perspektive, lässt dann eben auch Rückschlüsse auf Weltbilder und Wirklichkeitsvorstellungen zu, wie sie in der Redaktion zu finden sind. Nicht nur die Funktionsbedingungen der Medien sind hier antriebsleitend, sondern auch höchst subjektive Betrachtungsweisen. Zugespitzt: Trump böse. Trump-Wähler auch böse. Und schießwütig und dumm noch dazu. Fertig ist die Medienrealität.

In dem Bericht heißt es zwar, dass derartige genaue Anweisungen per E-Mail eher »unüblich«[117] seien, doch das kann man nun glauben oder nicht.

2.4.2 Fazit: Sagen, was «ist«, ad absurdum geführt

»Sagen, was ist« – dieses Motto des *Spiegel*-Gründers Rudolf Augstein hält die Redaktion des Hamburger Magazins noch heute hoch. Als *Der Spiegel* den Untersuchungsbericht veröffentlichte, prägte die Aussage gar das gesamte Titelbild. Doch wie passen die Beiträge des Reporters, die ganz oder teilweise erfunden oder frisiert wurden, zu diesem Anspruch? Die Analyse legt nahe, dass das Verhalten des *Spiegel*-Reporters nur eine Seite der Medaille ist. Die andere Seite ist:

Wenn sich die journalistische Wahrnehmung stark an den eigenen Weltbildern ausrichtet, wenn Redaktionen meinen zu ›sagen, was ist‹, während sie offensichtlich lieber sagen, was sein soll, wenn hochemotionale ›Kriegserklärungsgeschichten‹ von kleinen medienkritischen Portalen korrekt eingeordnet werden, während reputierte Medien offensichtlich Irritationen an ihren ›liebgewonnenen‹ Narrativen ausblenden, dann ist einem Märchenjournalismus nicht nur die Tür geöffnet, dann ist ihm der rote Teppich ausgerollt – samt bereitstehenden Rosenblütenwerfern.

Dem Hamburger Magazin wäre zu wünschen gewesen, den Fall Relotius zum Anlass zu nehmen, sich nicht nur im Detail mit den gefälschten und frisierten Texten des Reporters auseinanderzusetzen, sondern auch offen über ideologisch-handlungsleitende Maßstäbe bei der Einordnung und Bewertung von Informationen und Geschichten mit aller Deutlichkeit und Konsequenz zu sprechen. Doch dem ist nicht so. In dem Untersuchungsbericht richtet *Der Spiegel* das Wort an die Leser. So heißt es: »Wir haben uns von Relotius einwickeln lassen und in einem Ausmaß Fehler gemacht, das gemessen an den Maßstäben dieses Hauses unwürdig ist. Und: Wir sind, als erste Zweifel aufkamen, viel zu langsam in die Gänge gekommen und haben Relotius' immer neuen Lügen zu lange geglaubt.«[118]

In diesen Zeilen verdichtet sich, wie der *Spiegel* den Fall Relotius wahrnimmt. Der Reporter hat getrickst, die Redaktion ist seinen Lügen auf den Leim gegangen. So kann man es sehen – wenn man denn unbedingt die Komplexität der Realität außen vor lassen möchte. Für uns als kritische Mediennutzer wird am Fall des *Spiegel*-Reporters deutlich: Selbst bei noch so schön verfassten und ausgefeilten Beiträgen in Qualitätsmedien ist mit schweren Wirklichkeitsbrüchen zu rechnen.

2.5 Das heute-journal mit Claus Kleber: simulierte Wirklichkeit im Nachrichtenjournalismus

Nachrichtenjournalisten sollen über Nachrichten berichten und keine Nachrichten erfinden. Man könnte meinen, diese grundlegende Auffassung hätte sich rumgesprochen – gerade bei einer der größten Nachrichtensendungen unseres Landes. An einem Abend im April 2019 wurden die Zuschauer des ZDF heute-journals dennoch Zeugen eines Nachrichtenjournalismus, der Wirklichkeit simuliert und dann als echt deklariert. Der Moderator und Nachrichtenjournalist Claus Kleber lies gleich zu Beginn den Krieg mit Russland ausbrechen, um dann ›aufzuklären‹, dass dies zwar nicht der Realität entspreche, aber eine »realistische Vision« sei.

2.5.1 Sachverhalt: Lassen wir die Invasion beginnen

4. April 2019, 21:45 Uhr, ZDF heute-journal, Auftritt der Nachrichten-Gallionsfigur Claus Kleber (Buch: *Rettet die Wahrheit*):

»Guten Abend! Zu Wasser und zu Luft sind heute Nacht amerikanische, deutsche und andere europäische Verbündete unterwegs nach Estland, um die russischen Verbände zurückzuschlagen, die sich dort wie vor einigen Jahren auf der Krim festgesetzt haben.« [119]

Mit anderen Worten: Wie es aussieht, ist der Dritte Weltkrieg ausgebrochen. Direkt nach diesen Worten sagt Kleber: »Keine Sorge. Das ist nicht so. Das ist nur eine Vision. Aber eine realistische. So etwa müsste nämlich im Ernstfall die Antwort der NATO aussehen auf einen Angriff auf das Territorium eines ihrer Mitgliedsstaaten. Und sei er so klein wie Estland. Wenn das in Frage gestellt scheint, würde die Abschreckung brüchig, die seit 70 Jahren den Frieden in Europa sichert. Das Problem ist heute, dass der Bestand des Bündnisses zu seinem 70. Geburtstag brüchiger erscheint als jemals in seiner Geschichte. Einer bisher beispiellos erfolgreichen Geschichte.«[120]

Die Anzahl der Medien, die danach über die Anmoderation berichten, ist überschaubar. Die Hamburger Morgenpost (»Unterirdisch: Claus Kleber sorgt für üblen Schock-Moment im »heute journal«[121]), Berliner Kurier (identische Überschrift[122]) und die tz (»Wie bitte?! – Claus Kleber schockt viele ZDF-Zuschauer im »heute journal«: Ungewöhnliche Ansage[123]) gehen auf die Moderation ein. Tiefergehende Analysen finden sich auf den NachDenkSeiten (»Das ZDF beginnt den Dritten Weltkrieg – als »Scherz«, um für die NATO zu trommeln«[124]) und anderen alternativen Medien.

2.5.2 Analyse: Psychologischer Schockmoment

Wie ist diese Moderation einzuordnen und zu bewerten? Nüchtern lässt sich feststellen: Einem der obersten Nachrichten-Journalisten des Landes ist es offensichtlich gestattet, vor einem Millionenpublikum im öffentlich-rechtlichen Fernsehen in einer der wichtigsten Nachrichtensendung des Landes Wirklichkeit zu simulieren. Er schafft durch seine Sprache eine fiktionale Wirklichkeit, die durch die volle Symbolmacht der Sendung (hohe Reputation, Ansehen) aufgeladen wird. Für mehrere Sekunden ist der Dritte Weltkrieg am Abend des 4. April 2019 zur (Schein-) Realität geworden. Es wäre interessant zu erfahren, welche Gedanken und Empfindungen die Zuschauer in diesem Moment hatten. Anzunehmen ist: Dem ein oder anderen ist der Schreck in die Glieder gefahren. Und das wäre kein Wunder: Ein Krieg zwischen der NATO und Russland wäre furchtbar. Wir dürfen annehmen: Diese Moderation ist bei den Zuschauern auf psychologischer Ebene nicht ohne Auswirkung geblieben. Aus welchem Grund greift der Nachrichtenjournalist Kleber zu solch einem drastischen Mittel? Wir wissen nicht, was seine Gründe waren, aber seine weitere Moderation bietet einen Einblick zu erfahren, was seine Gründe gewesen sein könnten. Betrachtet man seine Anmoderation (siehe vorheriges Kapitel), geht es ihm, so hat es den Eindruck, um die NATO, die als Bündnis »brüchiger erscheint« als je zuvor. Ihm geht es darum, dem Zuschauer vor Augen zu führen, was die Aufgabe der NATO ist. Wichtig ist seiner Meinung nach, dass die NATO zusammenhält.

Wir kommen zum Problem. Kleber sagt: »(…) würde die Abschreckung brüchig, die seit 70 Jahren den Frieden in Europa sichert.« Was ist das für eine Aussage? Ja, das ist: Meinung. Wir erfahren hier etwas über die politische Meinung des Nachrichtenmannes. Er ist der Auffassung, die NATO sichert Frieden in Europa, und impliziert dabei, dass ohne die NATO Russland schon längst in Europa einmarschiert wäre. Was ist von dieser Aussage zu halten? Nun, sie mag richtig oder sie mag falsch sein. Ob dem tatsächlich faktisch so ist, das *wissen* wir nicht. Wir können das annehmen oder es bleiben lassen. Wir können gute Gründe dafür oder dagegen anführen. Aber: Im Kern sind Klebers Gedanken Meinung. Und damit, das gestattet ihm der Sender offensichtlich, darf der Moderator im Rahmen einer Anmoderation für einen nachrichtlichen Beitrag, an die Zuschauer herantreten – und nicht etwa für jeden eindeutig kenntlich gemacht innerhalb eines Kommentars. Zum Vorschein kommt hier eine politische Meinung, die sich aufgrund der Rahmung mit nachrichtlichen Inhalten vermischt (Meinung: »Frieden in Europa sichert«, Nachricht/Fakt: 70. Geburtstag des Bündnisses). Und das wohlgemerkt bei einem hochsensiblen politischen Thema. Es ist diese Art von Journalismus, die vielen Mediennutzer unangenehm auffällt. Die Vermischung von Nachricht und politischer Meinung ist gefährlich. Doch Kleber geht über die bloße Meinungsäußerung hinaus. Er spricht von einer »beispiellos erfolgreichen Geschichte« des Bündnisses. Wie ist diese Aussage zu verstehen? Hören wir hier von einem Nachrichtenmoderator, der um Objektivität bemüht sein sollte, einen Lobgesang auf die NATO? Wie passt diese »Erfolgsgeschichte« in das Bild illegaler Angriffskriege (Jugoslawien, Irak)[125] der NATO beziehungsweise seiner Mitgliedsstaaten? Wo ist bei dieser Aussage die Ausgewogenheit, die man von einem reputierten Nachrichtenjournalisten erwarten darf?

Kommen wir zum Hauptpunkt unserer Kritik.

In diesem Buch haben wir mehrmals angesprochen, wie weitreichend der Konflikt zwischen den NATO-Ländern und Russland ist. Besorgte Politiker mahnen zur Zurückhaltung, zur Mäßigung, betonen, wie wichtig ein friedlicher Umgang der Staaten miteinander ist. Jeder, der sich mit der Ukraine-Krise, der Besetzung der Krim durch Russland und so weiter vorurteilsfrei auseinandergesetzt hat, weiß, dass einseitige Schuldzuschreibungen fehl am Platz sind. Wir haben es mit geostrategischen Interessen und Machtpolitik auf allen Seiten des Konflikts zu tun. Hier kann ein Journalismus, der einseitig (aus welchen Gründen auch immer) berichtet, brandgefährlich werden. Betrachten wir nochmals, was Kleber sagt:

»Guten Abend! Zu Wasser und zu Luft sind heute Nacht amerikanische, deutsche und andere europäische Verbündete unterwegs nach Estland, um die russischen Verbände zurückzuschlagen, die sich dort wie vor einigen Jahren auf der Krim festgesetzt haben.«

In diesen Sätzen gibt es keinen Raum für Differenzierung. ›Freund‹ und ›Feind‹, ›gut‹ und ›böse‹, sind durch die Nachrichtenmoderation klar identifiziert und festgelegt. Russland hat den Krieg angefangen. Russland ist in Estland eingefallen.

Der Psychologe und kritische politische Beobachter Mark Galliker hat sich mit der Anmoderation Klebers ebenfalls auseinandergesetzt. Auf ihn erwecke die Moderation den Eindruck, als würde hier jemand tief verwurzelte Vorstellungen seinen freien Lauf lassen und auf ein Feindbild projizieren:[126] »Bei dieser Übertragung sind es also wieder einmal die Russen, welche die Initiative ergriffen haben, intervenieren und annektieren, Völkerrechte und Menschenrechte verletzten und nicht der ›freie Westen‹. Wer das hört, gewinnt den Eindruck, alle kriegerischen Aggressionen seien bisher von Russland ausgegangen.« Galliker spricht in Bezug auf den Umgang mit Russland von einem Irrationalismus, der »inzwischen auch schon bei deutschen TV-Moderatoren zum Ausdruck gelangt – worüber ich mich als ›neutraler Schweizer‹ nur noch wundern kann.«

Der Kieler Wahrnehmungspsychologe Professor Rainer Mausfeld findet zur Moderation ebenfalls deutliche Worte: Hier mache »ein Journalist Politik.« [127] Es könne nicht ausgeschlossen werden, dass eine derartige Moderation darauf abziele »die Kriegsbereitschaft in der Bevölkerung zu erhöhen.« Nach Mausfelds Meinung zeige eine solche ›Berichterstattung‹, »wie hoch mittlerweile der Grad intellektueller Korruptheit und moralischer Verkommenheit im journalistischen Gewerbe ist.« Mausfeld spricht weiter von einem »Tabubruch« und »offener Kriegshetze«, und verweist auch darauf, dass der Vorgang im mehr oder weniger kleineren Maß »symptomatisch für weite Teile der Medien« sei. »Wir müssten«, so Mausfeld, »eigentlich Claus Kleber dankbar sein, dass er die ganze Perversion des gegenwärtigen Mediensystems in so schonungsloser Selbstdemaskierung in wenigen Sekunden offenlegt und so hoffentlich unsere Sensitivität für das weckt, was alltäglich auch im Kleinen geschieht.« Kriegshetze, erklärt Mausfeld, diene dazu, Ängste auf Seiten der Bevölkerung zu schüren. »Und die systematische Erzeugung von Angst ist das wirksamste Herrschaftsinstrument.« Aber bei »dieser offenen Kriegshetze« gehe es um mehr, meint Mausfeld: »Sie dient nicht zuletzt auch dazu, einer weiteren Repression und Kriminalisierung von Dissens den Weg zu bereiten. Denn wer sich dem Feindbildaufbau und dem NATO-Narrativ einer »russischen Aggression« widersetzt, kann ja nur ein Agent Russlands sein, so dass dringend die Entwicklung eines geeigneten Feindstrafrechts vorangetrieben werden muss.«

Auffallend an dem Vorfall ist außerdem, wie zurückhaltend die Berichterstattung ausgefallen ist. Kaum ein Medium hat sich auf die Moderation eingelassen, berichtet, kritisiert, analysiert.

Auch über die Reaktionen, die von russischer Seite kamen, wurde in der deutschen Medienlandschaft nicht berichtet. Wer wissen wollte, ob und wenn ja russische Stimmen sich zu der Moderation

Klebers äußerten, musste auf Sputnik zugreifen. Dort heißt es:

> »Der Vorsitzende des Ausschusses für Informationspolitik beim Föderationsrat (Oberhaus des russischen Parlaments), Alexej Puschkow, sagte, dass der Zweck dieser Worte es sei, mit der NATO mitzuspielen und Russland zu dämonisieren: ›Russland ist nicht in Estland einmarschiert. Und es wird nicht einmarschieren. Und da Russland keine aggressiven Pläne hat, müssen sie erfunden werden. Das ist gerade der Sinn der Informationsprovokation des ZDF‹, schrieb Puschkow auf seinem Twitter-Account. […] Die russische Botschaft in Kanada nannte Klebers Worte ›eine empörende, verhasste Propaganda‹, die die Erinnerung an Millionen von ums Leben gekommenen, getöteten und von Nazis zu Tode gefolterten Sowjetbürgern beleidige. […] Journalist Wladimir Solowjow nannte Klebers Aussage ›eine Provokation aus der Goebbels-Box‹.« [128]

Frage an die Leser: Wäre es im Sinne einer ausgewogenen Berichterstattung von unseren Medien nicht angebracht, Aussagen wie diese aufzugreifen und uns als Mediennutzer zugänglich zu machen?

Wenn vor mehreren Millionen Zuschauern in einer großen Nachrichtensendung des Öffentlich-Rechtlichen quasi der Beginn des Dritten Weltkriegs verkündet und danach behauptet wird, es handele sich bei dem erfundenen Angriff Russlands auf Estland um eine »realistische Vision«, ist es dann nicht angebracht, dass im Nachgang solch einer Moderation Medien auch russische Stimmen Raum geben, um den Zuschauern zu zeigen, was »die Gegenseite« zu sagen hat?

Ja, das ist angebracht.

Oder greifen unsere Medien diese Aussagen nicht auf, weil diese als Lügen abqualifiziert werden (weil grundsätzlich alles, was ›der Russe‹ beziehungsweise ›der Feind‹ sagt, eine Lüge ist?).

Die Moderation Klebers ist das eine. Das Verhalten nahezu einer gesamten Medienlandschaft im Nachgang der Moderation führt uns vor Augen, dass wir es tatsächlich, faktisch und nachweisbar mit einer Medienlandschaft zu tun haben, die Nachrichten und Stimmen, die nicht in ihr Weltbild und zu ihren Glaubensvorstellungen passt, ausblendet und zensiert – ganz so, als gäbe es sie nicht.

Lenken wir den Blick auf eine andere Moderation von Kleber. Kurz vor der Fußball-WM 2018 moderierte der Journalist einen entsprechenden Beitrag im heute-journal an. Er sagte: »Ende nächster Woche beginnt die Fußball-WM in Russland.«[129] Das Land sei »schon ein problematischer Gastgeber«[130], sagt Kleber weiter und merkt an: »Krim-Annexion, schlimme Zustände bei Menschenrechten und Pressefreiheit und so weiter und trotzdem gibt es in Deutschland ungebrochen ein Gefühl der Nähe, der Verbundenheit mit Russland, das Krisen übersteht und nicht restlos mit Logik zu erklären ist.«[131]

Damals habe ich für die NachDenkSeiten wie folgt kommentiert:

> »Kleber wundert sich allen Ernstes darüber, dass es trotz der Zustände in Russland in Deutschland ein starkes Gefühl der Verbundenheit mit dem Land gibt und spricht davon, dass man diese Verbindung nicht ›restlos mit Logik‹ erklären könne. Hier spricht also eine der Hauptnachrichtenfiguren des Öffentlich-Rechtlichen Millionen von Bürgern, die zu wissen scheinen, dass – um es zuzuspitzen – in Russland nicht ›der Feind‹ sitzt, sondern Menschen leben, die Rationalität ab. Hier wird die Verbundenheit der Menschen in Deutschland zu Russland zu einer Art irrationalem Akt erklärt. Ein naheliegender Erklärungsversuch, wonach viele Bürger gut erkennen, dass man mit den Menschen eines Landes, mit seiner Kultur und seinen Eigenheiten auch dann eng verbunden sein kann, wenn man die Entscheidungen seiner Politiker mit einem kritischen Auge betrachtet, scheint Kleber nicht so recht in den Sinn zu kommen.«[132]

2.5.3 Fazit: Untragbare Schieflagen in der Moderation

Die hier diskutierte Moderation Klebers weißt schwere Schieflagen auf. 1) In ihr wird eine politische Meinung mit einer politischen Nachricht vermischt. 2) Die Meinung geht weit über eine einfache Meinungsäußerung hinaus, sie wird zu einer Art Lobgesang auf die NATO (*»Einer bisher beispiellos erfolgreichen Geschichte«)*. 3) Die Moderation ist einseitig. Kleber spricht von einer »realistischen Vision«. Aus wessen Sicht »realistisch«? Hat Kleber dazu, wie es journalistisch angebracht wäre, mit Russland gesprochen, um zu hören, was Russland zu der Annahme zu sagen hat? Auch der geostrategische Konflikt zwischen Russland und der NATO (Ukraine-Krise, Krim) wird einseitig dargestellt, indem nur davon gesprochen wird, dass russische Verbände sich auf der Krim »festgesetzt« haben – differenzierte, kritische Einordnungen (siehe zum Beispiel Einlassungen von Prof. Reinhard Merkel)[133] fehlten. Wer der Schuldige sein soll, liegt klar auf der Hand: Russland. 4) Kritik an dem Bündnis, die im Sinne einer ausgewogenen Nachrichtenmoderation den Zuschauern vorzutragen wäre (Angriffskriege), bleibt unerwähnt. 5) Dadurch, dass Kleber »die Russen« angreifen lässt, wird das »Feindbild Russland« verstärkt. 6) Kleber lässt in einer nachrichtlichen Sendung in einem nachrichtlichen Beitrag – wohlgemerkt prominent, ganz vorne, an erster Stelle in der Sendung – für kurze Zeit eine Scheinrealität entstehen, die er gegenüber den Zuschauern so darstellt, als sei sie real. 7) Gerade beim Ausbruch eines Krieges, in den ersten Stunden und Tagen, ist von Journalisten zu erwarten, dass sie ganz besonders kritisch und distanziert berichten, das heißt, Nachrichten und Informationen in aller Deutlichkeit hinterfragen. Von dieser kritischen Distanz war in der Moderation Klebers nichts zu sehen (stattdessen klare Sachlage: Die einen greifen an, die anderen schlagen zurück, einfaches Freund-Feind-Schema).

Da in diesem Buch von einzelnen Beispielen überwiegend auf ein größeres Gesamtproblem abstrahiert wird, wollen wir die Frage aufwerfen: Wenn einer der führenden Journalisten des Landes so unkritisch über einen Kriegsausbruch mit Russland berichten würde, wie er es hier bei seiner ›Trockenübung‹ vor einem Millionenpublikum getan hat, würden sich andere Spitzenjournalisten ähnlich verhalten? Gewiss, wir kommen nun in den Bereich des Spekulativen, wenn wir aber unsere These weiter verfolgen, wonach viele Journalisten aufgrund ihrer Sozialisation einen Hang zur vorherrschenden ›Wahrheit‹ haben, drängt sich förmlich folgende Annahme auf: Bei einer Kriegssituation wird vermutlich ein großer Teil der Alphajournalisten und Mainstreammedien die Reihen schließen. Zweifel daran, dass Desinformation, Manipulation und Propaganda möglicherweise auch von jenen Institutionen kommen, von denen sie so sehr überzeugt sind, müssten viele Medienvertreter nicht einmal abtun – er ist nämlich nicht ansatzweise vorhanden. Untermauern lässt sich diese Annahme auch durch einen Blick auf andere Kriege, bei denen Medien die Kriegstrommeln geschlagen haben – selbstverständlich, wie immer, nur aus den bekannten ›edelsten‹ Motiven. Der Schweizer Historiker Kurt Gritsch hat in seiner Studie gezeigt, wie Medien sich im Vorfeld des völkerrechtswidrigen Krieges gegen Jugoslawien verhalten haben.[134] Jahre nach dem Jugoslawienkrieg sagte Altkanzler Gerhard Schröder im Interview mit Josef Joffe, einem führenden Journalisten der *Zeit*, dass er, Schröder, damals das Völkerrecht gebrochen habe während der Journalist verdutzt reagierte.[135] Die beschriebene Szene (man muss sie gesehen haben, um es wirklich zu verstehen) unterstreicht noch einmal, wie vorsichtig wir mit den Einordnungen und Analysen von sogenannten Alphajournalisten umgehen sollten. Oder denken wir daran, wie die *New York Times* sich bei ihren Lesern für ihre Berichterstattung zum Irakkrieg entschuldigt hat. Beispiele wie diese führen uns vor Augen: Wenn Kriege ausbrechen, wenn Kriege geführt werden, wenn wir, also ›die Guten‹, gegen einen ›Feind‹ kämpfen, dann ist davon auszugehen, dass viele Medien kriegerische Entscheidungen ihres eigenen Landes mittragen werden. Das heißt nicht, dass es gar keine kritischen Stimmen in den Medien mehr geben wird. Aber je ernster und größer der Krieg ist, umso geringer dürfte die Anzahl der Medien und Journalisten sein, die eine kriegskritische Berichterstattung abliefern werden. Wenn jetzt schon so unverhohlen die Kriegstrommeln geschlagen werden, wie es seit einigen Jahren der Fall ist, dann kann erwartet werden, dass bei einem echten Krieg gerade auch Leitmedien publizistische Schützenhilfe leisten werden, wo sie nur können. Medien und Journalisten werden dann vorgeben, genau zu wissen, wer ›»zurückdrängt«‹, ›»zurückschießt«‹ und ›»zurückschlägt«‹. Sie werden, ob das ihre Absicht ist oder nicht, eine mediale Scheinwirklichkeit entstehen lassen, die zum schweren Nachteil von uns allen sein wird.

Erinnert sei an dieser Stelle an eine Anmerkung Bourdieus zum Fernsehen: »[Das] Fernsehen, das die Wirklichkeit wiederzugeben behauptet, wurde ein Instrument zur Schaffung von Wirklichkeit; aus dem Beschreiben der sozialen Welt durch das Fernsehen wird ein Vorschreiben. Das Fernsehen entscheidet zunehmend darüber, wer und was sozial und politisch existiert.[136]

Ja, die Medien – oder hier: das Fernsehen – können auch eine Wirklichkeit erzeugen, in der ein anderes Land zum Feindbild wird.

2.6 Nachbetrachtung

Wir können den Medien nicht trauen. Die angeführten Beispiele führen uns vor Augen, dass selbst so genannte Qualitätsmedien eine Berichterstattung abliefern, in der weit über ein vertretbares Maß hinaus die Realität verzerrt wird. Nachrichten, die Redaktionen aus weltanschaulichen Gründen missfallen, werden ignoriert, wichtige Informationen, die es verdienten, einer breiten Öffentlichkeit zugänglich gemacht und diskutiert zu werden, finden sich in dürren Beiträgen umrahmt von Trivialitäten, die zu gewichtigen Nachrichten aufgeblasen werden. Sachverhalten, denen dringend von einer kritischen Presse nachgegangen werden müsste, interessieren Redaktionen kaum. In nachrichtlichen Beiträgen sind Aufnahmen zu sehen, die mit einer wirklichkeitsentstellenden Kommentierung versehen sind. Und schließlich finden selbst Märchen Eingang in die Berichterstattung und werden dem Rezipienten als Realität verkauft.

Was all das für die Qualität der journalistischen Produkte bedeutet, was all das für den Anspruch der Qualitätsmedien Realität möglichst reibungsfrei wiederzugeben heißt, ist offensichtlich. Wir als Mediennutzer können uns nicht darauf verlassen, dass Medien durchgehend ›die Wahrheit‹ sagen. Wir müssen begreifen, dass ›die Wahrheiten‹, die ›Wirklichkeitsbilder‹, die Medien uns vermitteln, viel öfter völlig verzerrt, verfälscht und gar erfunden sind, als es uns lieb sein kann. Redaktionen und Journalisten, die gewissenhaft arbeiten, sorgen zwar dafür, das viele Berichte und Nachrichten sich durchaus im Rahmen dessen bewegen, was wir als journalistisch sauber bezeichnen können, aber was bedeutet das schon, wenn Medien gerade bei gesellschaftlich und politisch weitreichenden, zentralen Themen, journalistische Ideale über Bord werfen und einer weltbildhaften Berichterstattung den Vortritt geben? Was nutzt eine Vielzahl an qualitativ hochwertigen journalistischen Beiträgen auf der einen Seite, wenn sie auf der anderen Seite Feindbilder schüren, kriegsvorbereitend und manipulativ berichten?

Manch ein Kritiker, der hier in dem Buch vertretenen Sichtweise, mag einwenden, dass es sich bei den diskutierten Fällen um Einzelbeispiele handelt, von denen man nicht abstrahieren dürfe. Das wäre eine sehr bequeme Betrachtung. Die Wirklichkeitsbrüche in den Medien sind so zahlreich, dass wir von einem grundlegenden Problem sprechen müssen. Wir hätten auch thematisieren können, wie die Tagesschau in einem Beitrag den russischen Präsidenten beim G20-Gipfel »einsam und verlassen« an einem Tisch sitzend ›zeigt‹, obwohl er dort mit der Präsidentin Brasiliens zusammen saß (ein Kellner hatte auf den Aufnahmen Dilma Rousseff verdeckt).[137] Wir hätten auch anführen können, wie in der Tagesschau Bilder von Politikern während des Charlie-Hebdo-Trauermarsches gezeigt wurden, die den Eindruck erweckten, sie würden Seite an Seite mit den Bürgern laufen, obwohl dies nicht der Fall war.[138] Wir könnten über den Fall des alternativen Nobelpreisträgers Walden Bello reden, der, wie von der dpa verbreitet, angeblich bei einer Demonstration zur Gewalt aufgerufen haben soll, obwohl er das nicht getan hat.[139] Wir könnten uns anschauen, wie Qualitätsmedien die falsche dpa-Meldung mit erfundenen Wirklichkeitspartikeln aufgepeppt haben.[140] Wir könnten darüber sprechen, wie Medien vom angeblichen Tod des russischen Journalisten Arkadi Babtschenko berichteten, obwohl dieser noch lebte.[141] Wir könnten darüber sprechen wie Medien darüber berichteten, der Iran habe Anschläge in Deutschland planen lassen, obwohl das nicht der Fall war.[142] Wir könnten über den »fehlerhaften Bericht« (so bezeichnete der ehemalige Tagesschaumoderator Thomas Roth den Beitrag anschließend entschuldigend) der Tagesschau vom 20. Mai 2014 sprechen, worin behauptet wurde, pro-russische Separatisten hätten der Stadt Krasnoarmeijsk (Ukaine) zwei Bürger erschossen – was nicht stimmte. Die Bürger wurden, wie Roth es bezeichnet, von einem ukrainischen »freiwilligen Batallion« (Beobachter sprechen von rechtsradikalen Kampftruppen) ermordet.[143] Wir könnten auf die von großen Medien massenhaft verbreitete falsche Übersetzung eines Zitats des damaligen iranischen Präsidenten verweisen.[144] Wir könnten darauf verweisen, wie im heute-journal (und auch in den Tagestehmen) ein Beitrag gezeigt wurde, in dem ukrainische Polizisten vor einem angeblichen russischen Oberstleutnant strammstehen, was als Beweis für den russischen Einfluss in der Ukraine herhalten musste. Die Szene war allerdings nichts weiter als eine Inszenierung (Claus Kleber am Tag darauf entschuldigend: »Wir aber haben uns zu korrigieren und zu entschuldigen. Es gibt inzwischen noch andere Darstellungen der Zusammenhänge dieser kleinen, lustigen Szene , aber so, wie es aussah, also ein Stück russische Machtergreifung, war es nicht.«).[145] Wir könnten genauso anführen, wie ein Spiegel-Reporter eine Reportrage bzw. ein Porträt über Horst Seehofer verfasst und der Eindruck entstanden ist, er sei im Keller des damaligen bayerischen Ministerpräsidenten gewesen, obwohl er das nicht war (und dem Spiegel-Mann daraufhin der Henri-Nannen-Preis für die Beitrag aberkannt wurde)[146]

Beispiele wie diese gibt es viele. Sehr viele.

Sie zeigen uns größtenteils nicht nur, mit welch gravierenden Wirklichkeitsbrüchen wir es in den Medien zu tun haben. Viele von ihnen verdeutlichen auch, dass die verfälschte Wirklichkeit, die Medien wiedergeben, erstaunlich oft inhaltlich nur in eine Richtung verläuft. Die ›Fehler‹ spielen nicht etwa ›dem Feind‹ in die Karten. Im Gegenteil: Immer wieder sind sie nachteilig für jene Seiten, denen ›wir‹ als die ›Guten‹ gegenüberstehen. Das sollte uns zu denken geben.

3 Herrschaftsnähe

> »Ferner gehören [...] Chefredakteure ebenfalls zur privilegierten Elite und dürften daher die Wahrnehmungen, Erwartungen und Einstellungen ihrer Partner, die auch ihre eigenen Klasseninteressen reflektierten teilen. Wer als Journalist in diesem System Karriere machen will, muß sich diesem ideologischen Druck durch Verinnerlichung des Wertekanons beugen; es ist nicht leicht, etwas anderes zu behaupten, als man wirklich glaubt, und wer sich nicht anpasst, wird durch die üblichen Mechanismen ausgegrenzt.«[1]
>
> Noam Chomsky

Manchmal sind es einfache Sachverhalte und Fakten, die für eine Analyse besonders aufschlussreich sind. Fotos, die Journalisten und Politiker auf Abendveranstaltungen gemeinsam lachend zeigen, exklusive, teure Hobbys, denen Spitzenjournalisten nachgehen, oder aber ein Jahresgehalt von mehreren Hunderttausend Euro und mehr, mit denen die großen im Journalismus ausgestattet sind. Das alles lässt erahnen, dass zumindest die sogenannten Alphajournalisten alleine schon durch ihre gesellschaftliche Stellung und ihre Kapitalstruktur (zu den Kapitalsorten nach Bourdieu siehe Kapitel 1.4) nahe bei den politischen Eliten eingeordnet werden können. Gewiss reichen derartige ›Auffälligkeiten‹ alleine nicht aus, um definitive Rückschlüsse auf mögliche ideologische Schieflagen in der Berichterstattung zu ziehen. Genauso wenig, wie politische Sympathiebekundungen auf Twitter, wie etwa die einer bekannten Journalistin der ARD, als harter Beweis für einen herrschaftsnahen Journalismus dienen können. (Tina Hassel: »Frische #grüne Doppelspitze lässt Aufbruchsstimmung nicht nur in Frankreich spüren. #Habeck und #Baerbock werden wahrgenommen werden! #Verantwortung kann auch Spaß machen u nicht nur Bürde sein Wichtiges Signal in diesen Zeiten«)[2]

Allerdings: Die Vielzahl all der kleinen, mehr oder weniger unscheinbaren Handlungen, Bekundungen und Einlassungen von Journalisten, die auf eine weltanschauliche Verbundenheit mit den Herrschenden hindeuten, können auch nicht einfach so von der Hand gewiesen werden. Wenn zum x-ten Mal Moderatoren in großen Polit-Talkshows Politiker durch ihre harmlosen Fragen in Watte packen, wenn doch ein kritisches Nachhaken angebracht wäre; wenn sich in Interviews Journalisten immer und immer wieder artig an jene unausgesprochenen und doch für jeden kritischen Beobachter klar erkennbaren ›rote Linien‹ halten, die die implizit ausgehandelten Grenzen zwischen Politikern und Journalisten im Hinblick auf das, was gefragt und gesagt werden ›darf‹ und was nicht, markieren; wenn gerade auch Alphajournalisten in ihren Leitartikeln ein ums andere Mal veranschaulichen, wie sehr sie Politik doch mittragen; wenn auch Regional- und Lokalmedien zu oft durch ihre Berichterstattung erkennen lassen, dass Herrschaftskritik für sie ein Fremdwort zu sein scheint[3], dann sollte aufgehört werden, das Offensichtliche zu leugnen, zu beschönigen oder zu verdrehen.

Unter der bezeichnenden Kapitelüberschrift »Die Medien im Dienst der konservativen Revolution«[4] heißt es in einem Buch von Pierre Bourdieu trocken, dass Medien einen »unbewussten Beitrag zur (…) Naturalisierung der herrschenden Sichtweise der sozialen Welt«[5] abliefern. Das ist sicherlich sehr intellektuell (aber auch ziemlich treffend) formuliert. Nicht wenige Bürger haben das auch, irgendwie, begriffen. Sie verstehen, dass jenes so schön gezeichnete Selbstbild der Medien, das sie als vierte Gewalt im Staat darstellt und das gerne in Sonntagsreden von hochrangigen Medienvertretern präsentiert wird, zu oft nicht mehr als eine Illusion ist. Medien transportieren immer wieder den Blick der Herrschenden auf die Wirklichkeit und tragen damit dazu bei, dass deren Sichtweise sich auch zumindest bei einem Teil der Bürger in den Köpfen verankert. Alternative Medien, das sei am Rande angemerkt, die eigene Wirklichkeiten, heterodoxe Wahrheiten präsentieren, sind ein gewaltiger Störfaktor, wenn es um die »Naturalisierung der herrschenden Sichtweise der sozialen Welt« geht.

3.1 Journalisten und Politiker: Weltanschaulich eng miteinander verbunden

Dieses Foto[6] muss man auf sich wirken lassen: Da steht der SPD-Politiker Olaf Scholz (Teilnehmer an der Bilderberg-Konferenz[7]) im edlen Zwirn auf einem roten Teppich, rechts neben ihm direkt an der Seite Caren Miosga, Journalistin und Moderatorin der Tagesthemen, und links neben ihm, Julia Jäkel, die mächtige Verlagsfrau von Gruner + Jahr (Teilnehmerin an der Bilderberg-Konferenz). Die drei präsentieren sich vor versammelten Fotografen. Es ist der 28. April 2017. Jener Tag, an dem in Hamburg der Henry-Nannen-Preis[8] an herausragende Journalisten verliehen wird. Miosga hat an diesem Abend die Moderation übernommen. Zu sehen sind Bilder von Spitzen aus Medien, Kultur, Wirtschaft und Politik. Bilder wie diese, auf denen sich Journalisten bei unterschiedlichen Anlässen ablichten lassen, ganz so, als seien sie Teil der Celebrities, als seien sie Stars, Hollywoodschauspielern gleich, finden sich viele im Netz. Da spielt die Frage, ob sich ein Journalist gemeinsam lächelnd mit einem Politiker auf einem ›Laufsteg‹ präsentieren und fotografieren lassen sollte, längst keine Rolle mehr. Die zu sehenden Journalisten haben die Frage offensichtlich für sich beantwortet. Teile der journalistischen Elite in Deutschland scheinen kein Problem damit zu haben, gemeinsam am Abend mit Politikern zu feiern – ganz so, als ob hier jene roten Warnlampen, die die Grenzen zwischen Journalisten und Politikern markieren, nicht existierten. So lässt sich auch erklären, dass der Spiegel seine »Hauptstadtparty« gemeinsam mit Politikern feierte. Unter dem Link in dieser[9] Fußnote finden sich Bilder, die der *Spiegel* selbst publiziert hat. Sie zeigen etwa, wie *Spiegel*-Redakteur Ralf Neukirch mit Bundesverkehrsminister Andreas Scheuer um die Wette strahlt, sich der Leiter des *Spiegel*-Hauptstadtbüros, Rene Pfister, unter anderem mit Bundesjustizministerin Katarina Barley oder der Bundesfamilienministerin Franziska Giffey charmant lächelnd unterhält, oder der FDP-Parteivorsitzende Christian Lindner die Hände von führenden Spiegelredakteuren schüttelt. Die Unbekümmertheit im Umgang der Medienelite mit hochrangigen Politikern lässt auch verstehen, wie etwa beim 70-jährigen Jubiläum der *Welt am Sonntag* die beiden Gruppen gemeinsam miteinander feiern konnten. Nicht nur, dass das Medienunternehmen den Teppich ausgerollt und die Fotowand zum Ablichten der Gäste aufgestellt hat, nein, die Eröffnungsrede durfte gar ein Politiker halten. Das Blatt selbst hatte auch nicht zu verschweigen, dass es gemeinsam mit Politikern feierte – im Luxushotel The Fontenay, direkt an der Alster (Zimmerpreise zwischen mehreren hundert und mehreren tausend Euro die Nacht). Im Gegenteil. Die Zeitung berichtete transparenter, wie es kaum sein konnte. Im Vorspann eines Artikels über die Feier heißt es: »Gut 200 Gäste kamen, darunter viele prominente Vertreter aus Politik, Kultur und Medien: Die Axel Springer SE ließ die vor 70 Jahren in Hamburg gegründete WELT AM SONNTAG im ›The Fontenay‹ hochleben.«[10]

Nochmal in Zeitlupe: Journalisten, Politiker und andere Eliten lassen in einem Luxushotel gemeinsam eine Zeitung »hochleben«. An dieser Stelle könnte man annehmen, dass der Grad an Absurdität nicht weiter gesteigert werden kann. Doch es ist tatsächlich noch Luft nach oben. In seiner Rede zu Ehrung des Blattes sagte der Bundesfinanzminister Olaf Scholz (SPD) unter anderem:

> »Wenn die Meinungsbildung im Netz am etablierten öffentlichen Diskurs vorbeiläuft, dann können Sie Ihrer Aufgabe als Journalistinnen und Journalisten kaum mehr nachkommen, nämlich Dinge einzuordnen, zu analysieren, Fakten zusammenzutragen, zu diskutieren, zu bewerten. Dabei scheint das gerade angesichts der nahezu unüberschaubaren Vielfalt an Informationen und Meinungen unserer heutigen Medienwelt wichtiger denn je. Wie wollen, wie können wir darauf reagieren? Journalismus und Politik tragen ohne Zweifel eine große Verantwortung dafür, dass die demokratische Meinungsbildung lebendig bleibt.«[11]

Diese Zeilen, aber auch die gesamte Rede, lassen sehr schön erkennen, wie die Verbundenheit zwischen Eliten aus Politik und Journalismus aussieht.[12] Sie gewähren einen Einblick in die Sphären der sozialen Kohäsion zwischen Journalisten und Eliten, die in der öffentlichen Diskussion in der Regel kaum Beachtung findet. Neben der oberflächlichen räumlichen Nähe zwischen Politikern und Journalisten kann auch eine ideologische Nähe zwischen den beiden

Gruppen beobachtet werden. So groß die Differenzen zwischen Journalisten und Politikern – die sich hauptsächlich im Bereich von Nebensächlichkeiten finden lassen – bisweilen auch sind: So sehr funktionieren viele Berichterstatter und Parlamentarier in nahezu identischer Taktung, wenn es um die Grundsätzlichkeit der Politikausrichtung geht. Wenn Spitzenjournalisten und Spitzenpolitiker miteinander diskutieren, dann ist man sich, beispielsweise, zu oft einig darüber, dass

- die Agenda 2010 im Prinzip richtig war;
- Hartz IV sicher nicht viel Geld bedeutet, man aber damit durchaus leben kann (Gürtel enger schnallen);
- es »uns« im Grunde genommen doch gut geht;
- Merkel gar keine so schlechte Arbeit geleistet hat;
- die Bürger nicht immer meckern sollten;
- Verschwörungstheorien etwas ganz Schlimmes sind;
- wir in einer Zeit von Filterblasen, Echokammern und Fake News leben;
- der Feind im Osten sitzt;
- ›wir‹ mehr ›Verantwortung‹ in der Welt übernehmen müssen und einiges mehr.

Anders gesagt: Die politische und weltanschauliche Verbundenheit von zumindest einem Teil der Politiker und Journalisten führt dazu, dass beide Gruppen kaum noch jene grundsätzlich gesunde kritische (mentale) Distanz haben sollten, die im Sinne der Demokratie notwendig ist. Stattdessen erblinden die Wächter der Demokratie zunehmend und werden immer unfähiger, zentrale politische Weichenstellungen mit dem notwendigen Druck und auch mit der notwendigen Schärfe zu kritisieren. Wie sollen Journalisten auch grundsätzliche politische Fehlentscheidungen kritisieren können, wenn sie diese publizistisch durch ihre Arbeit aus voller Überzeugung flankieren? Mit diesen Gedanken im Hinterkopf ist man nicht im Geringsten verwundert, wenn Scholz in seiner Rede sagt: »Dabei scheint das gerade angesichts der nahezu unüberschaubaren Vielfalt an Informationen und Meinungen unserer heutigen Medienwelt wichtiger denn je. Wie wollen, wie können *wir* darauf reagieren?«[13]

Der SPD-Politiker gebraucht in seiner rhetorischen Frage tatsächlich das Wörtchen »Wir«. Der Politiker dürfte an dieser Stelle gewusst haben, dass er nicht auf den geringsten Widerstand stoßen wird, wenn er Journalisten an dieser Stelle durch das »Wir« vereinnahmen würde. Es besteht nun einmal Einigkeit zwischen vielen führenden Politikern und Journalisten darin, dass »die Meinungsbildung im Netz«, die am »etablierten öffentlichen Diskurs vorbeiläuft«, ein Problem darstellt. Lassen Sie uns an dieser Stelle diesen Abschnitt der Rede genauer betrachten, denn hier wird sehr schön deutlich, wie die ideologische Verbundenheit zwischen Politikern und Journalisten aussieht: »Wenn die Meinungsbildung im Netz am etablierten öffentlichen Diskurs vorbeiläuft, dann können Sie Ihrer Aufgabe als Journalistinnen und Journalisten kaum mehr nachkommen, nämlich Dinge einzuordnen, zu analysieren, Fakten zusammenzutragen, zu diskutieren, zu bewerten.« Zunächst fällt auf, dass die Wenn-dann-Satzverbindung inhaltlich unpräzise ist. Frage: »Wenn die Meinungsbildung im Netz am etablierten öffentlichen Diskurs vorbeiläuft«, warum sollten dann Journalisten ihren Aufgaben, wie »Dinge einzuordnen, zu analysieren, Fakten zusammenzutragen, zu diskutieren« nicht mehr nachkommen können? Die Meinungsbildung im Netz hält sie schließlich nicht von ihrer Aufgabe ab. Was Scholz vermutlich sagen wollte: Wenn sich Bürger ihre Meinung auch mit Hilfe des Internets bilden und dabei Ansichten entwickeln, die am »etablierten öffentlichen Diskurs«, wie ihn unter anderem Politik und Mainstreammedien erzeugen, entgegenstehen, dann bildet sich ein Gegengewicht zum Diskurs der Mainstreammedien. Für Journalisten, die mit ihren Medien diesen »Mainstreamdiskurs« am Leben halten wollen, ist die Meinungsbildung im Netz insofern natürlich ein Problem, weil Teile der Bürger ihren Analysen und Ansichten nicht (mehr) akzeptieren.

Mit einer gehörigen Portion Naivität könnte man an dieser Stelle fragen, warum Scholz als Politiker sich um den »etablierten öffentlichen Diskurs« und die Arbeit der diskurserzeugenden Journalisten Sorgen macht. Offensichtlich scheint er – als Politiker – mit dem »etablierten öffentlichen Diskurs« keine sonderlich großen Probleme zu haben und eher die Meinungsbildung im Netz als Gefahr zu betrachten. Für Journalisten sollten Scholz' Aussagen Anlass geben, die eigene Arbeit radikal zu überdenken, schließlich kommt hier in aller

Deutlichkeit zum Vorschein, dass ein Politiker im Großen und Ganzen mit dem Diskurs, wie ihn die großen Medien erzeugen, einverstanden zu sein scheint – was kein Wunder ist, schließlich zeichnet sich dieser Diskurs eben nicht durch einen hohen Grad an Herrschaftskritik aus, wie es eigentlich der Fall sein sollte (seine Teilnahme an der Bilderberg-Konferenz war und ist für die großen Medien weitestgehend kein Thema). Aber das Problem geht tiefer. Worüber redet Scholz wirklich? Ist Scholz tatsächlich über die Arbeit der Journalisten besorgt, die mit den alternativen Diskursen im Internet konkurrieren müssen? Möglich ist das. Mit einer gehörigen Portion Naivität gedacht ließe sich sagen, dass Scholz als demokratischer Politiker natürlich ein großes Interesse daran hat, dass die sogenannten Qualitätsmedien, die vorgeben, mit ihrer Arbeit für einen Journalismus zu stehen, den höchsten Standards gerecht wird, nicht angezählt werden. Nur: An dieser Stelle ist Naivität fehl am Platz. Mit einem herrschaftskritischen Blick lässt sich sagen: Politiker, denen es nun mal oft um Macht geht, haben ein sehr eigenes Interesse daran, dass Bürger jene Grenzen des Diskurses nicht überschreiten, die genau festlegen, wie weit die Kritik an der Macht, die im politischen Feld verwurzelt ist, gehen darf – und im etablierten öffentlichen Diskurs werden diese Grenzen nahezu perfekt eingehalten. Für Politiker – wir haben es bereits weiter vorne angesprochen – ist es sehr wichtig, dass sie in der Lage sind, bestimmte Wahrnehmungskategorien innerhalb der Bevölkerung, durchzusetzen. Politiker müssen darauf achten, dass ihre Politikausrichtung (Agenda 2010, Umgang mit Russland und so weiter) von Medien unterstützend widergegeben wird. Würden sich Medien dauerhaft gegen bestimmte politischen Weichenstellungen erheben, hätten Politiker gewaltige Probleme damit, das Denken der Bürger in eine Richtung zu lenken, das zur Durchsetzung ihrer Politik notwendig ist. Bilder wie etwas das vom »faulen Arbeitslosen«, vom »Aggressor Russland« und so weiter können als Wahrnehmungskategorien identifiziert werden, die dazu dienen, dass die jeweilige Politikausrichtung Akzeptanz durch die Bürger erfährt. Gelingt es Politikern andererseits nicht, solche zentralen Wahrnehmungs- und Denkkategorien zu etablieren, droht nicht nur ihre jeweilige Politik zu scheitern, sondern auch ein Machtverlust, spätestens bei den nächsten Wahlen. Wer sich mit den Diskursen, wie sie in den Mainstreammedien, auf der Straße und im Internet zu finden sind, auseinandersetzt, sieht schnell, dass es gewaltige Unterschiede gibt. Der politische Diskurs im medialen Mainstream ist geprägt von einer Berichterstattung, die im Grundsatz oft zentrale politische Weichenstellungen unterstützt (Stichwort: Indexing[14]), aber vor allem auch die getarnten Mechanismen von Macht und Herrschaft (machtelitäre Strukturen, Stichwort: Elitezirkel, Thinktanks et cetera)[15] kaum beleuchtet. Im Internet hingegen finden sich Diskurse, die zentrale politische Weichenstellungen im Grundsatz massiv kritisieren und kein Problem damit haben, Macht und Herrschaft als Macht und Herrschaft zu bezeichnen. So betrachtet erscheinen die Worte von Scholz in einem ganz anderen Licht. So betrachtet liegt es sehr nah, dass Politiker, die einem »etablierten öffentlichen Diskurs« und Mainstreammedien Zuspruch leisten, eigene Interessen an der Vorherrschaft dieses Diskurses haben.

Die Worte von Scholz offenbaren den Kit, der politisches und journalistisches Feld zusammenhält. Während der (für Politiker gefällige) »etablierte öffentliche Diskurs« Politikern zum Forcieren ihrer Politik und zum Machterhalt dienlich ist, haben die diskurserzeugenden Medien sowohl ein eigenes Machtinteresse (schließlich können anziehende Außenseiterdiskurse der alternativen Medien die Deutungshoheit der Mainstreammedien untergraben – siehe etwa die Berichterstattung über Russland –, was dann zu einem Glaubwürdigkeitsverlust, damit zu einem Verlust an Lesern und schließlich zu einem ökonomischen Verlust durch geringe Einnahmen führen kann), als auch ein ideologisches Interesse an der Aufrechterhaltung des etablierten Diskurses. Das heißt: Viele Medien, das lässt sich immer wieder beobachten, ›tragen Politik mit‹ – was sie nicht tun, weil sie bestochen wurden, sondern weil sie von der Politik (mehr oder weniger) auch überzeugt sind.

Mit diesen Gedanken rücken jene Vorwürfe frei sichtbar in den Vordergrund, die Medienkritiker Journalisten immer wieder machen, nämlich: dass sie Sprachrohre der Mächtigen seien und sich Politikern mehr verpflichtet fühlten als dem durchschnittlichen Bürger und der Aufklärung von Missständen.

Die Tatsache, dass immer wieder hochrangige Journalisten in den politischen PR-Bereich bzw. das politische Feld wechseln, um für Politiker zu arbeiten (und dann auch wieder aus dem politischen Feld zurück in den Journalismus gehen), lässt auch aufhorchen.

Anbei einige Beispiele:[16]

- Stefan Seibert, Journalist und prominenter Moderator der ZDF-Nachrichtensendungen »heute« und »heute-journal«, wechselte 2010 das Seiten. Seit der Zeit ist er Regierungssprecher der Bundesregierung.
- Ulrike Demmer, Journalistin, früher bei *Focus*, dann im Hauptstadtstudio beim Redaktionsnetzwerk Deutschland (Verlagsgruppe Madsack), wechselte im Sommer 2016 ebenfalls den Arbeitgeber. Heute ist sie stellvertretende Regierungssprecherin.
- Anna Engelke, Journalistin und Leiterin des NDR-Hörfunkstudios im Hauptstadtbüro der ARD, ist seit 2017 Sprecherin des Bundespräsidenten Frank-Walter Steinmeier.
- Sabine Adler, war unter anderem Korrespondentin beim Deutschlandradio (in der Berliner Parlamentsredaktion), wurde dann Sprecherin des Deutschen Bundestages. Nach kurzer Zeit wechselte sie wieder zurück in den Journalismus.
- Annekarin Lammers, viele Jahre ARD-Korrespondentin, wechselte als Leiterin der Abteilung Presse und Marketing zur Bundesagentur für Arbeit.
- Martina Fietz, ehemals Chefkorrespondentin beim *Focus*, wurde stellvertretende Sprecherin der Bundesregierung.[17]

Auch an der Stelle könnte man sich dieser Realität mit Naivität nähern. Es wäre einfach zu betonen, dass es für Journalisten hilfreich sein kann, auch mal die Branche zu wechseln, genauere Einblicke ins politische Geschäft zu bekommen. Davon könnte, so weitergedacht, doch später bei einer Rückkehr ins journalistische Feld die eigene Arbeit profitieren, schließlich konnte man das eigene Verständnis über die Politik, über die man berichtet, durch die gewonnenen Einblicke schärfen. Des Weiteren ließe sich sagen, dass Journalisten schließlich freie Menschen in einem freien Land sind. Wer Journalist ist, ist schließlich nicht verpflichtet, immer in diesem Beruf zu bleiben. Warum sollte ein Journalist, der einen gut dotierten Job bei der Regierung bekommt, nicht darauf zugreifen, wenn er es möchte? Vordergründig sind diese Überlegungen sicherlich zutreffend. Aber sie führen weg vom Kern des Problems. These: Wer als Journalist ins politische Feld zu einer der großen Parteien wechselt, hat ein gesellschaftliches und politisches Wirklichkeitsverständnis internalisiert, das in einem hohen Maße im Einklang mit dem Wirklichkeitsverständnis steht, wie es im politischen Feld vorherrscht. Wer als Journalist bereit ist, als Pressesprecher für eine politische Führungsfigur zu fungieren, wird kaum eine fundamental andere politische Überzeugung haben als die, die der Politiker, für den er nun spricht, vertritt.

So betrachtet erscheint der Wechsel ins politische Feld in einem anderen Licht. Haben Journalisten, die irgendwann Pressesprecher eines Politikers oder einer politischen Institution werden, zuvor tatsächlich jenen Journalismus unter Beweis gestellt, der von echten Wächtern der Demokratie erwartet wird? Haben sie die sichtbaren und unsichtbaren Strukturen von Herrschaft und Macht ausgeleuchtet und fundamental kritisiert? Man mag einwenden, dass der Anteil der Journalisten, die in den politischen PR-Bereich wechseln relativ gering ist. Nur:

Bei einer Berichterstattung, die, sich insgesamt immer wieder durch eine hohe ideologische Komplizenschaft mit der vorherrschenden Politik auszeichnet, wäre es nicht verwunderlich, wenn, bei entsprechend vorhandenen Stellen und Gelegenheiten, ein weitaus grö ßerer Teil der politischen Journalisten, die Seiten wechseln würde. Beim Verfassen dieser Zeilen wird bekannt, dass Merkel bei der nächsten Wahl nicht mehr zur Verfügung steht. Auf Focus Online findet sich ein entsprechender Kommentar.

Die Überschrift lautet: »Kommentar zum Rückzug der Kanzlerin – Merkel gibt CDU-Vorsitz ab und zeigt Größe: Ihr Nachfolger schuldet der Kanzlerin Loyalität«[18] Ich weiß nicht, wie es Ihnen, liebe Leserin und lieber Leser geht, wenn sie diese Überschrift lesen. Sieht so ein kritischer politischer Journalismus aus? Merkel hat durch ihre Politik maßgeblich mit zu den zu schweren Verwerfungen im Land beigetragen, die wir heute erleben. Wie kann man als politischer Journalist einer Kanzlerin das Attribut »Größe« zuschreiben und dann auch noch fordern, dass ihr Nachfolger ihr »Loyalität« schuldet? Ein politischer Journalismus kommt zum Vorschein, der sich nicht einmal die

Mühe macht, die Ehrerbietung der obersten Politikerin im Staat zu verstecken. Es würde an dieser Stelle zu weit führen, den Artikel zu analysieren (die geneigten Leser mögen ihn sich bitte durchlesen), aber auf etwas sei noch verwiesen. Die Autorin, das heißt: die Chefkorrespondentin, ist die Nachfolgerin von Martina Fietz. Fietz hat, wie gerade angeführt, den Posten der stellvertretenden Regierungssprecherin übernommen.

Von dem derzeitigen Chef der *taz*, Georg Löwisch, stammen die folgenden Zeilen, die aus einem längeren Artikel von ihm entnommen sind. Darin setzt er sich mit dem »Abschied von Angela Merkel« auseinander. Löwisch schreibt: «Es geht um die Würde dieser Kanzlerin, die in 13 Jahren viel bewegt hat, die Frau mit dem wunderbaren Habitus. Wenn das Land Angela Merkel eines schuldet, dann ist es Anstand am Schluss."[19]

Und noch ein Beispiel: Jana Hensel, Bestsellerautorin, Journalistin, hat für *Die Zeit* ein Interview mit Angela Merkel geführt. In dem Interview finden sich unter anderem folgende Fragen und Einlassungen:

- »Mögen Sie es, aus ostdeutscher Perspektive betrachtet zu werden?«
- »Ist Ihnen klar, dass viele Frauen in unserem Land eine besonders emotionale Beziehung zu Ihnen aufgebaut haben?«
- »Aber für viele Frauen sind Sie ein Vorbild. Nur ist es eine eher schweigsame Schwesternschaft: Sie selbst wenden sich eher selten an die Frauen.«
- »Sie glauben, Sie kommunizieren mit Frauen unterbewusst oder indirekt?«
- »Auch das: Ihr Stil ist zu Beginn Ihrer Amtszeit eine ganz komplizierte Frage gewesen. Ich weiß, das hören Sie nicht gern, aber ich würde sagen, Sie sind in der Klärung all dieser mitunter kleinen, mitunter großen Fragen zum wichtigsten weiblichen Role-Model der Gegenwart geworden.«[20]

Hensel hatte einige Monate zuvor in einem Artikel über Merkel folgende Zeilen geschrieben: »Ich mag ihre Augenringe, die manchmal größer, manchmal kleiner sind, für mich sind es Augenringe des Vertrauens. Ich mag, wenn sie ihre Hände zu einer Raute faltet, wenn sie sie im Reden in der immer gleichen Bewegung öffnet und wieder schließt. Ich mochte es, wenn sie auf Obama, Putin, Macron oder wen auch immer traf.«[21]

Ist noch eine Steigerung möglich? Ja. Juli 2014, Brüssel, EU-Gipfel. Pressekonferenz mit Angela Merkel.

Udo van Kampen, langjähriger Leiter des ZDF Studios in Brüssel, weiß, dass die oberste Frau im Staat Geburtstag hat. Anstatt kritische Fragen zu stellen (siehe Kapitel 3.4), singt er der Bundeskanzlerin ein Geburtstagsständchen. »Happy Birthday to you …«[22], trällert der Spitzenjournalist, während die meisten seiner Kollegen und Merkel sichtlich irritiert sind. Gut: Zahlreiche Medien haben den ZDF-Mann im Nachgang für die Aktion kritisiert.

Allerdings: Auch wenn die Reaktionen deutlich machten, dass viele Medien und Journalisten die Grenzüberschreitung erkannt und nicht mit ihr einverstanden waren, sollten wir den Fall nicht zu schnell abhaken. Van Kampen war nicht irgendwer. Er war einer *der* Journalisten in den Nachrichtensendungen des ZDF. Gerade beim Thema Europa war seine Berichterstattung von ziemlichem Gewicht. Zu fragen ist: Wie kann die Arbeit eines Journalisten eingeordnet werden, der offensichtlich kein Problem darin sieht, auf einer Pressekonferenz der Bundeskanzlerin ein Ständchen zu halten? Nun, wie es aussieht, als sehr hochwertig. Van Kampen wurde 2017 das Bundesverdienstkreuz 1. Klasse verliehen, EU-Kommissar Guenter Oettinger hielt die Laudatio. Der Spitzenjournalist erhielt die Auszeichnung für sein berufliches und gesellschaftliches Engagement in Sachen europäischer Einigung.

»In seiner Rede hob der deutsche EU-Botschafter hervor, dass Udo van Kampen über zwei Jahrzehnte hinweg das Europabild Millionen deutscher Fernsehzuschauer entscheidend mitgeprägt habe. In seiner Laudatio stellte EU-Kommissar Günther Oettinger heraus, van Kampen habe nicht nur die Glaubwürdigkeit, sondern auch das tief gehende Vertrauen seines Publikums erworben. Darin lägen das große Verdienst und der Erfolg des Journalisten Udo van Kampen. Man nenne ihn zurecht ›Mister Europa‹.«[23]

Der Ort der Auszeichnung war übrigens die Residenz des deutschen EU-Botschafters in Brüssel. Der Botschafter hatte an dem Abend »100 Gäste aus Politik, Wirtschaft und Medien in seine Residenz geladen.«[24]

Laut einer epd-Meldung widmete sich van Kampen nach seiner Zeit beim ZDF einer anderen Aufgabe:

> »Der langjährige Brüsseler ZDF-Korrespondent Udo Van Kampen wechselt zur Bertelsmann Stiftung. Er werde von Berlin aus Bertelsmann-Chefin Liz Mohn sowie den Vorstand zu europäischen Themen beraten, sagte er der »Stuttgarter Zeitung«. Van Kampen werde am Dienstag offiziell in Brüssel verabschiedet.«[25]

Van Kampen, so heißt es weiter in Medienberichten, ist auch für die Werbeagentur Kekst CNC tätig. Diese habe für Bayer »rund um die Übernahme von Monsanto gearbeitet«[26]. Van Kampen übernahm zunächst im Frühjahr 2019 die Rolle des Ersatzmoderators für den Podcast des ehemaligen *Handelsblatt* Chefredakteurs Gabor Steingart. Auf Nachfrage des »PR-Report«, »wie die journalistische Tätigkeit van Kampens für den ›Morning Briefing Podcast‹ mit dessen PR-Jobs zusammenpassen«[27] hieß es vonseiten des Mediums, um auch nur »jeden Anschein eines Interessenkonflikts zu vermeiden«,[28] werde van Kampen nicht mehr die Rolle des Ersatzmoderators übernehmen. Auf der Internetseite von Kekst CNC stellt sich van Kampen vor. Dort ist zu lesen: »Udo van Kampen verfügt über ein breites Netzwerk unter Meinungsführern und Entscheidern in allen nationalen und europäischen Institutionen.«[29]

Noch eine Anmerkung: Am 15. Mai 2019 war van Kampen bei »Maischberger« eingeladen. Auf der Internetseite der Sendung wird van Kampen als »langjähriger EU-Korrespondent«[30] angeführt. Die Moderatorin stellt ihn als »Mr. Europa« in der Sendung vor. Kein Wort zu seinen anderen beruflichen Hintergründen (man vergleiche, wie eine andere ARD-Moderatorin, Anne Will, im Offensivmodus beim Nahost-Experten Michael Lüders aufgrund dessen Vortragstätigkeit nachhakte. Siehe Kapitel 3.2).

Wenn es heißt, dass van Kampen über ein »breites Netzwerk unter Meinungsführern und Entscheidern in allen nationalen und europäischen Institutionen« verfügt, dann ist die Frage zu stellen, wie es überhaupt sein kann, dass ein kritischer Journalist dermaßen herausragenden Netzwerke vorweisen kann (mal abgesehen, was davon zu halten ist, wenn diese Netzwerke auch noch angepriesen werden)

Zurück zum Umgang von Journalisten mit Merkel.

Merkels Position als Bundeskanzlerin bedeutet Macht. Ihre Entscheidungen und Nichtentscheidungen tragen maßgeblich zu den politischen Weichenstellungen des Landes bei. Journalisten kommt hier ein besonders hohes Maß an Verantwortung zu. Sie sind es, die – wir haben es an anderer Stelle im Buch schon angesprochen – einen absolut privilegierten Zugang zu Politikern haben. Dieses Privileg darf jedoch nicht einfach nur dazu benutzt werden, das eigene Erkenntnisinteresse im Hinblick auf den zu interviewenden Politiker zu befriedigenden, sondern Journalisten haben hier als Vertreter der Öffentlichkeit zuerst jene Fragen zu stellen, die für Bürger und das Land von zentraler Bedeutung sind. Journalisten müssen zwingend die Rolle ausfüllen, die ihnen das demokratische System zuschreibt, nämlich als vierte Macht im Staate die Herrschenden mit ihren Verfehlungen (und ja, die gibt es reichlich) zu konfrontieren. Wer als Journalist die Möglichkeit hat, 45 Minuten (das ist eine sehr lange Zeit) mit der Bundeskanzlerin ein Interview zu führen, und sich dabei vor allem, so darf man es sehen, an ›Trivialitäten‹ abarbeitet, sollte seine Berufsauffassung einer grundlegenden kritischen Betrachtung unterziehen. Natürlich kann man auch mal als Journalist in einem Interview ein ›weicheres‹ Thema anschneiden und dem Leser eine ›persönliche Seite‹ des Politikers, den man interviewt, zugänglich machen. Aber die Bundeskanzlerin über ihre Kleidung sprechen zu lassen (»Für einen Mann ist es überhaupt kein Problem, hundert Tage hintereinander einen dunkelblauen Anzug zu tragen, aber trage ich innerhalb von zwei Wochen viermal den gleichen Blazer, dann erzeugt das Bürgerpost«[31]), während Kinderarmut im Land ein reales Problem ist und sich eine kriegerische Konfrontation zwischen der Nato und Russland abzeichnet, lässt tief blicken.

Politiker haben eigene Interesse, wenn sie ein Interview geben. Ihr Interesse besteht darin, gut dazustehen. Sie möchten eine gute Außendarstellung abliefern. Wie geht das? Ohne in die Tiefen der politischen Public Relations einsteigen zu müssen, lässt sich sagen: indem

Politiker über Themen reden können, die kein vermintes Terrain bedeuten; indem sie nicht von Journalisten hart angegangen werden und sie in Erklärungsnot geraten; indem sie augenscheinlich mit Leichtigkeit alle an sie gestellten Fragen beantworten und dadurch natürlich auch eine gewisse Sympathie beim Leser erzeugen. Anders gesagt: Politiker sind darauf bedacht, denjenigen Interviews zu geben, von denen sie im Vorfeld wissen oder erahnen können, dass bestimmte Grenzen nicht überschritten werden. In einem ohnehin bereits pervertierten Spiel, auf das sich Journalisten und Politiker einlassen, ist es so, dass laut den unausgesprochenen, aber eben doch für beide Seiten völlig bewussten Regeln Journalisten wenigstens in Ansätzen kritisch nachhaken können (dürfen). Da gerät der Politiker allenfalls minimal aus der Bahn und am Ende sind beide Seiten zufrieden. Der Journalist hat ein, zwei kritische Fragen gestellt. Der Politiker wurde, allenfalls, minimal herausgefordert, hat im Großen und Ganzen aber gut pariert. Das ›passt‹. Aber in dem hier diskutierten Interview mit Merkel ist nicht einmal das der Fall. In dem hier diskutierten Interview werden letztlich diese Interessen perfekt bedient. Die Konfliktlinien sind aufgehoben.[32] Während das Interview auf Zeit Online hinter einer Bezahlschranke ist, findet man das Interview frei zur Verfügung in voller Länge auf einer anderen Internetseite: derjenigen der Bundeskanzlerin.[33] Offensichtlich war man bei ihr im Haus mit dem Interview zufrieden.

Das Schlimme an dem Interview ist nicht einmal, dass eine einzelne Journalistin, die aus ihrer Verherrlichung Merkels keinen Hehl macht, bereit ist, ein solches Gespräch zu führen. Das würde ein sauber funktionierendes journalistisches Feld leicht verkraften können. Das wirklich Schlimme ist, dass ein so angesehenes Haus wie *Die Zeit* solch ein Interview veröffentlicht. Bedenken, die bei dieser Art ›journalistischer‹ Arbeit (»Journalismus bedeutet, etwas zu bringen, von dem andere wollen, daß es nicht veröffentlicht wird. Alles andere ist PR.«[34]) notwendig wären, gab es offensichtlich keine oder konnten zumindest nicht eine Veröffentlichung des Interviews verhindern. Frage: Worin liegt eigentlich der Unterschied zwischen den gefälschten Beiträgen eines *Spiegel*-Reporters und der Veröffentlichung eines groß präsentierten Interviews mit einer Spitzenfigur aus der Politik, das bei Lichte betrachtet als ein Stück politische PR wahrgenommen werden kann? Während bei den gefälschten Beiträgen die gesamte Branche in den Empörungsmodus geht, nimmt man solch ein Interview mit der Kanzlerin hin oder beklatscht es auch noch. Immerhin: Es gibt auch eine kritische Anmerkung zu dem Artikel von Hensel. Im Interview mit Albrecht Müller, dem Herausgeber der NachDenkSeiten, sagte Stephan Hebel: »Ich habe vorne in meinem Buch ein Zitat von Jana Hensel, die ein Loblied auf Angela Merkel gesungen hat, das geht so weit – wie ich finde fast trivialliterarisch –, nach dem Motto: Ich mag ihre Augenringe des Vertrauens (…) Da entstehen pathetische Beziehungen zu dieser Politikerin, hinter denen der Inhalt, der keineswegs sozialdemokratisch ist, zu verschwinden droht.«[35]

An den hier diskutierten Beiträgen und Äußerungen von Journalisten lässt sich ein bestimmter Grundton ablesen, der oft im journalistischen Feld zu hören ist. Gerade, wenn es um führende Politiker geht, können wir bei hochrangigen Medienvertretern einen bisweilen extrem verklärenden Blick erkennen, der mehr von den Antrieben des eigenen Habitus als von den Anforderungen und Erwartungen, die ein herrschaftskritischer Journalismus verlangt, gelenkt ist. Dass der Habitus Sichtweisen bedingt, die sich auch im journalistischen Feld niederschlagen, ist offensichtlich. Werfen wir beispielhaft einen Blick in das Elternhaus des *taz*-Chefs. Im Netz finden sich folgende Angaben: »Er ist der Sohn der ehemaligen CDU-Bundestagsabgeordneten Sigrun Löwisch und des Rechtswissenschaftlers Manfred Löwisch, ehemaliger Rektor der Freiburger Albert-Ludwigs-Universität.«[36]

Die Stuttgarter Zeitung schreibt Folgendes zu Manfred Löwisch: »Löwisch ist Mitglied in der CDU und im Deutschen Hochschulverband. 2011 hat er erfolglos gegen eine Volksabstimmung zu Stuttgart 21 geklagt.«[37] Insbesondere die Begründung für seine Klage lässt aufhorchen: »Hier will sich eine Landesregierung vom Volk anweisen lassen, was sie tun soll, weil sie entweder zu feige oder zu zerstritten ist, es selbst zu entscheiden. Das halte ich für unzulässig.«[38]

Auch wenn es vielleicht etwas nervt: In diesem Buch gehen wir immer wieder Umwege, um auf den Punkt zu kommen. Doch, ich meine, die Umwege lohnen. Dieser kurze Exkurs zum familiären Hintergrund des *taz*-Chefs zeigt den Blick auf ein politisch konservatives Elternhaus. Beide Elternteile sind mit der CDU verbunden. Der Vater vertrat nicht etwa die Gegner des umstrittenen Projektes, sondern hat gegen die Volksabstimmung geklagt. Es braucht nicht viel Fantasie, um sich auszumalen, welche Wahrnehmungs- und Denkschemata, ja,: welche politische Wirklichkeitsvorstellungen in einem derartigen familiären Umfeld prägend auf die Sozialisation einwirken dürften. Dass der *taz*-Chef also ein Lobeslied auf die Kanzlerin anstimmt und von ihrem »wunderbaren Habitus« schwärmt, ist nach Bourdieus Habitustheorie geradezu logisch. Um der Sympathie des *taz*-Mannes für Merkel noch ein Stück weiter auf den Grund zu gehen, können wir noch einen Blick in Merkels Elternhauswerfen: »Angela Merkel wurde im Elim-Krankenhaus im Hamburger Stadtteil Eimsbüttel als erstes Kind des evangelischen Theologen Horst Kasner (…) und seiner Frau Herlind Kasner (…) geboren. Horst Kasner hatte ab 1948 an den Universitäten Heidelberg und Hamburg sowie an der Kirchlichen Hochschule Bethel in Bielefeld Theologie studiert. Seine Frau war Lehrerin für Latein und Englisch.«[39] Die Kanzlerin ist, wie vielen bekannt, die Tochter eines Theologen und einer Lehrerin. Anders gesagt: Dieser familiäre Hintergrund korrespondiert auffällig mit dem familiären Hintergrund des obersten *taz*-Mannes. Hätte Löwisch auch den Habitus der Kanzlerin so sympathisch gefunden, wenn diese aus der Arbeiterklasse stammen und vielleicht immer noch entsprechende Verhaltensweisen zeigen würde? Wie mag Löwisch den Habitus von Trump finden? Gibt es einen Artikel, in dem er über den »wunderbaren« Habitus von Trump schreibt? Oder ist diese Frage absurd, weil man doch den Habitus von Trump nicht wunderbar finden kann? Nun ja, der ein oder andere Trump-Wähler oder Trump-Sympathisant wird den Habitus des US-Präsidenten vielleicht auch ›wunderbar‹ finden.

Der grundsätzliche Punkt also ist: Man kann die immer wieder zum Vorschein kommende (ideologische) Verbundenheit zwischen (hochrangigen) Journalisten und Politikern – auch wenn Medienvertreter diese noch so sehr leugnen – soziologisch erfassen, nachweisen und begründen. Sie ist real.

Einen guten Einblick, wie es aussieht, wenn Journalisten verdächtig nahe mit den Mächtigen in Berührung kommen, bietet der Leipziger Kommunikationswissenschaftler Uwe Krüger in seiner 2013 publizierten Doktorarbeit. Unter dem Titel »Meinungsmacht«[40] hat

Krüger eine Studie publiziert, die sich mit den Netzwerken leitender Redakteure großer deutscher Medien auseinandersetzt. Auf die sehr lesenswerte Studie, die gerade mit aktualisiertem Vorwort in zweiter Auflage erschienen ist, kann an dieser Stelle leider nur holzschnittartig eingegangen werden. Nur so viel: Krüger wollte wissen, wie eng Spitzenjournalisten in Deutschland mit anderen Eliten verbunden sind. Und: Zeigt sich diese Verbundenheit auch in der Berichterstattung? Durch eine komplexe Netzwerkanalyse fand Krüger unter anderem raus, dass »sich Journalisten vielerorts in vertraulichen Runden mit den Mächtigen treffen. Und das steht in einem klaren Gegensatz zu der demokratietheoretisch begründeten Erwartung, Journalisten sollten Distanz zu den Mächtigen halten, um sie kritisieren und kontrollieren zu können.«[41] Anhand der Berichterstattung zur Münchner Sicherheitskonferenz hat Krüger nachgewiesen, dass vier Außenpolitik-Journalisten,[42] die bei der *Frankfurter Allgemeinen Zeitung*, *Süddeutschen Zeitung*, *Die Welt* und *Die Zeit* arbeiten, in ihren Medien »den auf der Sicherheitskonferenz laufenden Elitendiskurs ausführlich abbilden, dabei aber die Proteste und die Gegenveranstaltung Münchner Friedenskonferenz marginalisieren und delegitimieren.«[43] In einem Telepolis-Interview sagt Krüger:

> »Ich habe eine Art Landkarte von Organisationen und Veranstaltungen erstellt, in denen sowohl Eliten aus Politik und Wirtschaft als auch führende deutsche Journalisten involviert sind: darunter etwa das Weltwirtschaftsforum in Davos, die Münchner Sicherheitskonferenz, die Trilaterale Kommission und die Bilderberg-Meetings (…) . Insgesamt habe ich 82 solche Eliten-haltigen Organisationen erfasst, und es waren 64 Journalisten dort unterwegs – außerhalb ihrer direkten beruflichen Pflichten wie Recherchen oder Interviews.«[44]

In seiner Studie stellte Krüger die These auf, dass Eliten Journalisten »kognitiv vereinnahmen«.[45] Die Arbeit von vier Journalisten, deren Berichterstattung Krüger besonders ins Auge stach, analysierte er genauer und stellte fest, dass diese »ganz auf Linie mit den Eliten«[46] waren und sogar »klassische Propagandatechniken«[47] benutzt haben (Gegner der Münchner Sicherheitskonferenz wurden marginalisiert und delegitimiert, angebliche Bedrohungen Deutschlands wurden hervorgehoben,

Bundesregierung wurde zum militärischen Engagement aufgefordert, unkritischer Gebrauch des Sicherheitsbegriff und so weiter.[48]).

Gefragt, ob solche Artikel auf den direkten Einfluss sicherheitspolitischer Eliten zurückzuführen sind, sagt Krüger:

> »Da bin ich mir nicht mehr so sicher. Ich will den Journalisten nicht unterstellen, sie würden solche Sachen schreiben, weil sie in diesen Netzwerken sind und fremde Hände ihre Feder geführt hätten. Denkbar ist auch der umgekehrte Weg: Weil die Journalisten schon vorher eine ähnliche Meinung wie die Eliten hatten, sind sie in dieses Milieu überhaupt erst aufgenommen worden. Krüger vermutet vielmehr das Folgende: Journalisten mit Eliten-kompatiblen Werten und Meinungen haben höhere Chancen, Zugang zu den höchsten Kreisen zu bekommen, und die Einbindung in das Elitenmilieu verstärkt dann über die Zeit hinweg die Konformität..«[49]

Zur Frage nach einem nötigen Sicherheitsabstand zwischen Journalisten und Eliten antwortet Uwe Krüger schließlich wie folgt:

> »Es gab in meiner Untersuchung einen Außenpolitik-Ressortleiter, der im Präsidium der Deutschen Atlantischen Gesellschaft saß, einem Lobbyverein für die Nato. Und es gab Außenpolitik-Ressortleiter und einen ZDF-Hauptstadtstudioleiter, die im Beirat der Bundesakademie für Sicherheitspolitik saßen und dort die Bundesregierung in Sicherheitsfragen berieten. Wenn das nicht mehr ginge, wenn solche Ehrenämter für Journalisten zum Tabu erklärt würden, dann wäre schon viel gewonnen.«[50]

Nur um klarzustellen: Es geht an dieser Stelle nicht darum, jede Nähe von Journalisten und Politikern zu unterbinden. Dass Journalisten mitunter auch den Kontakt zu Politikern benötigen, liegt auf der Hand. Man darf Journalisten auch zugestehen, dass sie manchmal zu ›Grenzgängern‹ werden müssen, um an wichtige Informationen zu kommen. Selbst wenn bisweilen Grenzen überschritten werden, um an Informationen zu kommen, von der die Öffentlichkeit dringend erfahren muss, lässt sich das im Einzelfall rechtfertigen. Doch darum geht es hier nicht. Allgemein gesprochen: Journalisten dürfen, sollen und können zu den Personen (auch Politikern) Kontakt haben, von denen sie wichtige Informationen benötigen – im Sinne der Öffentlichkeit. Nicht aber im Sinne ihres ›Habitusantriebes‹, um ihrem Ego zu schmeicheln, nicht um einen herrschaftsfreundlichen Journalismus Vorschub zu leisten, und auch nicht, um ihre eigenen politischen Überzeugungen zu bedienen.

Aber lassen wir einen führenden Journalisten zu Wort kommen, der vor einiger Zeit in einem Interview gegenüber dem Medienmagazin Message sich zu exklusiven Gesprächskreisen mit der Bundeskanzlerin geäußert hat. Ulrich Deppendorf, damals Leiter des ARD-Hauptstadtstudios, sagte:

> »Wir haben ja häufiger vertrauliche Gespräche in Berlin, mit der Kanzlerin gibt es zweimal oder dreimal im Jahr einen Hintergrundgesprächskreis, da sind alle Büroleiter drin. Uns gibt das eine Vorstellung, wie tickt sie, wo will sie hin – und manchmal kann man das dann andeuten in bestimmten Artikeln und Stellungnahmen. Davon lebt der Journalismus. Ich finde das weniger dramatisch, man muss nur immer klar sagen: Die Kanzlerin vertritt die eine Seite und wir stehen auf der anderen.«[51]

Die Aussagen korrespondieren auf harmonische Weise mit der Berichterstattung der ARD-Nachrichtenformate, die viel zu oft durch Kritiklosigkeit auffallen.[52] Das klingt alles so schön, was Deppendorf sagt. Der gesamte Komplex aus soziologischen und psychologischen Faktoren, die bei Interaktionen von Journalisten und Politikern bei so genannten ›vertraulichen‹ Gesprächen eine Rolle spielen, haben in der Sinnwelt von Deppendorfs Aussagen kein Gewicht. Tenor: Wir sind journalistische Vollprofis. Wir stehen auf der einen Seite, Politiker auf der anderen. Punkt.[53]

Uwe Krüger traf mit seiner Doktorarbeit über Elite-Netzwerke deutscher Alpha-Journalisten jedenfalls ins Schwarze. Er veröffentlichte seine Studie zu einer Zeit, als viele Bürger Medien bereits kritisch betrachteten. Eine der bekanntesten Satiresendungen des Landes, *Die Anstalt*, nahmen sich Krügers Arbeit an und erklärten anhand eines Schaubildes einem großen Publikum, mit welchen elitären Organisationen deutsche Alpha-Journalisten verbunden sind.[54] Die Ignoranz großer Medien gegenüber den verborgenen Interaktionsmustern von Journalisten und Machteliten ist ein Armutszeugnis für einen Berufsstand, der eigentlich »aufklären« soll.

Aber, da es in diesem Kapitel um die weltanschauliche Verbundenheit zwischen journalistischer und politischer Elite geht, kommen wir nun zum Kern dieser Ausführungen. Hochrangige Journalisten sind, wie Krüger es herausgearbeitet hat, selbst Teil dieser Gruppen, Zirkel und Thinktanks, in denen die Vordenker der Weltpolitik agieren. Was ist von folgendem Beispiel zu halten: Im Jahr 2014 haben politische Eliten, von Frank-Walter Steinmeier (SPD) über Ursula von der Leyen (CDU) bis zu Joachim Gauck[55], sich dafür eingesetzt, dass Deutschland eine stärkere ›Verantwortung‹ in der Welt übernehmen solle. Ein Strategiepapier[56] zweier Thinktanks, mit dem Titel *Neue Macht, neue Verantwortung*, zeigt detailliert, in welche Richtung zu denken ist. Der Studiengruppe, die an dem programmatischen Papier arbeitete, gehörte auch ein Journalist der Wochenzeitung *Die Zeit* an.[57] Schließlich verfasste er zusammen mit einem weiteren *Zeit*-Autor einen Artikel mit der Überschrift »Kurs auf die Welt«.[58] Darin ging es – wer hätte es gedacht – um den geforderten politischen Kurswechsel beziehungsweise einer »entschlosseneren Außenpolitik«. Der Artikel war, um es vorsichtig zu formulieren, dieser Neuausrichtung der Außenpolitik sehr wohlwollend gestimmt. Anders gesagt:

> »Ein Autor der Zeit hat an der Erstellung eines zentralen Papiers zweier Denkfabriken mitgearbeitet, schreibt für die Printausgabe der Zeit einen Artikel über genau dieses Thema, ohne dass seine eigene Beteiligung an der Arbeit der Lobbygruppen Erwähnung findet. Im Text wird lediglich die Verbindung zum Initiator des gesamten Projektes eingeräumt, Thomas Kleine-Brockhoff, damaliger Direktor des ›German Marshall Fund of the United States‹, früherer Zeit-Redakteur und jetziger Chef des Planungsstabes von Bundespräsident Gauck.«[59]

In der gedruckten Zeitung (nicht Zeit Online) entschloss sich das Medium dann, unmittelbar im Nachgang eine »Klarstellung« zu veröffentlichen. So informierte die Zeit ihre Leser nun mit folgenden Worten:

> »In dem Artikel Kurs auf die Welt (ZEIT Nr. 7/14) über die außenpolitische Neuorientierung Deutschlands erwähnten unsere Autoren unter anderem ein Studienprojekt der Stiftung Wissenschaft und Politik

> und des German Marshall Fund über die Bausteine einer deutschen Sicherheitsstrategie. Einer der Autoren des Artikels, Jochen Bittner, war Teilnehmer dieses Projekts. Die Gruppe setzte sich aus gut fünfzig Teilnehmern zusammen und erarbeitete im Laufe des vergangenen Jahres das Papier ›Neue Macht, neue Verantwortung‹.«[60]

Uwe Krüger geht mit dieser »Klarstellung« scharf ins Gericht: »Schon der Titel ›Klarstellung‹ und auch der Text sind verräterisch. Es ist keine Rede von einer Entschuldigung, dass man die Verflechtung des Redakteurs mit dem von ihm beschriebenen Geschehen verschwiegen hatte.«[61]

Ein anderes Beispiel: Nehmen wir die Bilderberg-Konferenzen, also jene transatlantische ausgerichtete Gruppe von Machteliten, die sich einmal im Jahr zu einer diskreten Konferenz für drei bis vier Tage an wechselnden Orten treffen, ein komplettes Hotel mieten, mit staatlichem und privatem Sicherheitspersonal aufwarten und abgeschottet von der Außenwelt – völlig intransparent – über die großen Weltthemen konferieren.[62]

Jahrelang haben führende Redakteure der *Zeit* an dieser verschwiegenen Konferenz teilgenommen – ohne ihre Leserschaft über die jeweiligen Konferenzen zu berichten, beziehungsweise ihre Leser über die Verbindungen des Hauses zu den Treffen der Bilderberger zu informieren. Doch nicht nur das: Sie waren sogar in leitender Funktion in dieser Gruppe tätig. In einem Interview zu seiner Teilnahme an der Konferenz, antwortete der Grünen-Politiker Jürgen Trittin auf die Frage, wer ihn eingeladen habe: »Eingeladen wurde ich durch den Internationalen Korrespondenten der Wochenzeitung ›Die Zeit‹, Matthias Nass.«[63]

Hier wird deutlich, worauf Medienkritiker schon lange verweisen: Journalisten verlassen ihre Beobachterrolle und werden selbst zu Akteuren. Manche von ihnen befinden sich gar in einer Position, in der sie Politiker zu einer der exklusivsten Konferenzen dieses Planeten einladen. Uwe Krüger hat vor einigen Jahren ein sehr erhellendes Interview mit Theo Sommer, langjähriger *Zeit*-Chef und Herausgeber des Blattes geführt, indem es um Sommers Rolle als »Bilderberger« geht. Sommer hat jahrelang an den Konferenzen teilgenommen und war selbst Mitglied des Lenkungsausschusses. Hier ein sehr erhellender Ausschnitt:

»Theo Sommer: Ich habe nie empfunden, dass ich da Verrat an meiner Profession übe. Ich darf zwar nicht berichten über die Tagung, habe aber als Journalist durchaus meinen Nutzen davon. […] Man kann auch vieles besser einschätzen: Wenn zum Beispiel einer eine Rede hält, kann man sie damit vergleichen, was er vor drei Monaten bei Bilderberg gesagt hat, und man sieht vielleicht, was dahinter steht. Und ein weiterer Vorteil: Man lernt Leute kennen, mit denen man dann abends an der Bar sitzt oder nachmittags in der Sauna. Später kann man dann halt anrufen.«[64]

Daraufhin merkt Krüger in einer Frage an, dass Sommer selbst im Lenkungsausschuss war, »über Themen und Teilnehmer mit entschieden«[65] *habe. Krüger fragt,* »ob man da nicht doch eine Grenze – in dem Sinne, dass man selbst Politik macht« *überschreite.*

Theo Sommer antwortet: »Ich sage allenfalls meine Meinung und organisiere eine Veranstaltung mit, in der andere ihre Meinung sagen können. Wenn Sie so wollen, erschließe ich mir dadurch auch Bekanntschaften. Das ist das alte Problem: Ohne Nähe zu den Politikern können Sie gar nicht urteilen. Und das allgemeine Vorurteil, dass man durch diese Nähe die Objektivität verliert, ist einfach falsch. Im Gegenteil: Ich habe manchmal das Gefühl, unsere Freunde behandeln wir viel kritischer. […] Und warum sollten wir Journalisten uns ausschließen? Wir gehören nun einmal mit auf diese Bühne, in dieses Spiel hinein.«[66]

Auf die Frage von Krüger, wie Sommer zu Bilderberg gekommen sei, sagt der Zeit-Journalist: »Ich glaube, es war der Unternehmer Otto Wolff von Amerongen, der mich hineinholte. Er gehörte auch zu den Gründern, neben Prinz Bernhard, David Rockefeller und Giovanni Agnelli. Für Deutschland saßen im Lenkungsausschuss immer zwei Leute: Einer, der den intellektuellen Input brachte, der sagte: Das wäre ein Thema, das wäre ein Redner. Und einer, der die Finanzen besorgte, der Fundraising betrieb bei Banken und großen Unternehmen. Lange Zeit war ich dann der ideelle Part und der finanzielle war Alfred Herrhausen. Nach mir hat sich dieser Sitz innerhalb der Zeit vererbt: Erst kam Christoph Bertram, und jetzt ist Matthias Nass im steering committee.«[67]

Die Aussagen erinnern an die vorne angeführten Einlassungen von Deppendorf. Auch hier ist der Tenor: Egal wie nahe ich Politikern komme, ich bin ein vollprofessioneller Journalist. Negative Auswirkungen auf meine Arbeit sind nicht zu erwarten. Nicht ein Hauch an

Selbstkritik ist in den angeführten Passagen zu erkennen. Kritische Gedanken und Fragen im Hinblick auf die Bedeutung solcher Machtelitenzirkel für die Demokratie kommen nicht vor. Die Bilderberg-Konferenzen, die (demokratische) Politiker schon mal als »vordemokratische Veranstaltung«[68] bezeichnen, werden nicht ansatzweise kritisch hinterfragt. Was bedeutet es für eine Demokratie, wenn sich Eliten und Machteliten in Schattenstrukturen organisieren? Was bedeutet es für ein demokratisch organisiertes Gemeinwesen, wenn die Mächtigen dieser Welt Konsensschmieden unterhalten? Wer sich die Teilnehmerlisten von Bilderberg anschaut, sieht schnell: Jeder einzelne der angeführten Akteure verfügt über Reichweitenmacht. Wenn hier nur Teile der versammelten Eliten diese Macht bündeln und im Sinne der erzielten Konsense später in ihrer jeweilige Position und mit den ihnen zur Verfügung stehenden Mitteln handeln, ist die Gefahr groß, dass demokratische Prozesse aufgrund einer machtelitären Beeinflussung untergraben werden.

Liebe Leserin und lieber Leser: Machen Sie bitte selbst einmal die Probe. Wann haben Sie zum letzten Mal in einem großen Medium etwas über den Bohemian Grove[69], den Council on Foreign Relations, die Trilaterale Kommission oder die Mont Pèlerin Society und viele weitere mehr oder weniger wichtige und einflussreiche Zirkel der Eliten gehört? Sie werden feststellen: Nahezu alle große Medien tun sich schwer damit, über die Existenz dieser Netzwerke zu berichten Eine Berichterstattung kommt zum Vorschein, die sich oftmals an einem naiven demokratietheoretischen Wirklichkeitsbild orientiert, das allenfalls für eine einfache Erklärung in einer Kindernachrichtensendung taugen dürfte, aber nicht zur dominierenden Erklärung im politischen Journalismus werden darf. Viele Akteure in den Medien, das ist immer wieder zu beobachten, wollen an die große »Illusion des pluralistischen Liberalismus«[70] glauben (siehe C. Wright Mills: *The Power Elite/Die Machtelite*) und können und wollen folglich nichts mit irgendwelchen ›dunklen Netzwerken‹ und Seilschaften, die die Demokratie beeinflussen, anfangen. Das ist, aus ihrer Sicht, ein Thema, das irgendwie ›verschwörungstheoretisch‹ angehaucht ist, womit ein Habitus, der auf Anpassung und Orthodoxie ausgerichtet ist, grundsätzlich ein Problem hat. Werfen wir einen kurzen Blick in die Vergangenheit: Damals (1975 und 1982) war es offensichtlich noch möglich, dass ein *Spiegel*-Redakteur über den Council on Foreign Relations[71] und über die Zusammenkunft am Bohemian Grove[72] schreiben wollte und konnte – sachlich und klug. Heute würde bei diesen Themen schnell der Ruf »Verschwörungstheorie!« laut.

Die angeführten Gedanken scheinen Journalisten, die sich in diesen Netzwerken bewegen, vermutlich ziemlich fremd. Wer auf diese Weise als Journalist in machtelitären Netzwerken agiert, hat, so darf man es sehen, eine Sicht auf die Welt und die Politik, die der Sicht von denjenigen, die in diesen Zirkeln agieren, kaum diametral gegenüberstehen wird. Im Gegenteil: Man versteht eben, wie die Welt ›funktioniert‹, dass also die Mächtigen dieser Welt überlegen müssen, welche politische Weichen zu stellen sind (für eine ›bessere‹ Welt, versteht sich). Kurzum: An einem Zirkel wie Bilderberg findet man nichts anstößig. Als Journalist lässt es sich dann auch leicht damit abfinden, dass man »nicht berichten darf«, schließlich »profitiere« die eigene Arbeit doch dann im Nachgang von solch einem Treffen, weil man exklusive Informationen in seiner Berichterstattung unterbringen kann. Was Sommer nicht erwähnt: Der Prozess der Informationsgewinnung bleibt für den Leser intransparent. Er erfährt etwas, weiß aber durch den fehlenden Bezug zur Bilderberg-Konferenz nicht, wie die an ihn herangetragene Information einzuordnen ist. Sind die Informationen, beispielsweise, ›machtelitär kontaminiert‹? Wird ein Journalist vielleicht sogar als Sprachrohr der Mächtigen benutzt, ohne dass er sich dessen bewusst ist?

Auch wenn Sommer sicherlich Recht damit hat, dass politische Journalisten nahe an Politikern dran sein müssen: Muss man als Journalist gleich im Lenkungsausschuss einer Gruppe wie Bilderberg tätig sein und dann auch noch Politiker einladen? Natürlich nicht. Muss man als Journalist, wenn man die Möglichkeit bekommt, an solch einer Machteliten-Konferenz teilzunehmen, akzeptieren, dass man nicht »berichten darf«? Nein, natürlich nicht. Der ehemalige Spiegeljournalist Hans Peter Martin zeigt, wie es gemacht wird. Im Jahr 1995 fand in San Francisco ein Treffen des »Global Brain Trust« statt. 500 Weltenlenker kamen zusammen, um eine neue Gesellschaftsordnung zu skizzieren. Martin war einer von drei Journalisten, die an der Konferenz teilnehmen durften. Martin hat akzeptiert, dass er später in seiner Berichterstattung keine Namen der Redner anführen würde. Aber er hat berichtet. So informierte er die Leser unter anderem wie folgt:

> »Niemand ist zum Schwadronieren angereist. Keiner soll die freie Rede stören, die aufdringliche Journalistenschar wird aufwendig abgeschirmt (…) Im Fairmont wird eine Gesellschaftsordnung skizziert: reiche Länder, keinen nennenswerten Mittelstand – und niemand widerspricht. (…) Nüchtern diskutieren die Manager die möglichen Dosierungen, überlegen, wie denn das wohlhabende Fünftel den überflüssigen Rest beschäftigen könnte. Soziales Engagement der Unternehmen sei beim globalen Wettbewerbsdruck unzumutbar, um die Arbeitslosen müssten sich andere kümmern.«[73]

Man kann darüber diskutieren, ob ein Journalist, der im Rahmen solch einer Konferenz akzeptiert, dass er nur anonym zitieren darf, sich auf einen guten oder schlechten Kompromiss eingelassen hat. Ich finde, er ist vertretbar. Martin hat trotz der Beschränkungen getan, was die Aufgabe von Journalisten ist: Er hat berichtet. Dass bei den Bilderberg-Konferenzen ähnliche Aussagen zu hören sein dürften wie bei dem Treffen, das Martin besucht hat, liegt nahe. Ein Blick auf die Themenliste der vergangenen Jahre zeigt Folgendes: »Die Zukunft der Demokratie« (2012), »Können die USA und Europa schneller [wirtschaftlich] wachsen und neue Arbeitsplätze schaffen?«, »Die Politik der Europäischen Union« (2013), »Die Zukunft der Demokratie und die Falle der Mittelklasse«, »Die neue Architektur des Mittleren Ostens«, »Was kommt als Nächstes, Europa?« (2014), »europäische Strategie«, »Globalisierung«, oder die »NATO« (2015)[74], »Was kommt als nächstes für Europa?« (2019).[75]

Wenn die Eliten und Machteliten über derart zentrale Themen diskutieren, wäre es dann nicht angebracht, dass Journalisten, die über das Privileg verfügen, diesen Akteuren genau zuhören zu können, die Öffentlichkeit über das Gesagte informieren? Viele der Themen, die bei Bilderberg behandelt werden, sind als Fragen formuliert. Auf die gestellten Fragen, das ist anzunehmen, gibt es dann auch entsprechende Antworten. Die Öffentlichkeit dürfte an diesen Antworten der Machteliten interessiert sein.

Was bedeuten diese Ausführungen zu Bilderberg nun in unserem Kontext? Wir sehen: Wenn es darum geht, den In- und Output von

Eliten und Machteliten in informellen Zirkeln zu erfassen, zeigen sich Medien als blind. Wie weitreichende politische Ideen und Pläne sich bilden, wie diese zustande kommen, welche Akteure mit welchen Hintergründen und Interessen diese Ideen wann, wie, wo aussprechen, die Hintergründe, die überhaupt zu den Ideen führen, entziehen sich vollständig der Öffentlichkeit. Die Medienberichterstattung setzt dann ein und macht Transparent, wenn zumindest bei Teilen der Eliten die Ideen zu einem Konsens geworden sind und es nun darum geht, diese Ideen als nicht mehr zu verhandelbaren Tatsachen in der Öffentlichkeit fest zu verankern. Die auf diese Weise geschaffenen Realitäten wirken dann auf den Einzelnen so, als seien sie vom Himmel gefallen, als seien sie von Gott gegeben. Mit diesen Gedanken wird deutlich: Ein Journalismus, der das Agieren der Mächtigen auf den Hinterbühnen und in den Schattenstrukturen der Politik einer demokratischen Öffentlichkeit nicht zugänglich macht, trägt mit dazu bei, dass eine Ordnung entsteht, über deren Realisation weite Teile der Bevölkerung nie auch nur den Hauch einer Möglichkeit hatten abzustimmen.

Auch wenn sich sicherlich nur eine verhältnismäßig kleine Zahl an Journalisten innerhalb dieser elitären Netzwerke bewegt und gewiss nur relativ wenige auch so weit in die Netzwerke vordringen, dass sie gar Schlüsselpositionen innerhalb dieser Zirkel einnehmen: Diejenigen, die sich in diesen Netzwerken bewegen, haben Reichweite. Nicht unbedingt immer, aber oft, geben ihre Leitartikel und Beiträge Richtungen vor und können Diskussionen prägen. Weiter zum Interview. Achten wir auf folgende Aussage von Sommer: »Und ein weiterer Vorteil: Man lernt Leute kennen, mit denen man dann abends an der Bar sitzt oder nachmittags in der Sauna. Später kann man dann halt anrufen.«[76]

Dieses »man«, die Verwendung des Indefinitpronomens an dieser Stelle, ist interessant. »Man«, lernt also Leute kennen. »Man« sitzt mit diesen an der Bar oder in der Sauna. »Man« kann die dann anrufen.

Frage: Wer ist mit »man« gemeint? Wer verbirgt sich hinter diesem unbestimmten Fürwort? Noch eine Frage: Nehmen wir mal an, ein Journalist, der Zugang zu Bilderberg bekommt, findet, dass er nicht allein über dieses Privileg verfügen sollte. Er findet weiter, dass er deshalb seinen Zugang an einen anderen Kollegen weitergibt. Sagen wir: An einen Reporter der *jungen Welt*. Dieser, so schlägt er vor, können dann ja auch im Lenkungsausschuss sitzen und auf eine kluge Weise deutsche Politiker auswählen, die bei der nächsten Bilderberg-Konferenz etwas zu sagen haben. Und natürlich würde dieser Kollege dann, sagen wir: Oskar Lafontaine als Teilnehmer einladen. Und dieser würde die Einladung dankend annehmen, aber einen Live-Stream von der Konferenz senden wollen, weil er findet, dass Offenheit und Transparenz in einer Demokratie wichtig sind. Kürzen wir ab: Würde dieser Reporter der *jungen Welt* tatsächlich dann bei der Bilderberg-Konferenz »Leute kennenlernen«, mit denen er »abends an der Bar sitzt oder nachmittags in der Sauna«? Würde dieser Reporter dann das Wörtchen »man« ausfüllen dürfen? Wäre er »man«? Natürlich würde er nie »man« sein. Bilderberg würde aller Vorrausicht nach nie auf solch einen Vorschlag eingehen. Der Reporter der linken Tageszeitung würde mit ziemlicher Sicherheit nicht ansatzweise ernsthaft als Mitglied des Lenkungsausschusses in Betracht gezogen. Beantworten wir nun die Frage: Wer ist »man«? »Man«, so kann man es interpretieren, sind diejenigen Journalisten, die aufgrund der gewünschten (richtigen) Gesinnung Zugang zu den Konferenzen erhalten. »Man« sind vermutlich diejenigen Journalisten, die aufgrund ihrer Stellung innerhalb des journalistischen Feldes selbst gut vernetzt sind und über Reichweite verfügen (und damit auch für die Machteliten von Interesse sind). Der kluge politische Journalist, der bei der *jungen Welt* arbeitet, gehört da nicht dazu. Und der ›einfache‹ Wald- und Wiesenreporter, der vielleicht auch eine recht fundierte politische Meinung hat, genau so wenig.

In diesem Kapitel haben wir uns vorgetastet von den scheinbar harmlosen Begegnungen zwischen Journalisten und Politikern auf abendlichen Veranstaltungen, über den Wechsel von Journalisten in den politischen PR-Bereich, über die persönliche Wahrnehmung eines Chefredakteurs einer gewichtigen Tageszeitung bis hin zu weitreichenden Auswirkungen eines politischen Journalismus, dessen ideologische Verbundenheit mit den (sicherheitspolitischen) Eliten sich kaum leugnen lässt. Um den Bogen zurück zum Beginn dieses Kapitels zu schlagen: Über *ein* gemeinsames Foto am Rande einer Veranstaltung, das einen Politiker und einen Journalisten beim gemeinsamen Plausch zeigt, kann man hinwegsehen. *Eine* Abendveranstaltung, auf der Politiker und Journalisten zusammen feiern, kann man auch noch abtun. Der Wechsel *eines* Journalisten in den politischen PR-Bereich reicht nicht aus, um das journalistische Feld zu erschüttern. Wenn allerdings Begebenheiten wie diese mehr oder weniger zur Normalität werden, wenn führende, meinungsprägende Journalisten in vertraulichen Runden mit Politikern sitzen, sie in machtelitäre Organisationen eingebunden sind und sogar selbst zum Player werden, dann sollten nicht nur bei wachsamen Medienkritikern der Verdacht aufkommen, dass in diesem journalistischen Feld etwas Grundlegendes nicht stimmt.

3.2 Wir sagen, wer reden darf: Journalisten und die Macht über das Rederecht

> »Die gelungenste Form der Zensur besteht darin, überall wo gesprochen wird, Leute zu platzieren, die genau das sagen, was man von ihnen erwartet, oder noch besser, die gar nichts zu sagen haben. Die Titel, mit denen sie angeredet werden, tragen dazu bei, ihrer Rede Autorität zu verleihen.«[77]
>
> Pierre Bourdieu

Haben Sie sich schon einmal Gedanken darüber gemacht, wer in unserer Gesellschaft über Rederecht verfügt? Anders gefragt: Wer hat in unserer Gesellschaft Zugang zu den großen Medien und darf dort sagen, was er denkt? Wen kontaktieren Medien, wenn sie zu einem bestimmten Thema eine Expertenansicht hören möchten? Wer ist in der Lage, Medien selbst zu kontaktieren, um im Rahmen einer Berichterstattung seine Sicht zu äußern? Der Mechaniker, der in der Werkstatt an der Ecke arbeitet? Die alleinerziehende Nachbarin mit den drei Kindern? Der Deutschlehrer auf dem Gymnasium Ihrer Kinder? Der Professor für Politikwissenschaften an einer großen Uni? Der Bürgermeister Ihrer Stadt? Der Ministerpräsident? Prinzipiell können alle hier angeführten Personen Zugang zu den Medien erhalten. Prinzipiell ist denkbar, dass jeder Bürger in einem Medium zu Wort kommen darf. Der Mechaniker wird sich vielleicht in einem Medium wiederfinden, wenn er bei der Straßenumfrage der lokalen Zeitung eine Antwort auf die Frage gibt, was der neugewählte Bürgermeister dringend an Projekten, die für seine Stadt wichtig sind, umsetzen sollte. Der Gymnasiallehrer mag sich in einem bundesweit erscheinenden Magazin wiederfinden, dass sich gerade mit der Reformierung des Schulsystems auseinandersetzt, um zu schildern, was die Reform für seine Arbeit bedeutet. Der Professor für Politikwissenschaft, der sich unter anderem auf Rechtsextremismus spezialisiert hat, mag von einer großen Zeitung interviewt werden und Auskunft darüber geben, warum gerade wieder rechtes Gedankengut populärer wird. Um es abzukürzen: Auch wenn es denkbar ist, dass prinzipiell jeder Bürger in einem Medium zu Wort kommen darf, zeigt die Realität: Wenn es um den Zugang zu Medien geht, sind nicht alle Bürger gleich. Der Zugang zu Medien hängt sehr stark vom Status und der Reputation einer Person ab. Die Faustformel lautet: Je höher der Status, je größer die Reputation, umso breiter ist der Zugang dieser Person zu den Medien. Das klingt sicherlich einleuchtend, allerdings gibt es bereits an dieser Stelle ein Problem. Status und Reputation sind Größen, die stark an Anerkennung gekoppelt sind. Das ›verkannte Genie‹ oder der geniale, aber unbekannte Künstler führen uns plastisch vor Augen, dass Status und Reputation sich vor allem auch dadurch ergeben, wenn den entsprechenden Akteuren Status und Reputation zuerkannt wird. Aber wer erkennt eigentlich in unserer Gesellschaft Status und Reputation zu? Was bringt es dem unbekannten Künstler, wenn die Büchereiangestellte oder sein Friseur seine Arbeit großartig finden? Sie ahnen es: In unserer Gesellschaft verfügen die Medien über Benennungsmacht. Sie können den Status und die Reputation einer Person anerkennen oder nicht. Ja, sie können sogar den Status einer Person und die Reputation größer oder kleiner erscheinen lassen, als es eigentlich der Fall ist. Die Benennungsmacht der Medien geht Hand in Hand mit ihrer Fähigkeit, Menschen Rederecht zuzugestehen oder es abzulehnen. Und diese Fähigkeit der Medien erfüllt – zunächst einmal oberflächlich betrachtet – einen wichtigen Zweck. Was wäre von Medien zu halten, die jeden Mann, jede Frau, unabhängig davon, wie groß sein beziehungsweise ihr Wissen, wie hoch sein beziehungsweise ihre Reputation ist, wie sinnig oder unsinnig, dass was er oder sie vorzutragen hat, ist, erlauben würden, zu Wort zu kommen? Natürlich ist es sinnvoll, dass Journalisten mit einem wachen Auge echte von vermeintlichen Experten unterscheiden, dass sie sorgfältig darauf achten, wer in einer großen Polit-Talkshow mit großer Reichweite oder in einer bundesweit erscheinenden Zeitung an prominenter Stelle seine Sicht der Dinge darlegen darf. Aber: Wenn Journalisten Personen Rederecht zuerkennen, wenn Journalisten die Reputation und den Status einer Person anerkennen, dann verhält es sich so, wie wir es schon bei der Auseinandersetzung mit einer der Kernaufgaben von Journalisten, also der Auswahl und Gewichtung von Nachrichten, festgestellt haben. Die Alltagsbeobachtung der Medien zeigt, dass die Erteilung des Rederechts nicht nur nach den Maßstäben abläuft, die Journalisten bei dieser Aufgabe anzuwenden haben. Vielmehr können politisch, ideologisch motivierte Antriebe ausfindig gemacht werden, die dazu führen, dass weitestgehend nur jenen Akteuren in der Gesellschaft Rederecht in den Medien eingeräumt wird, die sich in dem engen Gesinnungskorridor bewegen, den das journalistische Feld durch seine soziale Zusammensetzung zulässt.

Über die Erteilung oder die Aberkennung des Rederechts können Journalisten den öffentlichen Diskurs regelrecht sabotieren. Diese Sabotage betreiben Journalisten immer wieder. Wenn wir beobachten, wie rigoros, ja, geradezu brutal Journalisten heute Rederecht erteilen und aberkennen, dann muss über einen schweren Missbrauch ihrer publizistischen Macht gesprochen werden. Ihre Aufgabe, als Gatekeeper im positiven Sinn die Bürger vor Pseudo-Experten, Scharlatanen und Meinungsunsinn zu bewahren, missbrauchen sie, um all jene Akteure aus dem Mediendiskurs auszuschließen, die Ansichten vertreten, die den politischen Überzeugungen der Diskursbestimmenden Journalisten entgegenstehen. Wenn Journalisten über den ›Hebel‹ Rederecht den öffentlichen Meinungskorridor verengen, dann geht es wenig zimperlich zu. Eine der ›sanfteren‹ Formen (die allerdings bereits eine eigene Gewalt in sich trägt), einer Person Rederecht nicht anzuerkennen, besteht darin, dass man sie ignoriert. Man gewährt Person XY einfach keinen Zutritt zur Medienöffentlichkeit. Diese Option hat heute in einer Zeit, in der durch das Internet auch Medienöffentlichkeit außerhalb der großen Medien hergestellt wird, viel an Kraft verloren. Wenn Journalisten bestimmte Personen ignorieren, ist die Wahrscheinlichkeit groß, dass das, was sie sagen möchten, in einem ›alternativen‹ Format im Internet auftaucht oder aber, dass diese Personen sich gleich einen eigenen Kanal im Internet aufbauen und selbst zum Medium werden. Spätestens dann, wenn es diesen Akteuren gelingt, durch ihre Meinungen, Ansichten, Analysen und so weiter einen großen Bekanntheitsgrad außerhalb der Medien zu erreichen, wird es für die großen Medien mit dem Ignorieren zunehmend schwieriger. Unter Umständen müssen sie sich gegenüber ihren Lesern, Hörern und Zuschauern rechtfertigen, warum sie den entsprechenden Akteuren kein Rederecht einräumen.

Viel steht auf dem Spiel: Vertreter großer Medien wissen, dass Akteure, die einen beachtlichen Bekanntheitsgrad außerhalb der Mainstreammedien haben, zu einer Bedrohung für das Wirklichkeitsbild ihrer eigenen Berichterstattung werden können. Sie sehen, dass diejenigen, die sie nicht in ihren Medien zu Wort kommen lassen möchten, die politische und gesellschaftliche Wirklichkeit oft anders einordnen als sie selbst. Sie erkennen, dass bei einem zunehmenden Bekanntheitsgrad und Popularität der ›Alternativen‹ die Gefahr einer ›Wirklichkeitskollision‹ entsteht. Die Wirklichkeitsvorstellungen, die Wahrheiten der Mainstreammedien kollidieren mit den Wirklichkeitsvorstellungen und Wahrheiten ›der anderen‹ – und umgekehrt. Deutlich wird: Hier ist ein Kampf um die Bestimmung der Wirklichkeit und der Wahrheit zu beobachten. Und so lässt sich auch erklären, warum Medien alternativen Experten nicht einfach ignorieren können. Sie befinden sich in einer Auseinandersetzung um konkurrierende Wirklichkeitsvorstellungen. Deshalb geht es auch selten zimperlich zu, wenn Journalisten in ihrer Berichterstattung auf die ›alternativen‹ Experten eingehen. Wenn die Methode die Ansichten der ›anderen Seite‹ zu ignorieren, nicht erfolgreich war, erfolgt der Griff zu den ganz harten Bandagen. Die nun veranschlagte Strategie setzt auf Delegitimierung. Medien gestehen den ›Alternativen‹ das Rederecht nicht nur nicht zu, sie entziehen es ihnen gezielt.[78] Das heißt: Anstatt die alternativen Experten zu ignorieren, attackieren Journalisten den Glaubwürdigkeitsstatus dieser Akteure. Genauer:

Wenn Medien gegen ›alternative Experten‹ vorgehen, dann ist selten eine Berichterstattung zu beobachten, die nüchtern und sachlich auf vielleicht tatsächlich vorhandene Defizite und Mängel in der Argumentation der Experten der ›anderen Seite‹ eingeht. Berichte, die sachlich Schwachstellen aufseiten der Alternativen hervorheben, mit gut durchdachten Argumenten arbeiten und vor allem Mediennutzer selbst die Wahl lassen, zu entscheiden, welchen Experten sie glauben und welchen nicht, haben Seltenheitswert. Stattdessen ist regelmäßig eine Berichterstattung zu beobachten, die von einem Ziel angetrieben wird: Den oder die ungeliebten Experten als das abzuqualifizieren, was sie aus Sicht der Kritisierenden sind, nämlich illegitime Sprecher. Dieses Ziel dient einem übergeordneten Zweck: Immer geht es darum, diejenigen, die den alternativen Experten zuhören, dazu zu bringen sich von ihnen abzuwenden. Eine Berichterstattung, die oft durch eine bemerkenswerte Aufgeregtheit in Ton und Wortwahl gekennzeichnet ist, bahnt sich so ihren Weg und lässt dabei kaum eine sprachliche Möglichkeit aus, um die ›Illegitimen‹ bis zum Nullpunkt abzuwerten.

Aus Platzgründen beschränken wir uns in diesem Kapitel auf ein Beispiel und zeigen, wie Medien mit einem »abtrünnigen« Experten umgehen, dessen Legitimität sie eigentlich anerkennen. Es geht um den Publizisten Michael Lüders der lange Jahre als Redakteur für *Die Zeit* gearbeitet hat und als Beststellerautor einem großen Publikum bekannt ist. Lüders sticht aus der Menge jener Experten, die sich in den großen Medien zum Nahen Osten äußern, auch dadurch hervor, dass er die Rolle des Westens beziehungsweise der USA kritisch hinterfragt. Für einige Medien hat sich Lüders offensichtlich zu kritisch geäußert, denn plötzlich attackierten sie den Experten. Er musste erfahren, wie es aussieht, wenn Medien den Versuch unternehmen, einer Person den Status des legitimen Sprechers abzuerkennen.

9. April 2017. Michael Lüders ist zu Gast bei Anne Will. Unter dem Titel *Trump bekämpft Assad – Droht jetzt ein globaler Konflikt?* diskutieren mit Lüders unter anderem der Linken-Politiker Jan van Aken und Bundesverteidigungsministerin Ursula von der Leyen. Will stellt dem Nahost-Experten gleich zu Beginn ihrer Sendung eine Frage, die es in sich hat:

> »Wir haben Sie heute bewusst nicht als einen neutralen Nahost-Experten vorgestellt, sondern als Autor und als Politik- und Wirtschaftsberater. Sie sind, muss man sagen (…) ein Geschäftsmann, der sein Wissen an Firmen verkauft, die im Nahen und Mittleren Osten ihre Geschäfte machen wollen. Spielen Ihre wirtschaftlichen Interessen da eine Rolle, wenn Sie sagen oder behaupten, dass es der Westen sei, der Syrien ins Chaos gestürzt hat?«[79]

Lassen Sie, liebe Leserinnen und liebe Leser, diese Frage bitte auf sich wirken. Denken wir daran, dass diese Frage eine der prominentesten Journalistinnen Deutschlands in einer der größten politischen Talkshows vor einem Millionenpublikum stellt. Hier wird ziemlich offen der Verdacht in den Raum gestellt, dass die Analysen des Nahost-Experten korrumpiert sind. Lüders, so die Implikation, könnte einer sein, der bewusst falsche Einschätzungen zum Syrien-Konflikt in die Welt setzt, weil er damit Geld verdient. Was ist von dieser Frage zu halten?

Wenn wir sie oberflächlich betrachten, ließe sich leicht sagen: bravo! Will handelt als kritische politische Journalistin und hinterfragt das Interesse ihres Gastes. Schließlich ist genau das die Aufgabe eines kritischen politischen Journalismus. Er hat die inhaltlichen Positionierungen und Aussagen derjenigen, die er zu Wort kommen lässt, zu durchleuchten und sollte mögliche im Hintergrund mitlaufende Interessen, die die Aussagen der eingeladenen Experten anleiten, freilegen. Darf Anne Will also als Vorbild für eine kritischen Journalistin gelten? Verzeihen Sie mir bitte, wenn wir jetzt einen Sprung zu einer anderen Will-Sendung machen. Aber das ist notwendig. Werfen wir zur Einordnung einen kurzen Blick auf das Verhalten der Moderatorin in der Sendung vom 17. Februar 2019: *Die neue Welt-Unordnung – muss Deutschland mehr Verantwortung übernehmen?* lautet das Thema. Zu Gast ist unter anderem Constanze Stelzenmüller. Während im Hintergrund die Musik zur Sendung läuft, stellt Will zu Beginn des Polit-Talks ihre Gäste vor. Will führt Stelzenmüller mit folgenden Worten an: Zu Gast ist auch »Constanze Stelzenmüller, die in Washington bei der angesehenen Brookings Institution arbeitet«.[80]

Nach einigen Minuten richtet Will zum ersten Mal in der Sendung das Wort an Stelzenmüller:

»Frau Stelzenmüller, Sie waren auch in München [bei der Sicherheitskonferenz] dabei. Sie leben und arbeiten aber ansonsten in Washington – das will ich nochmal sagen – und arbeiten da tatsächlich für die sehr angesehene Brookings Institution, das ist einer der wichtigsten amerikanischen sogenannten Thinktanks, also der Denkfabriken, was immer komisch klingt, aber, glaube ich, eine Menge Spaß und Arbeit macht.«[81]

Fällt Ihnen etwas auf? Kurz: Wenn sich irgendwo an Orten auf diesem Planeten Interessen konzentrieren, dann sicherlich auch innerhalb von Denkfabriken. Denkfabriken wachsen nicht einfach so, vom lieben Gott oder der Evolution gewollt, aus dem Boden. Akteure, die Thinktanks gründen (gerne als Philanthropen bezeichnet), haben von Anfang an handfeste Interessen und nutzen ihren Einfluss, eine bestimmte Sicht auf die Welt zu verbreiten, eine bestimmte Wirklichkeit zu vermitteln (oder besser: Wirklichkeit zu schaffen). Die Personen, die für eine Denkfabrik arbeiten und von ihr auch bezahlt werden, bedienen in aller Regel die Interessen der Denkfabriken.[82] Anders gesagt: Stelzenmüller, die für eine Denkfabrik arbeitet, die auch transatlantisch ausgerichtet ist,[83] agiert nicht in einem interessenfreien Raum. Ein Blick auf ihre Biografie zeigt: Sie war »ein Senior Transatlantic Fellow beim German Marshall Fund of the United States (GMF), wo sie das einflussreiche Trend Survey Program leitete«,[84] und ist derzeit (März 2019) auch Mitglied weiterer Denkfabriken, unter anderem des Council on Foreign Relations (CFR)[85]. Auf Wikipedia findet sich zur Brooking Institution unter anderem folgende Angabe: »Im September 2014 berichtete die New York Times über die Einflussnahme der Regierung von Katar auf die Brookings Institution. Laut New York Times sagte Katar der Brookings Institution 2013 eine Spende von 14,8 Millionen Dollar zu. Als Folge hätten Forschungsgruppen von Brookings auf Kritik an der Regierung Katars verzichtet, berichteten Wissenschaftler des Instituts.«[86] Der entsprechende *New York Times* Artikel trägt die Überschrift: »Fremde Mächte kaufen sich Einfluss in Denkfabriken.«[87]

Zurück zu Anne Will. Die Moderatorin stellt die Brookings Institution einmal als »angesehen« und dann als »sehr angesehen« vor. Im Grunde genommen ist diese ›Information‹, die Will ihren Zuschauern offensichtlich vermitteln will, vollkommen unnötig. Dass die Öffentlich-Rechtlichen allgemein, aber gerade auch die Macher einer großen Polit-Talkshow in der ARD, einen Experten von einem »angesehenen« oder gar »sehr angesehenen« Thinktank einladen, ist eine Selbstverständlichkeit. Oder haben Sie schon mal einen Experten eines »nichtangesehenen« Thinktanks bei Anne Will gesehen (wobei auch die Frage zu stellen wäre, *wer* diesen Thinktank überhaupt für angesehen hält)? Warum betont Will also, dass es sich hier um einen »angesehenen« Thinktank handelt? Anzunehmen ist: Will dürfte sehr wohl wissen, dass das Publikum zunehmend sensibilisiert wird gegenüber ›Experten‹, die aus Denkfabriken kommen und in den Medien ihre Sicht auf die Dinge zum Besten geben dürfen. Und sie dürfte auch wissen, dass spätestens seit Uwe Krügers Studie das Publikum zunehmend gereizt gegenüber ›Transatlantikern‹ und eine zu einseitige, interessengeleitete ›neutralen Analysen‹ reagiert. Hier geht es, so darf man es sehen, nicht einfach nur um reine Information. Will rechtfertigt implizit ihre Entscheidung, eine Vertreterin der Brooking Institution (wieder einmal!) eingeladen zu haben. Sie wertet die Denkfabrik sprachlich auf, um zumindest einem Teil der Zuschauer zu besänftigen. Aber es geht noch weiter. Durch die Aussage: »(…) also der Denkfabriken, was immer komisch klingt, aber, glaube ich, eine Menge Spaß und Arbeit macht« verniedlicht Will die Kritik, die im Raum steht, wenn es um Thinktanks geht. Sie blendet durch diese Moderation die Erkenntnisse der Machstrukturforschung, was die weitreichende, wirklichkeitssetzende Rolle und den Einfluss von Denkfabriken angeht, vollkommen aus[88]. Und nun zum Punkt: Vergleichen wir den Umgang Wills mit Lüders und dann den Umgang der Polit-Moderatorin mit Stelzenmüller. So sieht es aus, wenn führende Journalisten anderen Legitimität zu- oder aberkennen. Lüders wurde zwar als legitimer Sprecher eingeladen, aber der knallhart geäußerte Verdacht, der Autor könnte aufgrund finanzieller Interessen die Öffentlichkeit falsch informieren, gräbt einen Teil seiner Legitimität ab. Ein solcher Angriff reicht sicherlich nicht aus, um aus einem legitimen Sprecher einen illegitimen zu machen. Erfolgen Angriffe dieser Art jedoch immer wieder, ist die Exkommunikation aus den Diskursräumen der großen Medien schnell vollzogen. Stelzenmüller (und die Denkfabrik, mit der sie verbunden ist), wertet Will durch die gewählte Sprache enorm auf. Bevor Stelzenmüller überhaupt auch nur einen Ton sagt, darf sie sich der vollen symbolischen Unterstützung der Moderatorin gewiss sein. Stelzenmüller, das ist für jeden Zuschauer sofort ersichtlich, ist in jeglicher Hinsicht eine legitime Sprecherin. Ihr Wort wird bereits im Vorfeld ihrer folgenden Einlassungen von »höchster Stelle' (durch die Moderatorin) mit dem Siegel der Legitimität versehen. Eine angeblich so neutrale Moderatorin ergreift hier also durch mehr oder weniger unscheinbare oder offensichtliche Akte der Anerkennung oder der Abwertung ihrer Gäste Partei – und beeinflusst damit die öffentliche Wahrnehmung ihrer Gäste. Lüders sagte im Nachgang zur Sendung in einem Interview gegenüber den NachDenkSeiten:

> »Die Art der Formulierung legt den Eindruck nahe: Der Lüders ist nicht seriös, im Zweifel stellt er seine wirtschaftlichen Interessen über seine inhaltliche Arbeit. Das ist eine bösartige Unterstellung.
> NDS: Aber ist es nicht legitim, eine solche Frage zu stellen?
> Lüders: Grundsätzlich ja, aber der Ton macht die Musik. Wäre es Frau Will um die Sache gegangen, nicht lediglich um Diffamierung, so hätte sie sicher auch erwähnen können, dass der Mitdiskutant John Kornblum, vorgestellt lediglich als ehemaliger US-Botschafter in Berlin, als Deutschland-Chef der amerikanischen Investmentbank Lazard gewirkt hat. Heute sitzt er, unter anderem, im Aufsichtsrat von Thyssen Krupp, von Motorola Europa und der Bayer AG, laut Wikipedia. Mitdiskutant Michael Wolffsohn ist Mitglied im Beirat Ost der Deutschen Bank. Das aber wurde mit keinem Wort erwähnt. Gemessen an diesen Schwergewichten muten meine eigenen »wirtschaftlichen Interessen« doch eher bescheiden an: Ich halte im Jahr fünf, sechs öffentliche Vorträge vor Unternehmen oder Fachverbänden, die sich vor allem für meine politische Einordnung der Verhältnisse in der arabisch-islamischen Welt interessieren.
> NDS: Welchen Grund sollte die Moderatorin gehabt haben, Sie persönlich anzugehen?
> Lüders: Gute Frage. Hat es möglicherweise damit zu tun, dass meine Einordnung des Konfliktes in Syrien dem vorherrschenden Narrativ in Politik und Medien widerspricht? Demzufolge »wir« im Westen auf der Seite der »Guten« stehen, weil wir »dem« syrischen Volk in seinem Freiheitskampf gegen das Assad-Regime beistehen? Eine differenzie-

rende Haltung einzunehmen, gilt offenbar als nicht opportun. Das könnte erklären, warum Kornblum wiederholt das Wort »Verschwörungstheorie« in meine Richtung raunte und die ebenfalls anwesende Bundesverteidigungsministerin mir ständig ins Wort gefallen ist.[89]

Die Aussagen Lüders sind nachvollziehbar. Allein schon der Verdacht, geäußert an einem so prominenten Platz im Fernsehen, dass der Experte seine Arbeit von monetären Interessen bestimmen lässt, kann einen schweren Schaden anrichten.

Wie wollen wir nun das Verhalten von Will einordnen? Warum war sie gegenüber Lüders so ›kritisch‹? Lüders sagt: »Eine differenzierende Haltung einzunehmen, gilt offenbar als nicht opportun.« Er fragt, ob das Verhalten von Will vielleicht damit zusammenhängt, dass seine Einordnung des Syrien-Konfliktes nicht zur vorherrschenden Wirklichkeit der Medien passt. Bei all den Hinweisen, die wir in diesem Buch zusammengetragen haben, wonach wir es immer wieder mit einem Journalismus zu tun haben, der eine Medienwirklichkeit entstehen lässt, die sich gerade bei den großen Themen auf eine auffällige Weise mit den dominierenden Ansichten im politischen Feld synchronisiert, liegt diese Einschätzung sehr nahe. Will greift nicht zu den harten Mitteln des politischen Journalismus bei Stelzenmüller, sondern sie greift denjenigen an, der als Vertreter jener Wahrheit in der Sendung sitzt, die – machen wir uns nichts vor – ein ziemlicher Störfaktor aufseiten gewisser politischer und medialer Elite ist.

Ursula von der Leyen, die, wie gesagt, mit in der ›Will-Runde‹ saß, durfte gar sagen, dass ein UN-Bericht zum Giftgaseinsatz in Ghouta, im Jahr 2013 eindeutig die Schuldfrage geklärt habe. Eine Intervention vonseiten der Moderatorin fand nicht statt. Der ARD-Faktenfinder merkt in ein paar dürren Sätzen im Rahmen einer längeren Auseinandersetzung mit Lüders an:

»Doch auch Verteidigungsministerin Ursula von der Leyen konnte bei ›Anne Will‹ nicht überzeugen: Ihre Aussage, in dem UN-Bericht werde eindeutig die Schuldfrage geklärt, ist nicht zutreffend. Vielmehr erhielten die Fachleute den Auftrag den Einsatz des Giftgases im Jahr 2013 zu untersuchen – nicht aber die Täterschaft. Und so geht der Kampf der Interpretationen weiter.«[90]

Nach der Anne-Will-Sendung beziehungsweise bereits nach einem Auftritt Lüders bei Markus Lanz am 5. April 2017, attackierten Medien den Nahostexperten. Auf den Portalen Übermedien[91] und Meedia[92] findet der interessierte Leser weitere Informationen. Im Kern ging es darum, dass Lüders den Giftgaseinsatz in Ghouta als mögliche »Operation unter falscher Flagge« bezeichnete. Er sagte unter anderem: »(…) mittlerweile wissen wir, mit einer sehr hohen Wahrscheinlichkeit, dass es nicht das Regime war, das für diesen Giftgaseinsatz verantwortlich war.«[93] Lüders nahm später zu den Angriffen gegen ihn Stellung und sagte, er hätte nicht von einer »sehr hohen Wahrscheinlichkeit«, sondern von einer »gewissen Wahrscheinlichkeit« sprechen sollen. Die *Bild-Zeitung* meinte jedenfalls, Lüders habe »von Russland verbreiteten Fake News eine Bühne« geboten. Außerdem habe sich wegen Lüders »der große Manipulator Putin die Hände« gerieben, wie der Nahostexperte in seiner Stellungnahme ausführt.[94] In einem Artikel auf Spiegel Online wird Lüders in Überschrift und Unterzeile als »umstritten«[95] bezeichnet. Selbst der Hinweis, dass eine »rechtsextreme Seite« Lüders bescheinige, korrekt zu arbeiten, wollte Spiegel Online seinen Lesern nicht vorenthalten.[96] Dass das Hamburger Medium dann auch noch seinen Lesern die Information mitteilt, Lüders sei »ergraut«[97], versteht sich von selbst. Nicht zu vergessen: Welt.de bezeichnete den Autor als »munter drauflosplappernden Assad-Apologeten«. Kurzum: Das »mediale Bild von dem ›pro-russischen‹

Nahost-Experten Lüders, der Propaganda Putins in deutschen Talkshows verbreitet«[98] zeichneten Medien mit ziemlich hoher Geschwindigkeit. Gegenüber Spiegel Online sagte Lüders: »Als Publizist hat man es nicht leicht, wenn man einer im medialen Diskurs vorherrschenden Deutung widerspricht.«[99] Damit bringt Lüders das grundlegende Problem auf den Punkt. Wehe denjenigen, die sich bei wichtigen Themen gegen die dominierende Wirklichkeitsvorstellungen in den Medien stellen. Wie in den vorangegangenen Kapiteln immer wieder aufgezeigt, haben wir es mit einem journalistischen Feld zu tun, das aufgrund seiner sozialen Zusammensetzung im Wesentlichen aus der Orthodoxie agiert. Der Glauben an jene Wirklichkeit, die aus ihr hervorgeht, ist so stark, dass Akteure wie Lüders von Medien nicht deshalb so hart angegangen werden, weil ihre Aussagen (möglicherweise) falsch sind, sondern weil ihre Einlassungen die im

Mediensystem vorherrschenden Wirklichkeiten und Weltbilder stören. Ginge es nur darum, die Leser vor einer falschen Darstellung zu warnen, ginge es also nur um den wahrgenommenen journalistischen Auftrag, einen Beitrag zur Aufklärung zu leisten, dann müssten und würden Beiträge gegen ›alternative Wirklichkeitsdeuter‹ nicht so oft mit einem solchen publizistischen Furor erscheinen. Entgegen den Annahmen, die in manchen Redaktionen vorzuherrschen scheinen, ist das Publikum in der Lage, rationale Argumente aufzunehmen und selbst sinnvoll abzuwägen, welchen Experten es glaubt und welchen nicht. Man muss nicht einen Autor als »umstritten« bezeichnen. Darauf kann die Leserschaft auch von alleine kommen. Die Reputation Lüders und seine gefestigte Position innerhalb des Mediensystems dürften dazu beigetragen haben, dass die Angriffe auf ihn nicht die Wirkung gezeigt haben, die sich manche Medienvertreter wohl gewünscht haben. Außerdem waren die Attacken gegen den Beststellerautor zwar hart, aber überschaubar, Lüders wurde nicht aus dem öffentlichen Diskurs der großen Medien exkommuniziert. Über diese Macht zur Exkommunikation verfügen die Medien fraglos.

3.3 Journalisten: Wer »umstritten« ist, bestimmen wir! Über Benennungsmacht und die Sprache der Herrschaft

> »Dem Zirkulieren von Gedanken [liegt] unterschwellig eine Zirkulation von Macht zugrunde.«[100]
>
> Pierre Bourdieu

> »Sogar die Worte sind so gemacht, dass man der Welt nicht sagen kann, wie sie ist.«[101]
>
> Pierre Bourdieu

Wer benennt, schafft Wirklichkeit – oft mit einer besonderen Wucht. Im vorangegangenen Kapitel haben wir die Frage gestellt, wer in unserer Gesellschaft über Rederecht verfügt. Nun stellen wir die Frage: Wer verfügt in unserer Gesellschaft über Benennungsmacht? Nehmen wir an, ein durchschnittlicher Bürger stellt sich auf die Straße und sagt zu den vorbeilaufenden Passanten: »Merkel ist unfähig!«

Was passiert dann? Einige Passanten werden diesem Bürger vermutlich signalisieren, dass er recht hat. Andere werden den Kopf schütteln, ihm vielleicht den Vogel zeigen.

Und was passiert weiter? Vermutlich nichts.

Was lernen wir daraus? Nun, unser Durchschnittsbürger hat benannt. Er hat eine ziemlich weitreichende Aussage getroffen. Er hat die Regierungschefin, die oberste Frau im Staat, als »unfähig« bezeichnet. Aber: Seine Aussage hat aller Voraussicht nach keine Wirkung, die weit reicht. Warum? Der Bürger benennt zwar, aber er verfügt *nicht* über Benennungsmacht. Er schafft mit seiner Aussage zwar auch Wirklichkeit, aber die reicht allenfalls bis zu seiner Nasenspitze. Wie sieht es aus, wenn ein Alphajournalist in einer reichweitenstarken Sendung sagen würde: »Merkel ist unfähig!«? Wie sieht es aus, wenn mehrere große Medien zu einem strategisch wichtigen Zeitpunkt diese Aussage tätigen würden? Über die genauen Auswirkungen können wir nur spekulieren, sicher aber ist: Eine solche Aussage hätte direkte und indirekte Wirkungen. Und warum? Weil Journalisten und Medien über Benennungsmacht verfügen. Ja, sie sind sogar jene Gruppe, die neben den Politikern über die größte Benennungsmacht in unserem Land verfügt. Selbst hochrangige und kompetente Experten, die sich etwa in Zeiten einer Krise zu Wort melden und ebenfalls über Benennungsmacht verfügen, können diese nur dann vollständig entfalten, wenn Medien sie als legitime Sprecher anerkennen (siehe vorangegangenes Kapitel). Was bedeuten diese Gedanken? Sie führen uns vor Augen, dass wir genau darauf achten müssen, *wie* Medien benennen.

11. März 2019: Medien berichten, die Linken-Politikerin Sahra Wagenknecht werde nicht mehr für den Fraktionsvorsitz antreten. Eine große Nachricht. Medien verbreiten sie rasch, prominent platziert. Auf Zeit Online heißt es in der Überschrift: »Die Linke: Sahra Wagenknecht kündigt Rückzug von Fraktionsspitze an«,[102] und in der Unterzeile steht: »Die umstrittene Linke will nicht mehr für den Fraktionsvorsitz antreten – offenbar aus gesundheitlichen Gründen. Am Wochenende hatte sie die Aufstehen-Führung verlassen.«[103]

Liebe Leserinnen und liebe Leser: Achten Sie bitte auf diese Zeilen – mit dem Gedanken der Benennungsmacht im Kopf. Sticht ein

Wort hervor? »Die umstrittene Linke«, heißt es. Wir sehen hier ein Beispiel für einen Journalismus, der auf eine ziemlich perfide Weise durch ein kleines, eher unscheinbares Wort seine Benennungsmacht missbraucht. Wagenknecht ist also *umstritten*. Frage: Ist Wagenknecht *umstritten*? Ja, sicher. In dem Artikel, der auf eine dpa-Meldung zurückgeht, findet der Leser sogar Gründe dafür, warum Wagenknecht umstritten ist. So heißt es:

> »Viele Linke waren zuletzt auch unzufrieden mit Wagenknechts Alleingängen in der Flüchtlingspolitik, ihrer Kritik an der von der Linken unterstützten #unteilbar-Demo im Oktober und ihrer Unterstützung für die französischen Gelbwesten. Es gab parteiinterne Überlegungen, Wagenknecht zu stürzen. Wagenknecht tritt weiterhin für eine Überwindung des Kapitalismus in Deutschland ein, wird häufig in Talkshows eingeladen und zieht die Aufmerksamkeit eines Massenpublikums auf sich.«[104]

Wo liegt nun das Problem? Wenn Medien eine umstrittene Politikerin als umstritten bezeichnen, dann kann man ihnen doch keinen Vorwurf machen, oder? Es gilt, wieder genauer zu schauen. Zunächst das Offensichtliche: Müssen Medien eine Politikerin beziehungsweise eine Akteurin, die einem breiten Publikum bekannt ist, als »umstritten« anführen? Nein, natürlich nicht. Viele Bürger (gerade auch gebildete *Zeit*-Leser) dürften Wagenknecht und ihre Politik kennen. Bürger dürften wissen, wie sie die Politikerin einordnen. Das »umstritten« ist also unnötig. (und, das darf man gerne glauben: Wenn Journalisten – gerade im Nachrichtenjournalismus –, die sehr genau auf Worte achten und oft nur über einen begrenzten Platz in ihren Printmedien verfügen, ein solches Wort in einen Artikel packen, dann haben sie einen Grund). Doch das eigentliche Problem liegt tiefer. Frage: Ab wann sind Akteure eigentlich umstritten oder genauer, ab wann ist es für Medien, die sich einem Qualitätsjournalismus verpflichtet fühlen, angebracht, eine umstrittene Person als umstritten zu bezeichnen? Weitere Frage: Ist Merkel umstritten? Nun ja. Man möge hören, was so manches Mitglied der CSU über die Bundeskanzlerin zu sagen hat. Oder: Wie Mitglieder der Linkspartei über Merkel denken. Oder: Wie so manche Bürger im Osten über Merkel denken. Nochmal die Frage: Ist Merkel umstritten? Ja natürlich! Und wie! Denken wir zurück an das *Zeit*-Interview, das Jana Hensel mit Merkel geführt hat (siehe Kapitel 3.1). Wurde da die Kanzlerin als umstritten angeführt? Nein. Wenn man so darüber nachdenkt: Viele, ja sehr viele Akteure, die sich in der Öffentlichkeit bewegen sind: *umstritten*. Erinnern wir uns an Michael Lüders. Im vorangegangenen Kapitel haben wir gezeigt, dass auch ihm plötzlich, als er zu sehr von einem etablierten Mediennarrativ abgewichen ist, das Etikett »umstritten« angeklebt wurde.[105] Deutlich wird: Wenn Medien im Zusammenhang mit einem Akteur das Wort umstritten anführen, dann handelt es sich dabei nicht einfach nur um ein Wort, das nüchtern eine Information vermitteln will. Medien wollen, wenn sie den Begriff umstritten verwenden, längst nicht immer einfach nur den Leser aufklären. Ihnen geht es auch darum, durch Benennung Akteure, an deren Weltsicht und politischer Wirklichkeitsauffassung Redaktionen sich stören, sprachlich abzuwerten und ihnen gegebenenfalls den Status der Illegitimität zuzuschreiben. Das Beispiel eingangs dieses Kapitels hat gezeigt, dass Benennung weitreichende Wirklichkeiten schaffen kann. Wenn Medien immer und immer wieder Akteure als umstritten bezeichnen, dann werden die Wirklichkeitseffekte, die durch die fortlaufende Benennung entstehen, potenziert. An dieser Stelle wird hoffentlich sichtbar, welch eine Macht sich in den Händen der Medien konzentriert. Naiv ist der Glaube, dass Medien diesen Begriff nur deshalb einsetzen, um dem Publikum die Einordnung der entsprechenden Person zu erleichtern. Tatsächlich lässt sich bei bestimmten Medien immer wieder beobachten, dass sie, fast schon auf Biegen und Brechen, Bürger davon abhalten wollen, Sympathien für Personen aufzubringen, die aus Sicht der Medien die ›falsche‹ Einstellung, die ›falsche‹ Überzeugung haben. Wagenknecht wird, das ist alles andere als ein Geheimnis, von vielen, ja sehr vielen Medienvertreter kritisch und argwöhnisch betrachtet (man denke nur daran, auf welche Weise einmal Markus Lanz in seiner Sendung Sahra Wagenknecht angegangen ist[106]). Und genauso wenig ist es ein Geheimnis, dass es für die diskursbestimmenden Vertreter des journalistischen Feldes und den Angehörigen des juste milieus einem Albtraum gleich käme, wenn Wagenknecht mit ihren Ansichten politische Mehrheiten zustande bringen würde. Kurzum: Wollten Medien einen sauberen Journalismus abliefern, müssten sie entweder den Begriff »umstritten« durchgehend gebrauchen. Sie müssten ihn allen ankleben, die umstritten sind (dann müssten die Zeitungen zusätzliche Seiten drucken …) oder aber, man lässt diese wertende Bezeichnung (von gut begründeten Ausnahmefällen abgesehen) weg und liefert stattdessen nüchtern Informationen zu den jeweiligen Personen und überlässt die Entscheidung, wer nun umstritten ist oder nicht dem Publikum.

Grundsätzlich gilt: Wer journalistische Produkte nutzt, muss unbedingt auf die verwendete Sprache achten. Wir müssen als kritische Mediennutzer unser Sprachverständnis schärfen und genau in die Sprache, die Ausdrücke, die Formulierungen ›reinhören‹, die Journalisten nutzen. Das ist nicht ganz einfach, denn die Gefahr, dass wir Opfer von Manipulation und gar Propaganda werden, lauert gerade dort, wo unser kritischer Verstand eher im Ruhemodus ist. Das heißt: Gerade bei unverdächtigen Begriffen wie »umstritten«, »grölen« und so weiter und Formulierungen, die uns alleine schon durch unsere Alltagsprache ziemlich vertraut sind, müssen wir damit rechnen, dass wir einer massiven Beeinflussung zu unserem Nachteil ausgesetzt sind. Begriffe wie »Verschlankung«, »Markt«, »Globalisierung«, »freigestellt«, »Terroristen« und so weiter (dazu gleich mehr) können unser Denken lenken, ohne dass wir es bemerken. Deshalb gilt es, hinter die Bilder, Gedanken und Konnotationen zu schauen, die in den Begriffen angelegt sind. Wenn wir das tun, dann erkennen wir plötzlich, wie hochgradig ideologisch kontaminiert oftmals die Sprache von Journalisten ist. Wir erkennen, dass Journalisten und Medien (oftmals auch ohne Kenntnis) Teil von Macht- und Herrschaftsausübung sind. Sie übernehmen eine Sprache, sie eignen sich Begriffe an, die nicht nur die Vorstellung von Wirklichkeiten, die im politischen Feld zu finden sind, transportiert, sondern sie tragen auch noch dazu bei, dass sie den Blick auf die realen Verhältnisse, die wir als Bürger dringend erkennen müssen, mittels ihrer verwendeten Sprache verstellen. Über bestimmte, von Medien verwendete Begriffe findet regelrecht eine Infiltration unseres Denkens statt. Die Macht, die sich aus den Begriffen entwickelt, geht so weit, dass sie unser Denken blockieren kann. Wenn es uns nicht gelingt, diese Begriffe kritisch zu hinterfragen, ist es, als würde sich eine Glocke über unseren Denkapparat stülpen. Der Begriffsforscher Falko Schmieder sagte in einem Interview mit den NachDenkSeiten:

> »In vielen Diskursen kommt dem ‚Markt' eine Schlüsselrolle zu, wobei auffällt, dass er dabei oft als eine Art eigenmächtig handelndes Subjekt dargestellt wird. Sie kennen aus Rundfunkbeiträgen oder aus Zeitungsartikeln die Wendungen, dass die Märkte unruhig sind, dass sie nervös und manchmal auch freundlich reagieren, oder dass bestimmte Ereignisse von den Märkten bestraft oder auch mit Erleichterung aufgenommen werden. (...) In diesen Darstellungen verschwinden die handelnden Akteure und deren jeweilige Interessen, das Marktgeschehen erscheint als ein unantastbares Naturschicksal. Dezidiert politische Fragen, wie die nach der Gestaltung bzw. Gestaltbarkeit, der Verantwortung, den gesellschaftlichen Alternativen, den Entwicklungszielen usw. geraten so aus dem Blickfeld. Das ist umso problematischer, als die entfesselte Wachstumslogik in immer katastrophalere Situationen hineinführt.«[107]

Wenn Medien also den Begriff »Markt« in der Form gebrauchen, wie Schmieder es anführt, dann wird der Begriff in seiner abstrakten Bezeichnung mit ›Leben‹ gefüllt. Das heißt: Dieses ›abstrakte Etwas‹ – der Markt, wird plötzlich zu einem handelnden Subjekt. Das ist natürlich absurd. ›Der Markt‹ existiert in der Realität nicht als lebendes Wesen. Er verfügt nicht über Kennzeichen des Lebens wie etwa Zellatmung oder einen Stoffwechsel. Der Kulturwissenschaftler zeigt auf, dass auf diese Weise Journalisten, die so ›berichten‹, konkret handelnde und benennbare Akteure und ihre Handlungen aus dem Blickfeld verschwinden lassen (interessant also ist auch, dass Journalisten durch »Nichtbenennung« Wirklichkeit schaffen. Dazu gleich mehr). Ähnlich, so führt Schmieder aus, verhält es sich mit dem Begriff »Globalisierung«. Der Begriff lege nahe, dass sich hier ein Prozess »als ein unaufhaltsam wirkender Zwang, nach Art eines Naturgesetzes vollzieht, dem sich niemand zu entziehen vermag«.[108] Und Schmieder weiter:

> »Wer die Globalisierung oder einzelne ökonomische und politische Entscheidungen unter den Bedingungen des globalisierten Kapitalismus als alternativlos darstellt, der verdeckt darüber hinaus, dass die vermeintlichen Sachzwänge, die durchaus bestehen, selber das Pro-

dukt politischer Entscheidungen sind: sie wurden politisch gewollt und durchgesetzt, und selbstverständlich können sie auch wieder verändert werden.«[109]

Man muss nicht weit denken, um zu erkennen, dass Medien, die Begriffe dieser Art bis zum Erbrechen ohne kritische Distanzierung gebrauchen, ob sie es wollen oder nicht, sich zum Handlanger jener Eliten und Machteliten machen, die auf den öffentlichen Diskurs einwirken. Wer meint, dass vorherrschende politische Strömungen einfach so vom Himmel fallen, verkennt, wie mächtig die Einflüsse auf politische und ökonomische Denkrichtungen sind. Bourdieu merkte an, dass es zum Neoliberalismus Arbeiten gibt, die »sehr genau beschreiben, wie diese Weltsicht erzeugt, vorbereitet und eingetrichtert wird«.[110]

»Untersuchungen«, so Bourdieu weiter, »haben gezeigt, daß [...] Intellektuelle, Journalisten und Geschäftsleute eine höchst nachhaltige Gemeinschaftsarbeit verrichtet haben, um jene neoliberale Weltvorstellung als Selbstverständlich durchzusetzen, die doch im Grunde genommen nur eine in ökonomische Rationalisierungen gekleidete Wiederholung der maßgeblichen Vorurteile eines allezeit und allerorts zutiefst konservativen Denkens ist.«[111]

Dieses Grundprinzip, also dass Journalisten eine tragende Rolle zukommt, wenn es darum geht, bestimmte Weltsichten und/oder Wirklichkeitsvorstellungen in die Köpfe der Bürger zu drücken, galt in Sachen Neoliberalismus und es gilt auch heute (denken wir an das Strategiepapier »Neue Macht, neue Verantwortung«, siehe Kapitel 3.1). Scharf geht Bourdieu mit einem Journalisten ins Gericht, der Ende der 1990er-Jahre für *Le Monde* ein Interview mit dem damaligen Präsidenten der Bundesbank, Tietmeyer, geführt hat:

»Einen guten Hinweis«, so Bourdieu, »was dieses ständige mediale Wiederkäuen bewirkt, stellen die Fragen des Journalisten dar, der in gewisser Weise den Erwartungen des Herrn Tietmeyers zuvorkommt, so sehr ist er bereits im Voraus von den erwarteten Antworten erfüllt. Mithilfe solcher passiven Komplizenschaften konnte sich die sogenannte neoliberale, in Wirklichkeit aber konservative Sichtweise Schritt für Schritt durchsetzen.«[112]

Diese Zeilen lassen uns erahnen, dass die Schieflagen im Journalismus nicht erst seit ein paar Jahren bestehen (und länderübergreifend vorhanden sind), sondern sie können auch Anlass für uns sein, noch tiefer über die Benennungsmacht von Journalisten und die Sprache in den Medien nachzudenken. In dem diesem Kapitel vorangestellten Zitat heißt es, dass dem »Zirkulieren von Gedanken ein Zirkulieren von Macht« zu Grunde liegt. Bourdieu bezog sich mit dieser Äußerung genau auf jene Netzwerke aus Wissenschaftlern, Journalisten und so weiter, die die neoliberalen Gedanken in unserer Gesellschaft etabliert haben. Wir greifen die allgemeine Bedeutung von Bourdieus Erkenntnis auf und stellen fest: Wenn wir bestimmten Begriffe gegenüber hellhörig sind, uns ihnen annehmen, sie zerlegen und analysieren, dann können wir erkennen, wie tief selbst in den einfachsten Begriffen »Macht« zementiert ist. Wenn wieder mal davon die Rede ist, dass »wir bereit zu mehr Eigenverantwortung« sein müssen, oder wieder mal ein Journalist in einem Beitrag von Menschen spricht, die sich »abgehängt *fühlen*« (nein, Menschen *sind* in unserer Gesellschaft ›abgehängt‹), dann sollte uns klar sein, dass diese »zirkulierenden Gedanken« auch auf einem »Zirkulieren von Macht« beruhen. In dem Gerede von »mehr Eigenverantwortung« schwingt die gesamte Macht derer mit, die mit zum Aufbau der neoliberalen Ideologie beigetragen haben. Wenn Journalisten immer wieder sagen, Menschen *fühlten* sich abgehängt, dann entfaltet sich oft darin die brutale Macht eines Herrschaftsdiskurses, der die real vorhandenen Missstände in unserer Gesellschaft verschleiern will (vermutlich sind sich viele Journalisten oftmals den Einlagerungen von Macht in ihrer Sprache nicht einmal bewusst).

Wenn wir von Benennungsmacht, von zirkulierenden Gedanken und Machtzirkulation sprechen, dann müssen wir uns auch fragen: Wenn Journalisten benennen, sind *sie* es dann tatsächlich, die benennen? Sicher, vordergründig sind es natürlich Journalisten, die (vorgeben zu) sagen, was *ist* (siehe dazu auch unsere Ausführungen in Kapitel 2). Aber wenn wieder einmal ein Journalist aus einer Denkfabrik in seine Redaktion marschiert und über ein Thema ›berichtet‹, an dem er selbst als Mitglied einer Arbeitsgruppe des Thinktanks mitgewirkt hat, ist er dann wirklich noch derjenige, der *benennt*? Oder benennt hier der Thinktank? Wenn wieder einmal ein Journalist sagt, dass es »uns gut geht« oder er meint, Sanktionen gegen Hartz-IV-Bezieher seien »legitim«, *benennt* dann der Journalist oder sind es unreflektierte Wahrnehmungs- und Denkschemata, die aus seiner Sozialisation, seiner Klassenlage und seiner Position innerhalb des journalistischen Feldes entstanden sind, die ›benennen‹ beziehungsweise die ihn benennen lassen?

Damit sei gesagt: Es geht nicht nur darum, auf die einzelnen Begriffe und Formulierungen zu achten. Wir müssen auch ein tieferes Verständnis im Hinblick auf die Personen entwickeln, die sprechen und benennen. Wir müssen verstehen: Wenn Journalisten benennen, ist das nicht nur ein Akt, der nach außen, also in Richtung Mediennutzer gerichtet ist. Er ist genauso auch nach innen, also in Richtung des eigenen Feldes gerichtet. Durch die Benennung kommunizieren Journalisten auch in Richtung ihrer Kollegen, ihrer jeweiligen Gruppe, auf deren Wohlwollen, Vertrauen und so weiter sie angewiesen sind. Stellen Sie sich vor, Sie sind Redakteur bei einer großen Zeitung und schreiben in einem Vorspann zu einem Artikel, dass Sahra Wagenknecht umstritten ist. Da werden sie keine Probleme bekommen. Stellen Sie sich nun vor, eine Mitarbeiterin hat ein ›luftiges‹ Interview mit der Bundeskanzlerin geführt. Sie bearbeiten das Interview, stellen es auf die Seite und schreiben in den Vorspann etwas von einer »umstrittenen Kanzlerin«. Aller Voraussicht nach wird man Ihnen das nicht durchgehen lassen. Sollten Sie dennoch darauf bestehen, Merkel in dem genannten Rahmen als »umstritten« zu bezeichnen, und sich auf den Konflikt einlassen, kann dies Ihre Position innerhalb des jeweiligen Mediums schwer schädigen. Anders gesagt: An einem einzigen Wort kann Ihre Karriere hängen.

Der Akt des Benennens ist also von weitreichender Bedeutung für die Außenwelt, für Sie selbst wie auch das journalistische Feld.

25. September 2017. Im Ersten läuft *hart aber fair* – der Titel:

»Die gerupfte Kanzlerin – wie regieren nach dem Debakel der Volksparteien?«. Der Moderator Frank Plasberg sagt:

> »Wie groß ist diese Gefahr, dass die große Koalition wieder von denen, die jetzt grölen (…) nicht grölen, sondern wählen und sich abgehängt fühlen – über die Gröler reden wir gleich noch –, dass die sagen: Schon wieder so ein Eliten-Ding da, schon wieder bin ich nicht dabei.«[113]

Die Aussage ist holprig, stark fragmentiert. Aber sie ist ›wertvoll‹. Vergegenwärtigen wir uns, worum es geht. Nach der letzten Bundestagswahl war klar: Die Volksparteien stehen schlecht da, Merkel ist als Kanzlerin unter Druck. Plasberg greift auf, was die Spatzen von den Dächern pfeifen: Viele Bürger sind unzufrieden mit Politik und Parteien. Zumindest ein Teil der Bürger erkennt, dass über viele Jahre Politiker über Nöten und Probleme hinweg regiert haben. Nun sehen wir, was Plasberg macht. Der Moderator geht auf diese Gruppe von Menschen ein.[114] Zuerst benennt er den artikulierten Protest dieser Bürger als »grölen«, korrigiert sich rasch und spricht von Bürgern, die sich »abgehängt fühlen«. Dann macht er etwas sehr Interessantes: Er lässt diese Bürger ›sprechen‹. Er lässt sie ›zu Wort kommen‹. Wie tut er das? Indem er stellvertretend für diese Bürger spricht. Er sagt, die Bürger sagen: »Schon wieder so ein Eliten-Ding da, schon wieder bin ich nicht dabei.«

Es ist offensichtlich: Wer als Journalist Bürger »grölen« lässt, entwertet den Protest dieser Bürger. Besoffene grölen nachts auf der Straße (Implikation: Die muss man nicht ernst nehmen). Plasberg hat sich zwar sofort korrigiert. Gut. Aber: Macht das die Sache wirklich besser? Der Begriff steht im Raum. Vielleicht war es tatsächlich nur ein Ausrutscher. Das nehmen wir gerne an. Nur: Der Gedanke liegt nahe, dass hier ein Wirklichkeitsverständnis durchgeblitzt ist, das erkennen lässt: Die Protestierenden haben nicht unbedingt große Sympathie von dem (vorgeblich neutralen) Moderator zu erwarten. Dass Plasberg hier zuerst die Protestierenden »grölen« lässt, ist vor allem auch deshalb ein Ärgernis, weil ja gerade der Verdacht im Raum steht, dass diese Bürger nicht gehört, nicht ernst genommen werden. Dieser Eindruck wird auch dadurch verstärkt, dass der Moderator nur von Menschen spricht, die sich abgehängt *fühlen*. Wie schon angesprochen: Diese Formulierung untergräbt geradezu den Wirklichkeitsstatus der Probleme, mit denen sich viele Bürger, die gegen »die da oben« protestieren, konfrontiert sehen. Mit einem einzigen Wort, das uns allen vertraut ist, können Medien das Anliegen von einer großen Zahl von Bürgern abwerten, indem sie es auf eine Weise verwenden, dass es zu einer Waffe im Kampf um die journalistische Erfassung und Beschreibung von Wirklichkeit wird. Es kommt noch schlimmer. Betrachten wir die Aussage: »Schon wieder so ein Eliten-Ding da, schon wieder bin ich nicht dabei.« Was passiert hier? Der Moderator wechselt, auf spielerische Weise, sozusagen ›die Seite‹ und schlüpft für einen Augenblick von der Rolle des Moderators in die Rolle der kritisierenden Bürger (was natürlich legitim ist). Wie tut er das? Achten Sie nun bitte genau auf die verwendete Sprache. »Schon wieder so ein Eliten-Ding da, schon wieder bin ich nicht dabei.« Was ist das für eine Sprache? Ja, dies ist eine ziemlich flapsige Sprache. Sie simuliert die Ausdrucksweise des ›einfachen‹ Bürgers. Wir alle kennen diese Videos aus den großen TV-Sendern, die einen protestierenden Bürger zeigen, der in einer einfachen, eher ungeschliffenen Sprache seinen Protest artikuliert (ob diese Bürger, also alle, die sich über die Eliten-Politik beschweren, tatsächlich so sprechen oder ob hier die Reporter vor Ort nach Bürgern suchen, die die Klischees, wie sie in den Köpfen der Redakteure sind, erfüllen, sei einmal dahingestellt (siehe Kapitel 2.4). Und wir wissen auch, wie diese Beiträge wahrgenommen werden: Wenn Bürger sich mit ungeschliffenen und holprigen Aussagen in Medien zu Wort melden, dann ist es nicht unwahrscheinlich, dass sie sich zur Belustigung des Publikums in irgendeiner Satire-Sendung wiederfinden. Anders gesagt: Die Ausdrucksfähigkeit ihres sprachlichen Habitus, der nicht mit der distinguierten Ausdrucksweise der legitimen Sprecher in den Medien konkurrieren kann, wird (fälschlicherweise) zum Anlass genommen, die Intelligenz der Sprecher und damit auch ihr Anliegen in Frage zu stellen. Mit diesen Gedanken zu der Aussage Plasbergs: Was ist schon von grölenden Bürgern zu halten, die sich abgehängt fühlen, irgendwas von einem »Eliten-Dings« faseln und meinen, sie dürften schon wieder »nicht dabei sein« (wie nervige, nörgelnde Kinder)?

»Eliten-Dings«? Indem Plasberg die Kritik der Bürger in eine Sprache kleidet, die in einem krassen Gegensatz zur bildungsbürgerlichen Sprache, die die Sendung bestimmt und die Plasberg selbst normalerweise durchgehend gebraucht, steht, entsteht ›Lächerlichkeit‹. In der Runde sitzen Dorothee Bär (CSU, damals parlamentarische Staatssekretärin im Bundesverkehrsministerium), Katarina Barley (SPD, damals Bundesministerin für Familie, Senioren, Frauen und Jugend), Nikolaus Brender (Journalist und Moderator, ehemaliger ZDF-Chefredakteur und WDR-Programmchef), Werner Patzelt (Politikwissenschaftler, Professor für Politische Systeme und Systemvergleich am Institut für Politikwissenschaften der Technischen Universität Dresden), Alexander Graf Lambsdorff (FDP, damals Vizepräsident des Europäischen Parlaments), Robert Habeck (B'90/Grüne, damals stellvertretender Ministerpräsident des Landes Schleswig-Holstein; Umweltminister des Landes Schleswig-Holstein). Da also die geballte rhetorische Kraft hochrangiger Akteure, dort die Bürger mit ihrem »Eliten-Dings«.

Für Plasberg wäre es ein Leichtes gewesen, die Sprache der Bürger, die er nun zu Wort kommen ließ, aufzuwerten, sodass sie durch die Kraft des legitimen Ausdrucks ihre Wirkung in der Sendung hätte entfalten können. Er hätte beispielsweise mit den Worten anmoderieren können: »Der Wahlausgang dürfte dazu führen, dass jener Teil unserer Mitbürger, die durch die große Koalition seit Jahren im Stich gelassen werden, auch weiterhin verärgert sind.« Um dann die Bürger wie folgt sprechen zu lassen: »Vermutlich wird diese Gruppe nun sagen: Der Wahlausgang wird die Repräsentationskrise in unserem Parlament fortsetzen. Unsere Nöte werden auch weiterhin ignoriert.« Natürlich: So formuliert würde der Moderator offen Partei ergreifen. Aber sind seine getätigten und hier zitierten Aussagen etwa unparteiisch? Wie wir gesehen haben: nein. In ihnen findet sich ein Bündel aus Abwertung und Delegitimierung. Bourdieu hat sich auch Gedanken über diese Art der politischen Talkshows gemacht und schreibt folgende erhellende Zeilen:

> »Um ein gewisses Gleichgewicht herzustellen, müßte der Moderator ungleich sein, das heißt, den Unbeholfensten ein wenig nachhelfen [...] Wenn man will, daß jemand, der nicht zu den Wortgewaltigen gehört, es schafft, etwas zu sagen (und oft sagt er dann ganz außerordentliche Dinge, Dinge, die diejenigen, die ständig das Wort führen, nicht einmal denken können, muß man ihn beim Sprechen unterstützen. Um ein bißchen edler auszudrücken, könnte ich sagen: Das ist die sokratische Aufgabe in Reinkultur. Es geht darum, sich jemanden zur Verfügung zu stellen, der etwas Wichtiges zu sagen hat und von dem man wissen will, was er zu sagen hat, was er denkt; es geht darum, ihm zu helfen, es herauszubringen. Das machen die Fernsehmoderatoren ganz und gar nicht. Nicht nur helfen sie den Hilflosen nicht, sie schlagen ihnen sozusagen auch noch die Krücken weg. Dafür gibt es zig Methoden: nicht zur rechten Zeit das Wort geben, das Wort geben, wenn nicht mehr damit gerechnet wird, Ungeduld zeigen usw.«[115]

Bedenken wir: Diese Aussagen hat Bourdieu bereits 1998 niedergeschrieben. Er bezieht sich hierbei auf Frankreich. Und wieder finden wir einen Hinweis, dass wir es mit einem grundlegenden Problem zu tun haben, das nicht auf Deutschland beschränkt ist und seit langer Zeit existiert. Wenn Journalisten sich tendenziell eher in Richtung der Herrschenden, der legitimen Sicht, der Orthodoxie ausrichten, passiert genau das, was Bourdieu allgemein beschreibt und was wir hier nur an einem Beispiel aufzeigen können: Jener Teil der Bürger, der weit weg vom Zentrum der vorherrschenden politischen Ausrichtung steht, kommt in den Medien nicht einmal dann zu Wort, wenn er zu Wort kommt. Auch wenn es sicherlich lobenswerte Ausnahmen gibt: Die Delegitimierung derjenigen durch die Sprache der Journalisten, die ein anderes politisches Wirklichkeitsverständnis haben, als es im medialen Mainstream vorherrscht, ist allgegenwärtig. Die nicht mehr zählbaren einzelnen Äußerungen von Journalisten, durch die sie völlig legitime und angebrachte Kritik aus der Bevölkerung an den Weichenstellern des Landes aufweichen und abbügeln, haben sich längst zu einem unsichtbaren, aber sehr wirkmächtigen Schutzwall zusammengefügt, der zentrale Entscheidungen der Politik umgibt.

Um zum Abschluss zu kommen: Der Jesuit Rupert Lay betonte, dass durch »Sprachänderungen Bewusstseinsänderungen erreicht« werden. Und durch diese Bewusstseinsänderungen, erklärt Lay, können sich Veränderungen in der Gesellschaft wie »von selbst einstellen«[116]. Ist erst einmal »die Wirklichkeitsbeziehung gelockert«[117] und »die Sprache labilisiert«[118], könnten Wörter und ihre Bedeutung leicht geändert werden (man denke nur an den Begriff »Reformen« im Zusammenhang mit dem neoliberalen Umbau der Gesellschaft). Wie Recht Lay doch hat! In den Medien hat sich die »Wirklichkeitsbeziehung« zur Sprache aber nicht nur »gelockert«, sie ist so weit losgedreht, dass sie im freien Fall ist. Dessen müssen wir uns als kritische Mediennutzer bewusst sein. Lassen Sie uns genau auf die Sprache achten, die wir in den Medien hören.

3.4 Die Ausnahme: Ein Journalist, der eine kritische Frage stellt

> »Die Chance zur Schaffung der Wahrheit beizutragen, hängt [...] von zwei Hauptfaktoren ab, die mit der eigenommenen Position verknüpft sind: dem Interesse, die Wahrheit zu kennen und sie den anderen zugänglich zu machen (oder umgekehrt: sie sich und den anderen zu kaschieren), und der Fähigkeit, sie hervorzubringen.«[119]
>
> Pierre Bourdieu

»Der niederländische Journalist Rob Savelberg ist mit einer einzigen Frage an Angela Merkel zum YouTube-Star geworden. Er wollte wissen, wie Merkel ausgerechnet Wolfgang Schäuble, der mal ›100 000 Mark in seiner Schublade‹ vergessen habe, das Finanzministerium überlassen könne.«[120]

Dies ist der Vorspann eines Interviews, das Die Welt mit Savelberg geführt hat. Im Grunde genommen lässt sich aus den angeführten Zeilen in verdichteter Form ablesen, warum so viele Bürger Medien kritisieren. Im Grunde genommen zeigt der ›Fall‹ Savelberg in anschaulicher Form, wie die Schieflagen im Journalismus unserer Zeit aussehen, und führt uns vor Augen, dass wir mit den in diesem Buch aufgestellten Thesen eines journalistischen Feldes, das dysfunktional ist und sich zu oft außerstande zeigt, einen tatsächlich herrschaftskritischen Journalismus hervorzubringen, nicht falsch liegen. Es lässt tief blicken, dass wir in das Jahr 2009 zurückgehen müssen, also auf ein Beispiel zugreifen, das schon länger zurückliegt. In der letzten Dekade hat es, soweit mir bekannt, in Deutschland keinen vergleichbaren Fall gegeben, bei dem ein Journalist den Nichtangriffspakt zwischen Journalisten und Politiker auf eine Weise ignoriert hat, wie Savelberg.[121]

Was ist passiert? Es ist Oktober 2009, 12:05 Uhr. Phoenix überträgt live von der Bundespressekonferenz aus Berlin. Die neu gewählte Bundesregierung stellt ihren Koalitionsvertrag vor. Zahlreiche Medienvertreter haben sich eingefunden. Auf dem Podium sitzen Guido Westerwelle (FDP), Angela Merkel (CDU) und Horst Seehofer (CSU). Der niederländische Journalist Rob Savelberg meldet sich zu Wort. Er sagt zu Merkel, dass sie auf der Pressekonferenz »ziemlich viel über Geld und über die Finanzen der Bundesrepublik Deutschland« rede. Allerdings wolle sie nun Wolfgang Schäuble (CDU) als Bundesfinanzminister einsetzen, der »im deutschen Bundestag öffentlich beteuert hat, dass er einen Waffenhändler nur einmal getroffen und dabei vergessen hat, dass er von ihm 100 000 D-Mark angenommen hat«.

Auf Telepolis hieß es damals: »Angela Merkel zuckte zusammen, Guido Westerwelle schloss entsetzt die Augen, Horst Seehofer lachte verlegen auf: Mit einer einfachen Frage hat der niederländische Journalist Rob Savelberg die künftige deutsche Staatsführung sichtlich in Bedrängnis gebracht.«[122]

Setzen wir uns mit der Frage, aber auch mit Savelberg und seinen Kollegen im Raum näher auseinander. Eine Bitte nun an Sie, liebe Leserinnen und Leser: Schauen Sie sich bitte dieses einminütige Video der Pressekonferenz an, das Sie unter dem Link in der folgenden Fußnote finden.[123] Lassen Sie die Fragen von Savelberg auf sich wirken und beobachten Sie bitte auch das Verhalten der anderen Journalisten. Was sehen wir? Wir sehen einen Raum gefüllt mit Journalisten. Bewaffnet mit Papier und Stiften, sitzen sie auf Stühlen und blicken nach vorne, wo auf einem Podium ranghohe Politiker Platz genommen haben. Der Anlass, die Vorstellung des Koalitionsvertrages, ist von großer Bedeutung. Eine neue Regierung wurde gebildet. Es geht darum, welche grundsätzliche Richtung die Politik einschlagen und damit in den nächsten Jahren Deutschland auch ein Stück weiter prägen wird. Anders gesagt: Dies ist einer der Zeitpunkte, bei denen es darauf ankommt, dass Journalisten nicht mit Watte werfen, sondern kritische Fragen stellen. Rob Savelberg hat gezeigt, dass das kein Ding der Unmöglichkeit ist. Er führt uns vor Augen, wie es aussieht, wenn ein Journalist jene Schutzmauern durchbricht, die Politiker mit Journalisten gemeinsam gebaut haben. Schutzmauern, hinter denen sich all jene Grundsätze verbergen, die Medien zwingend hinterfragen müssten, es aber auch deshalb nicht tun, weil sie zu oft weltanschaulich, politisch und so weiter an diesen Grundsätzen nichts auszusetzen haben. Die (mentale) Nähe und ideologische Verbundenheit zwischen Journalisten und Politikern zeigt sich auch darin, wie eine ganze Medienlandschaft es versteht, wirklich harte Fragen an Politiker viel zu oft *nicht* zu stellen. Viele Journalisten nehmen bestimmte hochproblematische gesellschaftliche Realitäten so selbstverständlich hin wie jene Politiker, die dafür gesorgt haben, dass diese Wirklichkeiten sich ausformen konnten. Die Komplizenschaft zwischen diesen beiden Gruppen kommt erneut zum Vorschein.

Wer sich erinnert, wie sich Schäuble im Zusammenhang mit der CDU-Spendenaffäre verhalten hatte, dem erscheint die Frage Savelbergs wohl durchaus berechtigt. Dennoch scheuen viele Medienvertreter die direkte Konfrontation – vermutlich käme ihnen in dieser Situation eine solche Frage nicht einmal in den Sinn. Man fährt eben einer Bundeskanzlerin Merkel und einer neuen Regierungskoalition nicht auf diese Weise in die ›Parade‹. Vielleicht auf eine andere Weise: ja. Aber eben nicht so, wie es Savelberg getan hat. Nur: warum eigentlich nicht? Mit all dem, was wir in diesem Buch an Informationen zum journalistischen Feld und den Akteuren, die sich in ihm bewegen, zusammengetragen haben, können wir sagen: In der Frage ist eine Art Tabubruch angelegt. Savelberg überschreitet eine von Politikern und Journalisten ›sozial ausgehandelte‹ rote Linie, über die Einverständnis besteht, dass sie nicht überschritten wird. Wer das Buch bis an diese Stelle aufmerksam gelesen hat, weiß, dass diese ›rote Linie‹ nicht deshalb gezogen wurde, weil Journalisten und Politiker sich in einem Hinterzimmer getroffen und in einem für beide Gruppen offensichtlichen Akt die Grenzen des Angreifbaren festgelegt hätten. Die rote Linie, die Savelberg übertreten hat, ist das Produkt eines komplexen Prozesses, der sich aus den Wechselbeziehungen zwischen Politikern und Journalisten einerseits und den Grenzen dessen, was der dominierende Habitus im journalistischen Feld leisten kann (siehe Kapitel 1.1), andererseits ergibt. Wie wir gesehen haben, fällt es dem in den Medien vorherrschenden Habitus extrem schwer, grundlegend herrschaftskritisch zu sein. Die Akteure, die diesen Habitus verinnerlicht haben, wollen Teil des ›Spieles‹ sein. Sie wollen nicht aufgrund von ›ungebührlichem‹ Verhalten ausgeschlossen sein. Anders gesagt: Journalisten akzeptieren die zum großen Teil von ihnen selbst in einem Akt des vorauseilenden Gehorsams gezogene ›rote Linie‹ in der Hoffnung – etwas zugespitzt formuliert –, Belohnung von ›oben‹ zu erfahren. Wenn wir hier von einem »Akt des vorauseilenden Gehorsams« sprechen, soll klargestellt sein, dass es sich nicht unbedingt um ein in jeglicher Hinsicht bewusstes, reflektiertes Verhalten handeln muss. Es geht um Antriebe des Habitus, die zwar einerseits sehr präsent und handlungsleitend sind, andererseits aber häufig kaum von den Trägern des Habitus reflektiert und *verstehend* wahrgenommen werden. Am Rande: Der journalistische Exzess, das heißt: Jene Berichterstattung, die so mancher Journalist an den Tag legt, wenn ein ranghoher Politiker oder ein ranghohes Mitglied ›der Elite‹ aufgrund eines Skandals von seinem Thron stürzt, ist jener Moment, in dem der Habitus, der normalerweis häufig im Modus des vorauseilenden Gehorsams operiert, bemerkt, dass er nun die rote Linie verschieben darf. Journalisten haben ein sehr feines Gespür dafür, wenn ›die Großen‹ dabei sind zu stürzen. Dann wittert so mancher von ihnen, dass nun die Gelegenheit ist, ›draufzuhauen‹ und der Welt zu zeigen, dass man es als Journalist selbstverständlich nicht scheut, auch den Mächtigen (beziehungsweise: ehemals Mächtigen) auf die Füße zu treten.

Wir können hier auch mit den Grund dafür erkennen, warum Journalisten und Medien sich grundsätzlich so gerne an den Verfehlungen Einzelner abarbeiten, ihnen dafür aber die kritische Auseinandersetzung mit strukturellen Verwerfungen geradezu ein Gräuel ist. Die Strukturen will dieser Habitus in einer bemerkenswerten Grundsätzlichkeit nicht hinterfragen. Etwas abstrakt formuliert: An den (Herrschafts-)Strukturen richten sich die Träger dieses Habitus aus. Sie wollen sich in den Strukturen bewegen und am liebsten mit ihnen verschmelzen. Wenn sie (Herrschafts-)Strukturen, die tief in ihren Habitus eingewoben sind, die sie akzeptieren, an die sie glauben, denen sie Respekt zollen, grundsätzlich hinterfragen sollen, dann spüren sie intuitiv, dass ihre Kritik ›am Spiel‹ zu ihrem Ausschluss aus ›den Strukturen‹ führen kann. Ebenso intuitiv ›wissen‹ sie um die Konsequenzen.

Die knallharte Abarbeitung an den (insbesondere moralischen) Grenzüberschreitungen einzelner Bürger dient zur Kompensierung dessen, was manche Journalisten sich aufgrund ihrer inneren Programmierung nicht trauen (und nicht können) anzugreifen (die Strukturen). Dass es sich bei diesen publizistischen Angriffen gegen jene, die plötzlich ›vogelfrei‹ sind (in aller Regel werden dann Politiker, Wirtschaftsbosse, oft aber auch einfache Bürger zur Zielscheibe), in Wirklichkeit um alles andere als einen herrschaftskritischen Journalismus handelt, sondern vielmehr häufig um schamlose Akte eines feigen Missbrauchs journalistischer Macht, spielt dabei für viele Medien und Journalisten keine Rolle. Gewichtige Teile der Medien applaudieren ob des Spektakels dem- oder denjenigen, die der Beute den entscheidenden Schuss versetzt haben, dürfen nun voller Hoffnung auf eine weitere Karriere sein, während jene Medienhäuser, die bei den alljährlich stattfindenden Hetzjagden mitgemacht haben, sich gegenseitig feiern.

Zurück zur ›roten Linie‹. Wie angesprochen zeichnen Politiker die roten Linien durchaus mit, aber, so mein Eindruck, tragen sie längst nicht so viel Farbe auf wie die Journalisten selbst. Politiker, genauso wie ihre Pressesprecher und die Leute um sie herum, sind dennoch durchaus in der Lage, durch ihre impliziten und expliziten Äußerungen Journalisten und Medien deutlich zu machen, wo die Grenzen der Berichterstattung ihrer Meinung nach liegen (man denke an Helmut Kohl[124] oder an den Hessischen Ministerpräsidenten Volker Bouffier, der der *Frankfurter Rundschau* keine Interviews mehr gibt[125]). Natürlich bedeutet dies nicht, dass Medien und Journalisten sich dann auch immer an diese Grenzziehungen von politischer Seite halten, aber: Gerade auch, wenn es um den politischen Journalismus in der Hauptstadt geht, ist davon auszugehen, dass es viele implizite Verhaltensregeln im Umgang mit Politikern, auf Pressekonferenzen usw. gibt, die Journalisten, die sich dort einigermaßen ›erfolgreich‹ bewegen wollen, besser beachten sollten. Ein allzu (herrschafts-)kritischer Journalismus dürfte nur ungern gesehen sein und für den entsprechenden Journalisten schwere Probleme nach sich ziehen (keine Interviewpartner, keine Einladungen zu exklusiven Hintergrundzirkeln und so weiter). Kurzum: Das also ist der Hintergrund, vor dem Savelberg seine Frage stellt. Achten wir nun einmal genauer auf das Verhalten seiner Kollegen. Natürlich können wir nicht in die Köpfe der Journalisten schauen und nachweisen, was ihre Gedanken waren. Aber wir können im hermeneutischen Sinn das Verhalten beschreiben, analysieren und interpretieren. Wir sehen Journalisten, die zu bemerken scheinen, dass hier eine Frage gestellt wird, die eine Grenzüberschreitung darstellt. Sie wirken sichtlich irritiert. Eine Mischung aus Verwunderung darüber, dass ein Kollege es wagt, solch eine Frage zu stellen, Gelächter, vermutlich aus Verlegenheit (hier stellt einer eine tatsächlich kritische Frage, was ich nicht tue), und eine Mimik, die darauf hindeuten lässt, dass der ein oder andere Savelberg aus Kollegialität am liebsten einmal zur Seite nehmen möchte, um ihm zu sagen, dass man Fragen dieser Art eigentlich nicht stellt, bahnt sich ihren Weg. Doch unabhängig davon, was die anwesenden Journalisten tatsächlich gedacht haben: Ihre Reaktion auf Merkels Antwort lässt tief blicken. Sehen wir, wie es weitergeht. Merkel antwortet Savelberg: »Weil diese Person mein Vertrauen hat.« Daraufhin zeigt Savelberg seinen Kollegen nochmal, wie es gemacht wird. Er erkennt, dass diese Antwort von der obersten Frau des Staates ungenügend ist. Er hakt nach, nimmt nochmal einen Anlauf und sagt: »Aber kann er denn mit Geld umgehen, wenn er vergisst, dass er 100 000 Mark in bar in seiner Schublade liegen hat?« Merkel sagt: »Ich habe jetzt wirklich alles gesagt dazu.« Savelberg hakt ein weiteres Mal nach, worauf Merkel sagt: »Ich kann gerne den Satz nochmal wiederholen, aber ich habe aus meiner Sicht alles gesagt.« Daraufhin Savelberg: »Aber es geht um die Finanzen von 82 Millionen Deutschen, also das ist eine ziemlich große Summe, würde ich sagen.«

Merkel nickt daraufhin, wendet ihren Blick ab und sagt: »Die nächste Frage.« Hätten wir es mit einem journalistischen Feld zu tun, das so funktioniert, wie es seine Vertreter in Sonntagsreden immer wieder beschwören, dann wäre Merkel aus dieser Situation nicht so einfach rausgekommen. Von herrschaftskritischen Journalisten darf man erwarten, dass sie ihren Unmut gegenüber dieser Antwort Merkels, die zeigt, wie es aussieht, wenn Politiker kritische Pressevertreter (und letztlich so auch die Bürger) missachten, zum Ausdruck bringen. Angebracht wäre es gewesen, dass die anwesenden Journalisten die Frage für ihren niederländischen Kollegen nochmal stellen und dabei gleich hinterherschicken, dass nun bitte eine Antwort erfolgen möge, die etwas mehr Respekt vor den Bürgern zeigt. Man stelle sich nun folgendes Szenario vor: Merkel reagiert weiterhin einsilbig, ist nicht bereit, auf diese völlig legitime Frage ausführlich zu antworten. Daraufhin solidarisieren sich die anwesenden Journalisten spontan und verlassen die Pressekonferenz. In der darauffolgenden Berichterstattung verdeutlichen sie, dass sie ihre Zeit nicht auf Pressekonferenzen verschwenden, auf denen die Bundeskanzlerin nicht bereit ist, berechtigte kritische Fragen angemessen zu beantworten. Dieser Eklat, das darf man annehmen, wäre um die Welt gegangen. Alle Journalisten verlassen eine so wichtige Pressekonferenz, weil die Bundeskanzlerin eine für sie unangenehme Frage nur unzureichend beantwortet. Das wäre eine Ansage gewesen. Im Sinne der Demokratie. Im Sinne der journalistischen Selbstbestimmung.

Wer meint, dass Journalisten sich nicht untereinander in ähnlichen Situationen solidarisieren würden, täuscht sich. Im Mai 2018 hat die AfD in den Brandenburger Landtag zur Pressekonferenz geladen. Zu Beginn der Pressekonferenz heißt es, Fragen von einem bestimmten Reporter beziehungsweise einer bestimmten Zeitung werde man nicht zulassen. Daraufhin haben alle versammelten Journalisten unter Protest den Raum verlassen. Immerhin: Das war sicherlich genau die richtige Reaktion auf das unmögliche Verhalten der AfD. Die Landtagspräsidentin Britta Stark äußerte sich rasch zu dem Vorfall und sagte: »Der Entzug des Fragerechts für einen ›Bild‹-Reporter in der Pressekonferenz der AfD-Fraktion ist ein beispielloser Vorgang. Zur Demokratie und zum guten Stil gehört es, Fragen von Journalisten zuzulassen.«[126]

Sicherlich ist es ein Unterschied, einem Reporter das Fragerecht bei einer Pressekonferenz zu entziehen und einem Reporter gegenüber nur einsilbig zu antworten. Allerdings: Wir müssen tiefer blicken. Merkels Verhalten wiegt auf der inhaltlichen Ebene schwer. Sie hat zwar nicht, wie die AfD, die Presse durch ein Frageverbot beschnitten, aber die einsilbige ›Beantwortung‹ einer ziemlich wichtigen Frage und die Weigerungshaltung, auch auf Nachfrage nicht umfassend zu antworten, sind im Hinblick auf eine Demokratie, in der die von den Bürgern gewählten Vertreter der Presse ausführlich Rede und Antwort zu stehen haben, weitreichend. Mit den Worten der Landtagspräsidentin könnte man hier genauso sagen: Zur Demokratie und zum guten Stil gehört es, Fragen von Journalisten zuzulassen – und diese auch ausreichend und umfassend zu beantworten!

Vergleicht man die beiden Fälle im Hinblick auf das Verhalten der Journalisten, lässt sich erkennen, dass in der Tendenz Journalisten dann so agieren, wie sie es sollten, wenn dieses Verhalten sich innerhalb eines (von ihrer Peergroup festgelegten) sozial legitimen Rahmens abspielen darf. Das heißt: Die Solidarisierung mit einem Kollegen, mit dem die AfD Probleme hat, war zwar angebracht und richtig, aber das Verhalten richtet sich eben auch nicht gegen eine etablierte Herrschaft. Der Protest ist keine Grenzüberschreitung, die Journalisten übertreten keine rote Linie. Anders gesagt: Nachteile durch dieses Verhalten sind nicht zu erwarten oder allenfalls marginal. Durch das Verhalten können sich die Journalisten auch noch nach außen als echte Verfechter der Demokratie darstellen, die sich von (bestimmten) Politikern nicht einfach so rumschubsen lassen. Der Protest, die Solidarisierung, ist also eine Win-win-Situation.

Ganz anders ist der Fall Savelberg gelagert. Wenn Journalisten sich mit ihm in der Pressekonferenz allzu offen und deutlich solidarisiert hätten, wäre sie sofort in den Bereich des Illegitimen eingetreten – mit all den Konsequenzen, die sich daraus ergeben. Wer nach diesen Ausführungen meint, dass die Frage Savelbergs hier als bedeutsamer eingeschätzt werde, als sie es eigentlich ist, und außerdem der Auffassung ist, dass Journalisten faktisch jeden Tag kritische Fragen an Politiker stellen, der möge Folgendes in Betracht ziehen: Wenn *derartige* kritische Fragen von Journalisten tatsächlich nicht die Ausnahme sind, sondern die Regel – warum wurde der Auftritt von Savelberg dann selbst zur Nachricht? Weil das, was Savelberg getan hat, ›neu‹ beziehungsweise ›außergewöhnlich‹ (berichtenswert) war! Medien haben getreu ihrer Filterprinzipien (an dieser Stelle funktionieren sie normal) erkannt, dass Savelbergs Auftritt eine Bedeutung zukommt und die Aufmerksamkeit der Mediennutzer auf sich ziehen würde. Also haben sie berichtet. Bei Lichte betrachtet haben wir es hier mit einer fast schon surrealen Situation zu tun. Würden Medien, wie sie es sollten, ständig solche Fragen wie Savelberg stellen, gäbe es keinen Grund, Savelbergs Auftritt besonders hervorzuheben, denn das wäre dann die Normalität (und das Normale interessiert Medien in aller Regel nicht). Da die Fragen, die Savelberg stellt (vor allem auch in dem öffentlichen Rahmen dieser Pressekonferenz) aber die absolute Ausnahme war und ist, haben Medien darüber berichtet. Wenn Medien über Savelberg berichten, dann berichten sie im Grunde genommen unbeabsichtigt über ihr eigenes Versagen. Auch die Tatsache, dass das Video vom Auftritt Savelbergs schnell in sozialen Medien und YouTube zu einem Hit wurde, spricht dafür, dass sich hier ein Journalist auf eine besondere Weise verhalten hat. Ein Blick auf die Kommentare unter dem Video lassen Wut und Ohnmacht der Zuschauer erkennen. Sie zeigen unverblümt, wie kritisch die Nutzer auf das Verhalten von Merkel und der anderen Journalisten im Saal blicken. Diese Grundstimmung, die nicht nur in Kommentaren zu dem Video, sondern in Teilen der Bevölkerung schon seit langem zu beobachten ist, scheinen die anwesenden Journalisten nicht ansatzweise aufgenommen zu haben. Sie scheinen überhaupt nicht zu begreifen, dass da draußen viele Bürger sind, die eine ganz andere Erwartung an sie als ›kritische‹ Journalisten haben. Diese Bürger erwarten von Journalisten, dass sie bei solch einer nicht ganz unwichtigen Pressekonferenz auftreten wie Savelberg. Erinnern wir uns: Wir reden über einen Vorfall aus dem Jahr 2009. Lange vor der Ukraine-Krise. Jahre vor den Lügenpresse-Rufen. Deutlich wird: Der schwere Konflikt zwischen Medien und Teilen ihrer Nutzer schwelt schon seit langem. Durch seinen Auftritt führt Savelberg uns im Grunde genommen an die Konfliktlinie zwischen Medien und Medienkritiker. Wer sich das kurze Video anschaut, sieht in verdichteter Form die Ursachen und Gründe für die Kritik an den Medien. Frage: Warum gibt es noch keinen Rob Savelberg Journalistenpreis? Ein Preis, der für jene Journalisten wäre, die so kritische Fragen im öffentlichen Raum gegenüber Politiker stellen, wie Savelberg es getan hat? Vielleicht, weil solch ein Preis nur selten verliehen werden könnte?[127]

Fazit: Wir brauchen ein neues Mediensystem

> Frage an Pierre Bourdieu: »Kann sich dieses Milieu [das der Journalisten] reformieren?«
> Antwort Bourdieu (im Jahr 1995): »Die Lage spricht sehr dagegen.«[1]

Der erste Schritt hin zu einem fundamental herrschaftskritisch ausgerichteten Journalismus besteht darin, die journalistischen Produkte radikal zu hinterfragen. Viele Mediennutzer haben diesen Schritt bereits unternommen und machen durch ihre massive Kritik an den veröffentlichten Beiträgen auf die dringend notwendige Reformierung des Mediensystems aufmerksam. Doch was muss dieser Erkenntnis und dieser Kritik folgen? Wie muss der zweite Schritt aussehen? Mit diesen Fragen bewegen wir uns hin zu den Lösungsmöglichkeiten. Und damit auch hin zu einem leider sehr düsteren Ausblick.

Es wäre gewiss einfach, an dieser Stelle zu schreiben, dass große Medien dringend darauf achten müssen, nicht nur Mitarbeiter einzustellen, die dem dominierenden Weltbild in den jeweiligen Redaktionen gerecht werden. Es wäre leicht zu fordern, dass Medien gerade auch an den Schlüsselpositionen Personen benötigen, die bereit sind, im journalistischen »Porzellanladen der Selbstverständlichkeiten und Sicherheiten [herumzutrampeln]«[2] – ganz so, wie Ketzer es tun. Rupert Lay definierte Ketzer als jene Menschen, »die an der Peripherie, weitab vom ideologischen Zentrum stehend, neue Antworten auf alte Frage geben; neue Fragen stellen, die Antworten einfordern, die unangenehm, die beängstigend sind und nicht konform gehen mit der allgemeinen Selbstverständlichkeit«[3]. Wir könnten, um es zuzuspitzen, also rufen: Ketzer in die Redaktionen! Wir könnten außerdem betonen, dass der journalistische Beruf, trotz gewiss nicht ganz niedriger Anforderungen, eben nicht nur ein Beruf ist, für den man Abitur benötigt und studiert haben muss. Leicht lässt sich die Forderung aufstellen, dass allgemein in den Medien, aber auch speziell innerhalb der Leitmedien, weniger auf formale und bildungsbürgerliche Qualifikationen[4] geachtet werden sollte als auf die Fähigkeit und die Bereitschaft, auch herrschaftskritisch zu berichten. Genauso einfach wäre es zu fordern, endlich ein Mediensystem aufzubauen, das die schwächsten Akteure in ihm stärkt. Das heißt: den einfachen freien Journalisten, die aufgrund oft erbärmlich niedriger Honorare geradezu in Armut leben, bessere strukturelle Möglichkeiten zu eröffnen, journalistisch zu arbeiten – also gerade jene Gruppen innerhalb des Journalismus, die vielleicht tendenziell eher noch bereit wären, jenen für die Mächtigen unbequemen Journalismus abzuliefern, den viele Mediennutzer fordern, zu unterstützen. Wir könnten betonen, dass dringend ein Sozialfond auf die Beine gestellt werden muss, der es Kindern aus armen Familien ermöglicht, die finanziellen Hürden, die ihnen beim Aufgreifen des Journalistenberufes im Wege stehen, zu überwinden. Wir könnten zusammenfassend sagen: Auf die radikale Kritik an den journalistischen Produkten muss eine radikale Hinterfragung der sozialen Zusammensetzung des journalistischen Feldes, der Rekrutierungsmechanismen sowie der in ihm ablaufenden beruflichen Sozialisation erfolgen. Doch so einfach diese Forderungen zu stellen sind, so weit gehen sie, was ihre Umsetzung angeht, an der Realität vorbei (auch wenn es, wie im Buch dargelegt, derzeit gewisse Bestrebungen gibt, für mehr soziale Vielfalt in den Medien zu sorgen). Zu Beginn des Buches haben wir Anmerkungen eines »Alphajournalisten« zur Rekrutierung des journalistischen Nachwuchses angeführt. Lassen wir ihn noch einmal zu Wort kommen:

> »Wir haben es mit einer Generation zu tun, die jetzt in den Journalismus kommt, die so international ist wie keine zuvor. Jeder Volontär bei uns hat zwei, drei Jahre Auslandserfahrung in den noch so exotischsten Ländern hinter sich, spricht Sprachen, das ist wirklich toll und bemerkenswert. Es gibt die komplette Erasmus-Generation, die rumläuft, die ist offen und versteht, wie die Welt tickt. Also eigentlich müsste es ein leichtes Spiel sein, aber das darf man sich nicht durch die Verrückten verderben lassen.«[5]

Das ist es, worum es geht: Viele derjenigen, die an den Schaltstellen innerhalb der Medien sitzen, wollen sich »das Spiel« nicht »verderben lassen«. Hier geht es, so unsere Annahme, um die Kompatibilität des Habitus. Hier geht es darum, Akteure in das journalistische Feld zu lassen, die den in ihm vorherrschenden Wirklichkeitshorizont verstärken und ausbauen. Glaubt wirklich auch nur ein kritischer Leser daran, dass die Weichensteller in den Redaktionen ein Interesse daran haben könnten, »das Spiel« durch Journalisten, die nicht mit ihren Glaubensüberzeugungen übereinstimmen, verändern zu lassen? Es geht hier um einen Glaubenskampf, es geht um die Verteidigung von Weltbildern – unter dem Deckmantel einer angeblich objektiven Erfassung und Einordnung der Realität.

Die in diesem Buch angestellten Überlegungen verdeutlichen, dass die Schieflagen im Journalismus unserer Zeit längst nicht nur das Resultat äußerer, materieller Beeinflussung sind (auch wenn diese natürlich von Gewicht sind). Vielmehr ist es das Paradigma des sozialen Kampfes, von dem Bourdieu immer wieder sprach, das sich auch im Mikrokosmos der Medien beobachten lässt. Dominierende Gruppen haben sich innerhalb des journalistischen Feldes festgesetzt und möchten ihre Position und die damit verbundenen Vorteile weder teilen und schon gar nicht aufgeben. Und das ist verständlich. Es geht um viel. Es geht um die Vorherrschaft bei der Schaffung medialer Wirklichkeit. Es wäre reichlich naiv anzunehmen, sauber vorgetragene Lösungsvorschläge könnten etwas verändern. Wie eingangs geschrieben: Aus Sicht der dominierenden Akteure gibt es ja nicht mal ein Problem – außer eben, dass es da diese »Spinner« gibt. Da ist er, der soziale Kampf. Und dieser Kampf wird mit großer Härte geführt. Die Medien sind unter einen enormen Druck geraten. Die Kritik an der Arbeit von Journalisten durch kritische Mediennutzer und Beobachter von außen ist seit Jahren so laut und deutlich zu hören wie noch nie. Natürlich ist es nicht einfach nur eine ›Laune der Zeit‹, dass so viele alternative Formate im Internet genutzt werden. Diese Medien sind auch der sichtbare Ausdruck eines Kampfes um die Interpretation gesellschaftlicher und politischer Wirklichkeit.

Machen wir uns nichts vor: Die Weichensteller in den Medien wissen um die Verhältnisse. Sie sehen, wie ihnen die ›Felle‹ wegschwimmen. Das sind alles kluge Köpfe. Aber auf dieser Ebene des sozialen

Kampfes will man nicht verlieren oder aufgeben. Nein, anstelle sich im Sinne der eigenen Profession und der Demokratie auf eine vernünftige Lösung einzulassen, will man eben den Kampf weiterführen – schließlich geht es um die Verteidigung des eigenen Weltbildes. Wohlgemerkt befinden wir uns hier auf der Ebene der sozialen Kämpfe (die auf die ein oder andere Weise auch in anderen Feldern geführt werden). Mit dem Vorschlag, die Schwächsten innerhalb des journalistischen Feldes zu stärken, kommen wir jedoch schnell auf die politische Ebene, da zur Umsetzung dieses Vorschlages wohl auch die Unterstützung der Politik nötig wäre. Auch hier wäre es ziemlich naiv zu erwarten, dass Politik dabei hilft, Rahmenbedingungen zu schaffen, die tatsächlich (nicht kosmetisch) gerade jene im journalistischen Feld stärken, die Macht und Herrschaft besonders kritisch hinterfragen. Mit diesen Worten haben wir den Blick auf die äußere Beeinflussung von Medien gerichtet – eine Betrachtung, die wir in diesem Buch bewusst weitestgehend außen vorgelassen haben.

Wenn wir davon reden, wie ein herrschaftskritischer Journalismus innerhalb der großen Medien etabliert werden kann, dann müssen wir beachten, dass auch Herrschafts- und Machtinteresse, die außerhalb des journalistischen Feldes liegen, von Bedeutung sind. Medien waren und sind auch in demokratischen Ländern Teil eines Herrschaftsgeflechts. Wenn Bürger im Sinne politischer Weichenstellungen beeinflusst werden sollen, dann kommt Medien mit ihrer wirklichkeitserzeugenden Kraft eine weitreichende Rolle zu. Medien verbreiten, wie wir gesehen haben, auch Desinformation und Propaganda[6]. Ja, selbst Kriegspropaganda kann zum Teil der Berichterstattung in unseren Medien werden, wenn einflussreiche Geostrategen zum Krieg drängen.[7] Wenn also aus dem journalistischen Feld selbst der Versuch unternommen würde, ein tatsächlich herrschaftskritisches Mediensystem entstehen zu lassen, muss beachtet werden, dass ›Kräfte‹ außerhalb des Feldes ein sehr vitales Interesse daran haben, dies zu verhindern. Ein relatives Gleichgewicht der sozialen Milieus, vertreten und abgebildet in den Leitmedien, wäre das Mittel, um zumindest die schlimmsten Schieflagen zu beheben.

Doch, liebe Leserinnen und liebe Leser, verzeihen Sie mir bitte, wenn ich das geradeaus sage: Daran glaube ich nicht. Umso wichtiger ist es, dass sich Bürger weiterhin so kritisch wie möglich mit der Berichterstattung der Medien auseinandersetzen.

Eine, wenn auch alles andere als einfache, aber vielleicht doch etwas realistischere Möglichkeit wäre es, weniger zu versuchen, das ›alte Mediensystem‹ zu reformieren und stattdessen die alternativen Medien zu stärken und auszubauen.[8] Wichtig wäre es, dass diejenigen Akteure in der Gesellschaft, die finanziell gut ausgestattet und besorgt über den Zustand unseres Mediensystems und der Demokratie sind, selbstlos finanzielle Mittel bereitstellen, sodass alternative Medien ihren Handlungsradius erweitern können. Auch wenn neue Medienformate alles andere als ›perfekt‹ sind und sie oft genug Raum für Kritik bieten: Der große Vorteil ist, dass sie häufig von vorneherein herrschaftskritisch aufgestellt sind und immer wieder versuchen, die blinden Flecken in der Berichterstattung des Mainstreams auszuleuchten (was ihnen mal gut, mal weniger gut gelingt). Finanziell gut ausgestattete alternative Medien könnten so auch zu einer echten Alternative für Journalisten der großen Medien werden, die eigentlich einen kritischen Journalismus betreiben wollen, aber aufgrund der brutalen Zwänge des Feldes dazu kaum in der Lage sind. Bei aller Kritik an Medien, Journalisten und der Berichterstattung soll an dieser Stelle noch einmal betont werden: Selbst in den viel kritisierten Mainstreammedien gibt es Journalisten, die die Schieflagen in der Berichterstattung ihrer Redaktionen und Medienhäuser genauso erkennen und kritisieren wie die Medienkritiker. In Redaktionen gibt es durchaus auch Journalisten, die kritisch berichten, den Mächtigen genau auf die Finger schauen und Themen aufgreifen, die außerhalb des engen Meinungskorridors ihrer Medien stehen. Aber die Gesamtheit der Strukturen, in die sie eingebettet sind, die Dominanz eines bestimmten Milieus samt seiner Wirklichkeitsvorstellungen, schnürt sie ein und lässt ihnen oft allenfalls nur einen kleinen Spielraum. Ihre Existenz kommt dann zum Vorschein, wenn plötzlich ein Kommentar, ein Feature, ein Interview oder ein Artikel auftaucht, der aus dem Rahmen der braven, pseudokritischen Berichte rausfällt. Die Leser bemerken solche Beiträge, kommentieren entsprechend überrascht und sind voll des Lobes in den Foren.

Doch sind die Leser sich auch bewusst, welche Anstrengungen von dem oder den Journalisten notwendig waren, um Beiträge dieser Art zu veröffentlichen? Das Risiko, von Vorgesetzten und Kollegen als unbequem und als Außenseiter wahrgenommen zu werden, haben sie in Kauf genommen. Solche Journalisten müssen in ihrem Arbeitsalltag oft viel hinnehmen und über vieles hinwegsehen, um sich innerhalb des Mainstreams bewegen zu können. Und wenn sich ihnen die Gelegenheit bietet, ein Stück ›Subversion‹ in ihre Berichterstattung unterzubringen, dann kommt das für sie einem Drahtseilakt gleich. Für diese Journalisten wäre es sicherlich leichter, zu einem alternativen Medium zu wechseln, wenn sie wüssten, dass sie keine finanziellen Einbußen hinnehmen müssten. Ihr handwerkliches Wissen und ihre Erfahrungen könnten dabei behilflich sein, alternative Medien zu verbessern. Dies würde auch ein Qualitätsgewinn für die alternativen Medien bedeuten – wodurch diese Medien vermutlich für noch mehr Nutzer interessant würden. So könnte sich nach und nach ein System alternativer Medien ausformen und etablieren. Wichtig wäre die Unterstützung von kritischen Kommunikations- und Medienwissenschaftlern, von kritischen Journalismusforschern und Intellektuellen, genauso wie versierten Praktikern des Journalismus, die dabei helfen, dieses System mit aus der Taufe zu heben und die Akteure, die sich in ihm bewegen, zu schulen. Der Unterschied zu unserem Mainstreammediensystem würde darin liegen, dass von Anfang an die Ausrichtung herrschaftskritisch ist und darauf geachtet wird, machtelitäre Einflüsse von außen zu verhindern.

Ja, das ist: Utopie. Sehr grob umrissen. Lässt sich diese verwirklichen? Ich weiß es nicht. Ihr zu folgen scheint mir aber realistischer, als die Erwartung zu hegen, dass sich die großen Medien zum besseren verändern könnten.

Noch ein Letztes: Wir setzen uns mit den Medien so intensiv auseinander, weil viele der schweren Verwerfungen, die wir seit Jahren in unseren westlichen Demokratien beobachten können, auch damit zu tun haben, dass die Wachhunde der Demokratie in zu großer Zahl eine Politik der Eliten und Machteliten mitgetragen und flankiert haben. Entgegen ihrer Aufgabe haben sie nicht *angeschlagen*, sondern haben sich auf die Seite derer geschlagen, die sie eigentlich im Zaum halten sollten. Die brutale Kraft des Neoliberalismus der vergangenen Jahrzehnte, die Folgen eines sträflich vernachlässigten sozialen Wohnungsbaus, Armut und Elend (ja, auch in Deutschland!), ein

Wiedererstarken rechter Kräfte, nationalistische Verirrungen, Bürger, die sich aufgrund politischer Entscheidungen, die gegen sie gerichtet sind, gelbe Westen anziehen, und auf die Straße gehen, um zu demonstrieren, und vieles mehr: All das sind auch Zeichen für ein schweres (staatenübergreifendes), dauerhaftes Versagen einer kritischen Presse. Wir müssen uns darüber im Klaren sein, dass eine tatsächlich funktionierende Presse für unsere Gesellschaft von elementarer Bedeutung ist. Je herrschaftsnaher Medien sind, je weniger Medien bereit sind, politische Weichenstellungen fundamental zu kritisieren, umso wahrscheinlicher wird es, dass Politik sich mehr und mehr an den Interessen der Eliten und Machteliten in unserer Gesellschaft ausrichtet. Wenn Medien ihrer Wächterfunktion nicht mehr nachkommen, dann ist es, als wäre eine zentrale Säule der Demokratie weggesprengt worden. Was das für unsere Demokratie, dieses schwere, massive Gebilde, bedeutet, ist offensichtlich: Sie gerät ins Wanken. Es ist beileibe kein Zufall, dass in vielen westlichen Demokratien Kritik an den Herrschenden, den Eliten, Hand in Hand geht mit einer Kritik an den Medien. Viele Bürger erkennen, dass weder Politik liefert, was sie liefern sollte, noch Medien liefern, was sie versprechen. Und genauso erkennen Bürger auch, wie groß die Gefahren sind, die sich aus einem Journalismus ergeben, der zu einer fundamentalen Herrschaftskritik kaum noch in der Lage ist.

Von daher ist es mehr als verständlich, dass Medien so massiv kritisiert werden. Sie stehen zu Recht in der Kritik. Man kann nur hoffen, dass noch mehr Bürger begreifen, wie groß die Gefahren, die sich aus einem dysfunktionalen Mediensystem ergeben, sind. Die Kritik an den Medien muss noch lauter werden.

Danke!

An alle, die mich bei dieser Arbeit unterstützt, mitgedacht und wertvolle Hinweise gegeben haben. Freunde, Kollegen, Wissenschaftler, aber auch all jene, mit denen ich in den vergangenen Jahren außerhalb des Berufes, bei unterschiedlichen Anlässen und Gelegenheiten, über Medien reden konnte. Ihre Gedanken und Ansichten waren und sind sehr wertvoll. Nicht zuletzt gilt mein Dank auch dem Westend Verlag und Lektor Maximilian David.

Anmerkungen

Einleitung

1 Hensel, Jana: »Mein Angela-Merkel-Gefühl« *Die Zeit*, Nr. 45/2018 https://www.zeit.de/2018/45/bundeskanzlerin-angela-merkel-staatsfrau-abschied/komplettansicht [Zugriff: 10. März 2019].

2 Man denke an die Schließung von Leserforen beziehungsweise die Einschränkung der Kommentarfunktion bei diversen Medien.

3 Zwar gibt es durchaus auch Medien, wie etwa *Der Spiegel* und *DIE ZEIT*, die den Dialog mit ihren Lesern führen (»Leserkonferenz« bei *Spiegel*, »Freunde der ZEIT«), allerdings ist hier zu fragen: Worum geht es bei solchen Begegnungen mit den Lesern? Auf Telepolis ist zur Leserkonferenz des *Spiegels* Folgendes zu lesen: »Insgesamt entstand der Eindruck, einem Ritual beizuwohnen, einer symbolischen Zeremonie, die man feierlich begeht und deren Rahmen und Regeln auch peinlich genau beachtet werden. Doch an den Sinn eines echten Dialoges schien kaum einer der teilnehmenden Redakteure wirklich zu glauben. Zu sehr war man von der Richtigkeit der eigenen Ansichten überzeugt. Respektvoll zuhören, das ja, aber Dinge ernsthaft in Frage stellen – das dann doch eher nicht. Schließlich erklärte man, so der unausgesprochene Tenor im Raum, immer noch den Lesern die Welt – und nicht umgekehrt.« Schreyer, Paul: »Inszenierte Offenheit: Der Spiegel im Dialog mit seinen Lesern« Telepolis, 23. Juni 2018. https://www.heise.de/tp/features/Inszenierte-Offenheit-Der-Spiegel-im-Dialog-mit-seinen-Lesern-4090474.html?seite=all [Zugriff: 12. Mai 2019]. Außerdem: Auf Übermedien findet sich eine Auseinandersetzung zum »Tag des Journalismus«, zu dem der *Stern* seine Leser eingeladen hat (»Blicken Sie hinter die Kulissen der stern-Redaktion und des wichtigsten deutschen Journalistenpreises.«). Darin wird deutlich, wie weit die Selbstkritik bei dem Medium tatsächlich geht. Rosenkranz, Boris: »Tag des Journalismus« – Tag der versuchten Selbstkritik beim »Stern« Übermedien, 26. Mai 2019. https://uebermedien.de/38526/tag-der-versuchten-selbstkritik-beim-stern/ [Zugriff: 27. Mai 2019].

4 Mühlberger, Sarah: »Journalisten Leser. Beziehungsstatus: Es ist kompliziert« http://thomnagy.com/wp-content/uploads/2015/03/Journalist-Beziehungskrise.pdf . [Zugriff: 12. Mai 2019].

5 Danijluk, Malte: »Ukraine-Konflikt: ARD-Programmbeirat bestätigt Publikumskritik« Telepolis. 18. September 2014. http://www.heise.de/tp/artikel/42/42784/1.html [Zugriff: 10. März 2019].

6 Meedia.de: »WDR-Intendant Buhrow wehrt sich gegen Kritik an Ukraine-Berichterstattung« 24. September 2014. http://meedia.de/2014/09/24/wdr-intendant-buhrow-wehrt-sich-gegen-kritik-an-ukraine-berichterstattung/ [Zugriff: 10. März 2019].

7 Luhmann, Niklas: *Die Realität der Massenmedien*, 2. Erweiterte Auflage. Opladen 1996, S.9.

8 Augstein, Jakob: »Das ist nicht Ihr Journalismus!« *Süddeutsche Zeitung*. 22. Juli 2010. https://www.sueddeutsche.de/medien/serie-wozu-noch-journalismus-4-das-ist-nicht-ihr-kanzleramt-1.63398 [Zugriff: 10. Juni 2019].

1 Zensur

1 Foucault, Michael: *Die Ordnung des Diskurses*. Frankfurt am Main 1991, S. 25.

2 Deutscher Bundestag: *Grundgesetz*. Grundrechte Artikel 5. https://www.bundestag.de/grundgesetz [Zugriff: 10. März 2019].

Die Einschränkungen »zum Schutze der Jugend und in dem Recht der persönlichen Ehre« spielen bei unserer Betrachtung keine Rolle.

3 Bundeszentrale für politische Bildung: Zensur. Präventiv-, Vorzensur, Repressiv-, Nachzensur, Zensurfreiheit http://www.bpb.de/nachschlagen/lexika/recht-a-z/23269/zensur [Zugriff: 10. März 2019].

4 Vgl.: Kuran, Timur: *Private Truths, Public Lies: The Social Consequences of Preference Falsification*. Harvard University Press 1997. Bzw. Siehe im Internet Konzept der «Präferenzverfälschung«. Und: Zeit Online: »Meinungsfreiheit: Mehrheit vermeidet öffentliche Aussagen zu vermeintlichen Tabuthemen« 23. Mai 2019. https://www.zeit.de/gesellschaft/2019-05/meinungsfreiheit-oeffentlichkeit-deutsche-ifd-allensbach-studie [Zugriff: 23. Mai 2019].

5 Vgl. Luhmann 1996, S. 58–70.

6 Mausfeld, Rainer: *Warum schweigen die Lämmer? Wie Elitendemokratie und Neoliberalismus unsere Gesellschaft und unsere Lebensgrundlagen zerstören*. Frankfurt am Main 2018. https://www.westendverlag.de/buch/warum-schweigen-die-laemmer/ [Zugriff: 3. Februar 2019]

7 Die folgenden Zitate von Stefan Korinth entstammen aus einer mit ihm im Mai 2019 geführten E-Mail-Korrespondenz.

8 Korinth, Stefan: »Der Maidan-Fake« Rubikon, 24. November 2018. https://www.rubikon.news/artikel/der-maidan-fake-2 [Zugriff: 18. Juli 2019]

9 Bourdieu, Pierre: Über das Fernsehen. Frankfurt am Main 1998, S. 63.

10 Ebd. S. 63.

11 Ebd.

12 Bourdieu, Pierre: *Das Argument*. 200/1993. S. 533–534.

13 Berger, Peter L; Luckmann, Thomas: *Die gesellschaftliche Konstruktion der Wirklichkeit*. Frankfurt am Main 2001, S. 141.

14 Vgl.: Maasen, Sabine. *Wissensoziologie*. Bielefeld 1999, S. 17. ff.

15 Massen 1999.

16 Goldschmidt, Rene: *Von der Divergenz des Utopie- und Ideologiebegriffs Karl Mannheims*. Studienarbeit. Friedrich-Schiller-Universität Jena. Institut für Politikwissenschaften März 2010.). https://www.grin.com/document/182099 [Zugriff: 18. Juli 2019] bzw. Vgl.: Remmling, Gunter W., Wissenssoziologie und Gesellschaftsplanung. Das Werk Karl Mannheims. 1968, S.24.

17 Maasen 1999, 17.18. S. 17–18.

18 Vgl. Maasen 1999, S. 26.

19 Bourdieu 1998, S. 25.

20 Ebd.

21 Ebd.

22 Schwingel, Markus: *Pierre Bourdieu zur Einführung*. Hamburg 1998, S. 71.

23 Bittlingmayer, U. H.; Eickelpasch, R.; Kastner, J.; Rademacher, C. (Hrsg.): *Theorie als Kampf? Zur politischen Soziologie Pierre Bourdieus*. Berlin 2002, S. 30.

24 Klöckner, Marcus (Interview mit Sebastian Köhler): «Vertrauen müssen sich journalistische Medien heute mehr denn je erarbeiten.« NachDenkSeiten, 13. Juni 2017. https://www.nachdenkseiten.de/?p=38727 [Zugriff: 18. Juli 2019].

25 Vgl.: Bourdieu, Pierre: *Die feinen Unterschiede*. Frankfurt am Main 1987, S. 279.

26 Vgl.: Bourdieu, Pierre; Wacquant, Louis: *Reflexive Anthropologie*. Frankfurt am Main 2006, S. 164.

27 Hartmann, Michael: *Der Mythos von den Leistungseliten. Spitzenkarrieren und soziale Herkunft in Wirtschaft, Politik, Justiz und Wissenschaft*. Frankfurt am Main 2003.

28 Kirchherr, Julian: »Vor allem zählt der richtige Stallgeruch« Zeit Campus, 28. Februar 2013. http://www.zeit.de/studium/uni-leben/2013-02/eliten-forscher-hartmann-stipendium-exzellenzinitiative [Zugriff: 18. Juli 2019].

29 Weichenberg, Siegfried; Scholl, Arnim; Malik, Maja: *Die Souffleure der Mediengesellschaft: Report über die Journalisten in Deutschland*. Tübingen 2006, S. 70.

30 Ebd. S. 70.

31 Vgl.: Klöckner, Marcus (Interview mit Siegfried Weischenberg): Medien in der Filterblase: »Das ist nicht nur eine Gefahr, sondern eine Tatsache« Telepolis 17. September 2017. https://www.heise.de/tp/features/Medien-in-der-Filterblase-Das-ist-nicht-nur-eine-Gefahr-sondern-eine-Tatsache-3830955.html?seite=all [Zugriff: 3. März 2019]

32 Auch wenn (wir kommen darauf im weiteren Verlauf noch zu sprechen) derzeit zumindest einige Medien das Problem eines sozial geschlossenen journalistischen Feldes erkannt haben, und vorgeben, für mehr »diversity« sorgen zu wollen, sind die grundlegende Probleme eines sozial viel zu einseitig besetzten journalistischen Feldes noch lange nicht gelöst. Vgl.: heute.de-Interview mit Michael Hartmann: Entfremdete Medienelite – »Soziale Herkunft prägt Berichterstattung«. 17. August 2019. https://www.zdf.de/nachrichten/

heute/entfremdete-medienelite-soziale-herkunft-praegt-die-berichterstattung-100.html [Zugriff: 19. August 2019].

33 Ziegler, Peter: »Journalistenschüler – Rollenselbstverständnis, Arbeitsbedingungen und soziale Herkunft einer medialen Elite.« Friedrich-Ebert-Stiftung 2008, S. 30.

34 Ebd. S. 30.

35 Ziegler 2008, S. 30.

36 Bourdieu, Pierre: *Die verborgenen Mechanismen der Macht*. Hamburg 2005, S. 56.

37 Abdels, Heinz: *Identitäten*. Wiesbaden 2006, S. 217.

38 Ebd. S. 360.

39 Bourdieu 1987, S. 519.

40 Ebd.

41 Ebd.

42 Böcking, David, Hesse Martin: »Falsche Selbsteinschätzung Warum Merz nicht zur Mittelschicht gehört« Spiegel Online, 15. November 2018. https://www.spiegel.de/wirtschaft/soziales/friedrich-merz-warum-er-nicht-zur-mittelschicht-gehoert-a-1238635.html [Zugriff: 12. Mai 2019].

43 »Eine Medienkritik, die sich ihrer Herkunft bewusst wäre, müsste die heute dominante Medienindustrie als Charakteristikum postdemokratischer Herrschaft begreifen, anstatt weiter naiv an die verklärende Erzählung zu glauben, die Medien seien dazu da, die Mächtigen zu kontrollieren. Das mag in den Anfängen ein Motiv gewesen sein und in einigen Redaktionszirkeln auch tatsächlich funktionieren, aber so wie die Kirche im Laufe der Jahrhunderte von einer verfolgten Außenseiter-Gemeinde (…) zu einem tragenden Pfeiler der »Allianz aus Thron und Altar« wurde, so entwickeln sich die immer größer werdenden Medienkonglomerate zu tragenden Pfeilern der Postdemokratien. Sie geben zwar vor, die weltliche Macht zu kontrollieren, sind aber längst zu deren unverzichtbaren Stützen geworden (…).« Michael, Wolfgang: Wozu überhaupt noch Medienkritik? 21. Januar 2016. https://www.wolfgangmichal.de/2016/01/21/wozu-ueberhaupt-noch-medienkritik/ [Zugriff: 31. Juli 2019] Vgl. Interview Florian Rötzer mit Ulrich Teusch im »Telepolis Salon«. https://www.heise.de/tp/features/Der-permanente-Krieg-und-die-Propaganda-4464606.html [Zugriff: 19. August 2019].

44 »Laut im Chor stimmen sie das Lied vom Fördern und Fordern an und verkennen völlig, dass die, an die der Slogan gerichtet ist, längst nichts mehr haben, was sie geben können.« Klöckner, Marcus: »Die Armen in Deutschland, dem Tod so nah« Telepolis, 24. April 2016. https://www.heise.de/tp/features/Die-Armen-in-Deutschland-dem-Tod-so-nah-3195687.html?seite=all [Zugriff: 1. März 2019].

45 An dieser Stelle sei auf die kluge und differenzierte Auseinandersetzung mit dem Thema »Armut« von Christian Baron verwiesen (Buch: *Proleten, Pöbel, Parasiten: Warum die Linken die Arbeiter verachten*. Berlin 2016).

46 Ziegler 2008, S. 30.

47 Ebd.

48 Klöckner, Marcus (Interview mit Thomas Meyer): »Die große Meinungsvielfalt in der deutschen Presse ist Geschichte« Telepolis, 2. Juni 2015. https://www.heise.de/tp/features/Die-grosse-Meinungsvielfalt-in-der-deutschen-Presse-ist-Geschichte-3373110.html?seite=all [Zugriff: 19. März 2019].

49 Klöckner, Marcus (Interview mit Michael Hartmann): »Die Medien sind Teil des Problems geworden« NachDenkSeiten, 22. September 2018. «https://www.nachdenkseiten.de/?p=46147 [Zugriff: 19. März 2019].

50 Auch wenn auf diese Studie hier nicht weiter eingegangen wird, sei sie dem interessierten Leser wärmstens empfohlen. Lueg erfasst das journalistische Feld weitreichend durch eine Auseinandersetzung mit Bourdieu und beleuchtet unter anderem auch die Konzepte der »Doxa« und der »Illusio«, die in diesem Buch außen vorgelassen werden. Außerdem: Lueg kam zu dem Ergebnis, dass es sich bei den von ihr untersuchten Journalistenschulen um ziemlich »exklusive« Orte handelt. »Es wurde gezeigt, dass die Journalistenschulen in der Selbstwahrnehmung der Schulleiter durchaus als elitäre und distinktive Orte existieren. Diese wahrgenommene Exklusivität der Ausbildung stimmt auch mit der sozialen Exklusivität überein. Während 68 Prozent der Journalistenschüler aus der höchsten gemessenen Herkunftsgruppe stammen, stellen die gehobenen Herkunftsgruppe 17 Prozent, die mittlere Herkunftsgruppe nur noch 15 Prozent und die niedrige Herkunftsgruppe, die beispielsweise ausführende Angestellte wie Verkäuferinnen oder auch einfache Beamte wie Schaffner umfassen würde, ist nicht vertreten.« Lueg, Klarissa: *Habitus, Herkunft und Positionierung – Die Logik des journalistischen Feldes*. Wiesbaden 2012, S. 236.

51 Klöckner, Marcus: Interview mit Michael Hartmann für die NachDenkSeiten am 22. September 2018.

52 Winterbauer, Stefan: »Wochenrückblick: Regatta-Rivalen – wie ein Ex-Spiegel-Chef den

amtierenden Spiegel-Chef beim Segeln besiegte« Meedia.de, 6. Juli 2018. https://meedia.de/2018/07/06/wochenrueckblick-die-medien-regatta-bei-der-ein-ex-spiegel-chef-den-amtierenden-spiegel-chef-besiegte/ [Zugriff: 23. März 2018].

53 Merker, Henrik: »Fox-Reporter Tucker Carlson rastet im Interview aus. Zeit Online« Blog Teilchen, 21. Februar 2019. https://blog.zeit.de/teilchen/2019/02/21/fox-reporter-tucker-carlson-rastet-im-interview-aus/ [Zugriff: 23. März 2019].

54 Klöckner, Marcus: »Pflege-Azubi als Journalist des Jahres.« NachDenkSeiten. 22. Dezember 2017. https://www.nachdenkseiten.de/?p=41714 [Zugriff: 23. März 2019].

55 Focus Online: »Azubi fordert höhere Steuer für Reiche – doch dann fühlt er sich von Lanz vorgeführt« 1. März 2019 https://www.focus.de/politik/deutschland/im-zdf-azubi-fordert-hoehere-steuer-fuer-reiche-doch-dann-fuehlt-er-sich-von-lanz-vorgefuehrt_id_10392750.html [Zugriff: 1. März 2019].

56 Schärfl, Christina: »Markus Lanz im ZDF: Krankenpfleger mit krasser Forderung – Moderator ist fassungslos« Der Westen, 1. März 2019. https://www.derwesten.de/panorama/markus-lanz-im-zdf-krankenpfleger-schockt-mit-krasser-forderung-id216554919.html [Zugriff: 1. März 2019].

57 ZDF/Markus Lanz. 28. Februar 2019. https://www.zdf.de/gesellschaft/markus-lanz [Zugriff: 1. März 2019].

58 Ebd.

59 Ebd.

60 Ebd.

61 Ebd.

62 Ebd.

63 Ebd.

64 Bourdieu 1987, S. 531.

65 Stöcker, Christian: »Islamdebatte. Die unerträgliche Waschlappigkeit der deutschen Politik« Spiegel Online, 22. April 2018. http://www.spiegel.de/wissenschaft/mensch/islam-debatte-die-waschlappigkeit-der-deutschen-politik-a-1203826.html [Zugriff: 22. Februar 2019]. Vgl.: Klöckner, Marcus: »Steinmeier: »Es sind zu viele, die sich wohlfühlen im Schlechtreden unseres Landes« Telepolis. 28. September 2018. https://www.heise.de/tp/features/Steinmeier-Es-sind-zu-viele-die-sich-wohlfuehlen-im-Schlechtreden-unseres-Landes-4174727.html?seite=all [Zugriff: 10. März 2019].

66 Klöckner, Marcus (Interview mit Gerhard Trabert): »Einem Politiker wie Spahn möchte ich am liebsten sagen: Sei doch einfach ruhig, wenn Du keine Ahnung von dem Thema hast.« NachDenkSeiten, 7. April 2018. https://www.nachdenkseiten.de/?p=43341 [Zugriff: 22. Februar 2019].

67 Müller, Albrecht: »Der Feindbildaufbau geht weiter. Massive Propaganda vor den Präsidentenwahlen in Russland.« NachDenkSeiten, 13. März 2018. https://www.nachdenkseiten.de/?p=42899 [Zugriff: 13. März 2018].

68 Klöckner, Marcus (Interview mit Cornelia Mothes): »Der Journalismus muss sich der Diskussion um Objektivität stellen Mothes« Telepolis, 29. Januar 2015. https://www.heise.de/tp/features/Der-Journalismus-muss-sich-der-Diskussion-um-Objektivitaet-stellen-3369820.html [Zugriff: 22. Februar 2019].

69 Bourdieu, Pierre: *Soziologische Fragen*. Frankfurt am Main 1993, S. 133.

70 Bröckerhoff, Daniel. Interview mit Stefan Kornelius. »Es ist Teil meines Geschäfts« ZAPP, 14. Mai 2014. http://www.ndr.de/fernsehen/sendungen/zapp/zapp7506.html [Anmerkung: Seite nicht mehr verfügbar].

71 Misik, Robert: »Deutsche Verbortheit. Gegen Blende – Debattenmagazin« 12. März 2015. http://www.gegenblende.de/++co++fee6d932-c8a5-11e4-93a4-52540066f352? [Zugriff. 12. Mai 2019].

72 Würger, Takis: »Der härteste Aufnahmetest – wie viel hätten Sie gewusst?« Spiegel Online, 27. Mai 2015. http://www.spiegel.de/lebenundlernen/job/der-wissenstest-der-henri-nannen-schule-wie-viel-haetten-sie-gewusst-a-1068199.html [Zugriff: 24. Februar 2019].

73 Ebd.

74 Ebd.

75 Ebd.

76 Ebd.

77 Ebd.

78 Aus dem DJV-Grundsatzprogramm. https://www.djv.de/startseite/profil/der-djv/grundsatzprogramm.html [Zugriff: 24. Februar 2019].

79 Bourdieu 1982, S. 177.

80 Ebd. S. 176 f.

81 Krüger, Uwe: *Mainstream. Warum wir den Medien nicht mehr trauen*. München 2016, S. 80.

82 Niggemeier, Stefan: »Wo ich lautstark Medienjournalisten erwarte, höre ich ohrenbetäubendes Schweigen.« Übermedien. https://uebermedien.de/465/wo-ich-

lautstarke-medienjournalisten-erwarte-hoere-ich-ohrenbetaeubendes-schweigen/ [Zugriff: 24. Februar 2019].

83 Klöckner, Marcus (Interview mit Horst Röper): »Der ökonomischen Konzentration folgt die publizistische Konzentration.« Telepolis. https://www.heise.de/tp/features/Der-oekonomischen-Konzentration-folgt-die-publizistische-Konzentration-4099043.html [Zugriff: 24. Februar 2019].

84 Borchardt, Alexandra; Lück, Julia; Kieslich, Sabine; Schultz, Tanjev; Simon, Felix M.: «Are Journalists Today's Coal Miners? The Struggle for Talent and Diversity in Modern Newsrooms –A Study on Journalists in Germany, Sweden, and the United Kingdom." Juni 2019. S. 59–60. http://www.uni-mainz.de/downloads_presse/02_Studie_Journalismus_Report.pdf [Zugriff: 21. Juli 2019].

85 Ebd. S. 48.

86 Bröckerhoff, Daniel: Twitter am 15. März 2019. https://twitter.com/doktordab/status/1106496047566766080 [Zugriff: 20. April 2019]

87 Kompa, Markus: »RT Deutsch ist kein journalistisches Informationsmedium« Telepolis, 14. Januar 2019. https://www.heise.de/tp/features/RT-Deutsch-ist-kein-journalistisches-Informationsmedium-4274024.html [Zugriff: 1. März 2019].

88 Bourdieu 1993, S. 46.

89 Bourdieu 1998, S. 35.

90 Bourdieu 1993, S. 133.

91 Bourdieu, Pierre: *Das politische Feld. Zur Kritik der politischen Vernunft*, Konstanz 2001, S. 41.

92 Ebd. S. 41.

93 Bourdieu 1993, S. 108.

94 Bourdieu 1993, S. 133.

95 Bourdieu 2001.

96 Krüger, Uwe: Vortrag: »Woran man Propaganda erkennt« In Teilen gehalten auf der Ialana-Medientagung 26.-28. Januar 2018 in Kassel. Siehe: http://medientagung.ialana.de/ . Auch zu finden im Buch von Krüger. *Mainstream. Warum wir den Medien nicht mehr trauen*. München 2016, S.112–113.

97 Korinth, Stefan: »Ungelöste Widersprüche« Rubikon. 18. Juli 2019. https://www.rubikon.news/artikel/ungeloste-widerspruche [Zugriff: 30. Juli 2019]

98 Pleitgen, Fritz; Schischkin, Michail: »Frieden oder Krieg. Russland und der Westen – eine Annäherung« München 2019, S. 20.

99 »Dürfen Ulrich Wickert und Sabine Christiansen für den Euro lächeln? Die Kampagne, mit der die Bundesregierung auf Plakaten, in Anzeigen und demnächst auch via TV für die neue Währung wirbt, ist möglicherweise gesetzwidrig. Der Rundfunkstaatsvertrag untersagt, dass in Fernsehspots »Personen auftreten, die regelmäßig Nachrichtensendungen oder Sendungen zum politischen Zeitgeschehen vorstellen.« Medienrechtler Christoph Degenhart von der Universität Leipzig hält die Prominentenfilme für »problematisch«, weil die öffentliche Autorität der ARD-Journalisten »zielgerichtet« für politische Zwecke ausgenutzt werde. In: Focus. Euro-Kampagne – Ein Biss zu viel. Nr. 24, 2001. Online: 11. Juni 2001. https://www.focus.de/magazin/archiv/euro-kampagne-ein-biss-zu-viel_aid_189848.html [Zugriff: 12. Mai 2019].

100 Bourdieu 1993, S. 133.

101 Ebd. S. 131.

102 Ebd. S. 131.

103 Foucault, Michel: *Die Ordnung des Diskurses*, Frankfurt am Main 1991, S. 11.

104 Vgl.: Walter, Michael: *Reformvisionen. Zur Bildpolitik wirtschafts- und sozialpolitischer Reforminitiativen,* Köln 2016.

105 Langzeitstudie Medienvertrauen: Forschungsergebnis der Welle 2018. Befund 3: Zunehmende Entfremdung der Bürger von den etablierten Nachrichtenmedien. https://medienvertrauen.uni-mainz.de/forschungsergebnisse-der-welle-2018/ [Zugriff: 11. März 2019].

106 Ebd.

107 Ebd.

108 Bourdieu 1993, S.133.

109 Ebd. S. 134.

110 Ebd. S. 134.

111 Stern: »TV-Kanzlerduell: ZDF-Chefredakteur ätzt gegen Stefan Raab« 25. April 2013. https://www.stern.de/kultur/tv/tv-kanzlerduell-zdf-chefredakteur-aetzt-gegen-stefan-raab-3210060.html [Zugriff: 11. März 2019].

112 Ebd.

113 Ebd. S. 134.

114 Bourdieu, Pierre: *Interventionen. 1961–2001*. Band 3 u. 4., Hamburg 2004, S. 168–169.
115 Müller, Beate (Hrsg): *Zensur im modernen deutschen Kulturraum* (Studien und Texte zur Sozialgeschichte der Literatur, Band 94). Berlin 2003, S. 2.
116 Ebd. S. 2.
117 Ebd.
118 Ebd.
119 Ebd.
120 Ebd.
121 Ebd.
122 Ebd.
123 Ebd.
124 Müller 2003, S. 3.
125 Müller 2003, S. 4.
126 Ebd.
127 Müller 2003, S. 5.
128 Ebd.
129 Müller 2003, S. 6.
130 Ebd.
131 Ebd.
132 Ebd.
133 Ebd.
134 Ebd.
135 »Auch in Deutschland werden Forschungsgelder aus der freien Wirtschaft immer wichtiger. Laut Hochschulwatch.de fließen jährlich rund 1,4 Milliarden Euro aus der Wirtschaft an deutsche Hochschulen. Drittmittelakquise ist geforderter Standard, nicht zuletzt für die eigene wissenschaftliche Karriere. Diese Abgabe öffentlicher Forschung durch Orientierung an wirtschaftlichen Interessen schafft damit auch in Deutschland Wissenschaftsräume, die eben nur eine wirtschaftlich und politisch anwendbare Art der Forschung unterstützen.« Tröger, Mandy: »Google sucht Dich«. US-Technologiekonzerne und die Talentenjagd an deutschen Unis, in: Michael Meyen (Hrsg.): *Medienrealität 2019*. https://medienblog.hypotheses.org/5417 [Zugriff: 10. April 2019].
136 Foucault, Michael: *Die Ordnung des Diskurses*. Frankfurt am Main 1991, S. 25.
137 Bourdieu 1998, S. 67.
138 Ebd. S.33 ff.

2 Medienwirklichkeit

1 Fischer, Malte Jens: *Karl Kraus*, Wiesbaden 1974.
2 Berger, Peter L, Luckmann, Thomas: *Die gesellschaftliche Konstruktion der Wirklichkeit*, Frankfurt am Main, 2001. S. 124.
3 Watzlawick, Paul: *Wie wirklich ist die Wirklichkeit? Wahn, Täuschung, Verstehen*, München 2005.
4 Focus Online: Ein Bericht rührte ihn zu Tränen. ZDF-Moderator Claus Kleber: »Flüchtlingsproblem kann einem den Schlaf rauben 26. August 2015. https://www.focus.de/kultur/kino_tv/medien-claus-kleber-fluechtlingsproblem-kann-den-schlaf-rauben_id_4903760.html [Zugriff: 26. Februar 2019].
5 Zitiert nach Pörksen, Bernhard: Journalismus als Wirklichkeitskonstruktion – Grundlagen einer konstruktivistischen Journalismustheorie. S. 335, in: Löffelholz, Martin (Hrsg.): *Theorien des Journalismus*. Wiesbaden 2004.
6 Wer sich genauer über den Prozess der Wissensaneignung aus soziologischer Sicht interessiert, sei verwiesen auf: Berger, Peter L; Luckmann, Thomas: *Die gesellschaftliche Konstruktion der Wirklichkeit*. Frankfurt am Main 2001.
7 Haas, Daniel: »Bildbearbeitung – Darf Frau Merkel nicht schwitzen?« Spiegel Online, 26. Juli 2005. http://www.spiegel.de/kultur/gesellschaft/bildbearbeitung-darf-frau-merkel-nicht-schwitzen-a-366929.html [Zugriff: 6. April 2019].
8 Haas, Daniel: »BR: Wie Merkels Fleck weg kam« Spiegel Online, 27. Juli 2005. http://www.spiegel.de/kultur/gesellschaft/br-online-wie-merkels-fleck-weg-kam-a-367054.html [Zugriff: 6. April 2019].
9 Mit der Bildersuche »Remembering41« oder unter dem folgenden Link: https://www.heise.de/tp/features/Journalisten-an-der-Leine-4245391.html
10 Kompa, Markus: Väter und Söhne. Telepolis. 1. Dezember 2018. https://www.heise.de/tp/news/Vaeter-und-Soehne-4237245.html [Zugriff: 11. April 2019].
11 Kompa, Markus: »Medienkritik: Wir brauchen mehr Fremdkritik« Telepolis, 25. Januar

2019. https://www.heise.de/tp/features/Medien-Wir-brauchen-mehr-Fremdkritik-4287249.html [Zugriff: 11. April 2019].

12 Verheugen, Günter; Stoiber, Edmund; Teltschik, Horst; Vollmer, Antje; Schäfer, Helmut: »Dialog statt Eskalation – Für eine vernünftige Russlandpolitik« http://www.antje-vollmer.de/russlandpolitik.htm [Zugriff: 25. Mai 2019].

13 Ebd.

14 Niggemeier, Stefan: »Selten so eine mediale Einheitsfront gesehen wie in Bezug auf Russland«. Übermedien, 13. April 2018. https://uebermedien.de/26991/selten-so-eine-mediale-einheitsfront-gesehen-wie-in-bezug-auf-russland/ [Zugriff: 25. Mai 2019].

15 Klöckner, Marcus (Interview mit Antje Vollmer): »Wer sich für Mäßigung im Umgang mit Russland einsetzt, muss sich warm anziehen«. NachDenkSeiten, 24. April 2018. https://www.nachdenkseiten.de/?p=43655 [Zugriff: 25. Mai 2019].

16 Klöckner April 2018

17 Luhmann 1996, S. 70–71.

18 Klöckner: 29. Januar 2015.

19 Dass führende Medienakteure allerdings auch miteinander kommunizieren und dafür sorgen können, dass bestimmte Informationen nicht veröffentlicht werden, stellen die folgenden Zeilen unter Beweis: »Es ist möglich, dass Rohde noch lebt, weil niemand seine Entführung an die große Glocke hängte. Die *Times* hatte das schnell und still erledigt: Gezielte Anrufe in rund 35 Schlüsselredaktionen sorgten für eine kollegiale Selbstzensur, die das Leben der Entführten schützen sollte. Patalong, Frank: »Wiki-Selbstzensur: Der Schweigepakt.« Spiegel Online, 29. Juni 2009. https://www.spiegel.de/netzwelt/web/wiki-selbstzensur-der-schweigepakt-a-633181.html [Zugriff: 30. Juli 2019].

20 Hier sei auf die Studie von Daria Gordeeva verwiesen: »Russlandbild in den deutschen Medien – Deutschlandbild in den russischen Medien. Konstruktion der außenpolitischen Realität in den TV-Hauptnachrichtensendungen.«, Siehe auch: Klöckner, Marcus (Interview mit Gordeeva): »Tagesschau berichtet wie Kremltreue-Medien.« NachDenkSeiten, 22. Februar 2018. https://www.nachdenkseiten.de/?p=42537 [Zugriff: 11. Mai 2019].

21 YouTube: Gladio: Geheimarmeen in Europa (Arte-Dokumentation. Ab Minute 39). https://www.youtube.com/watch?v=HtUoPRERbXk [Zugriff: 22. August 2019].

22 Klöckner, Marcus: »Oktoberfestattentat: Bundesregierung muss Auskunft über V-Männer geben.« Telepolis, 18. Juli 2017. https://www.heise.de/tp/features/Oktoberfestattentat-Bundesregierung-muss-Auskunft-ueber-V-Maenner-geben-3774367.html bzw. presserecht.de http://88.198.44.111/index.php?option=com_content&task=view&id=1276&Itemid= [Zugriff: beides 25. Mai 2019].

23 Klöckner, Marcus. 18. Juli 2017.

24 Ebd.

25 Ebd.

26 Ebd.

27 Ebd.

28 Ebd.

29 Ebd.

30 Ebd.

31 Ebd.

32 Ebd.

33 Ebd.

34 Ebd.

35 Klöckner, Marcus: »Oktoberfestattentat: Presse im Tiefschlaf« Rubikon, 28. Juli 2017. https://www.rubikon.news/artikel/oktoberfestattentat-presse-im-tiefschlaf [Zugriff: 25. Mai 2019].

36 In dem *Zeit*-Interview sagt Schmidt kryptisch:
»ZEIT: Gab es denn eine besondere Form des Terrorismus in Deutschland durch Baader, Meinhof und die anderen?
Schmidt: Ich habe den Verdacht, dass sich alle Terrorismen, egal, ob die deutsche RAF, die italienischen Brigate Rosse, die Franzosen, Iren, Spanier oder Araber, in ihrer Menschenverachtung wenig nehmen. Sie werden übertroffen von bestimmten Formen von Staatsterrorismus.
ZEIT: Ist das Ihr Ernst? Wen meinen Sie? Schmidt: Belassen wir es dabei. Aber ich meine wirklich, was ich sage.
Lorenzo, Giovanni di: »Deutscher Herbst: Ich bin in Schuld verstrickt.« *Die Zeit*, 30.08.2007, Nr. 36. https://www.zeit.de/2007/36/Interview-Helmut-Schmidt/komplettansicht [Zugriff: 22. Juli 2019].

37 Klöckner, Marcus. 28. Juli 2017.

38 Ebd.

39 Ebd.
40 vgl. Meyen, Michael: *Breaking News: Die Welt im Ausnahmezustand*, Frankfurt 2018, S. 41–81.
41 Über den NSU haben Medien gewiss viel berichtet. Es gab auch eine kritische analytische Berichterstattung bei einigen großen Medien Aber diese war dünn gesät. Das grundlegende Narrativ wurde kaum hinterfragt, die Frage einer Verwicklung staatlicher Stellen wurde sehr oft mit einer Oberflächlichkeit abgehandelt, die himmelsschreiend ist. Der geneigte Leser möge einmal die Berichterstattung zum NSU-Prozess und dem NSU-Komplex von Thomas Moser auf Telepolis lesen und überprüfen, welche der darin zu findenden Informationen von den großen Medien überhaupt gebracht wurden.
42 Berger, Jens. »Die OPCW-Untersuchung zu Skripal – Fake News auf allen Kanälen« NachDenkSeiten, 12. April 2018. https://www.nachdenkseiten.de/?p=43460 [Zugriff: 20. Juli 2019].
43 Borgböhmer, Thomas: »Fall Skripal und die Russen: Wie sich Qualitätsmedien ein Wettrennen um die schnellste falsche Eilmeldung lieferten« Meedia.de,13. April 2018. http://meedia.de/2018/04/13/fall-skripal-und-die-russen-wie-sich-qualitaetsmedien-ein-wettrennen-um-die-schnellste-falsche-eilmeldung-lieferten/ [Zugriff: 20. Juli 2019].
44 Rosenkranz, Boris: »Russland war's! Die Geschichte einer vergifteten Eilmeldung« Übermedien, 13. April 2018. https://uebermedien.de/26986/russland-wars-die-geschichte-einer-vergifteten-eilmeldung/ [Zugriff: 20. Juli 2019].
45 OPCW: «Summary of the report on activities carried out in support of a request for technical assistance by the United Kingdom of Great Britain and Northern Ireland" opcw.org, 12. April 2018. https://www.opcw.org/fileadmin/OPCW/S_series/2018/en/s-1612-2018_e_.pdf [Zugriff: 27.8.2019].
46 Presserat: Pressekodex. https://www.presserat.de/pressekodex/pressekodex/#panel-ziffer_2 sorgfalt [Zugriff: 29. Juni 2019].
47 Luhmann 1996, S. 73.
48 Ebd. S. 56.
49 Ebd. S. 54, 74.
50 Luhmann spricht in diesem Zusammenhang davon, dass Systeme nach einem bestimmten Code arbeiten, genauer, nach »binären Codes« (also einem zweiteiligen Code). Für das Mediensystem hat Luhmann nicht etwa den Code Wahrheit/Unwahrheit identifiziert, sondern den Code Information/Nichtinformation.
51 Luhmann, Niklas: *Die Realität der Massenmedien*. 2. Erweiterte Auflage. Opladen 1996, S. 9.
52 Ebd. S. 9.
53 Mills, Charles Wright: *Die Machtelite*. Frankfurt 2019.
54 Spiegel Online: Irak-Krieg »New York Times« kritisiert eigene Berichterstattung. 26. Mai 2004. http://www.spiegel.de/kultur/gesellschaft/irak-krieg-new-york-times-kritisiert-eigene-berichterstattung-a-301518.html [Zugriff: 4. März 2019].
55 Bäßler, Rüdiger: Ankündigung im Web: »Mal so richtig gepflegt grillen«. Zeit Online. 12. März 2009. http://www.zeit.de/online/2009/12/amoklauf-internet-ankuendigung-chatroom [Zugriff: 24. April 2019].
56 Focus Online: »Winnenden Amokläufer wollte ›gepflegt grillen‹«, 12. März 2009. http://www.focus.de/panorama/welt/winnenden/winnenden-amoklaeufer-wollte-gepflegt-grillen_aid_379621.html [Zugriff: 24. April 2019].
57 *Süddeutsche Zeitung*: »Es reicht mir« 27. Mai 2010. http://www.sueddeutsche.de/panorama/details-zum-amoklauf-es-reicht-mir-1.407439 [Zugriff: 24. April 2019].
58 Ebd.
59 Stöcker, Christian: »Ermittlungen im Amok-Fall Innenminister verließ sich auf falsche Spur im Internet« Spiegel Online, 13. Februar 2009. http://www.spiegel.de/netzwelt/web/ermittlungen-im-amok-fall-innenminister-verliess-sich-auf-falsche-spur-im-internet-a-613044.html [Zugriff: 7. April 2019]
60 Buback, Michael: *Der zweite Tod meines Vaters*, München 2017.
61 Korrespondenz mit Michael Buback in 2019.
62 Ebd.
63 Ebd.
64 Schneider, Wolf: *Unsere tägliche Desinformation. Wie die Massenmedien uns in die Irre führen.* Hamburg 1983, S. 36. (Schneider war langjähriger Leiter der Henry-Nannen-Schule).
65 Luhmann 1996, S. 82.
66 Fichtner, Ulrich: »Manipulation durch Reporter: SPIEGEL legt Betrugsfall im eigenen Haus offen« Spiegel Online, 19. Dezember 2018. http://www.spiegel.de/kultur/gesellschaft/fall-claas-relotius-spiegel-legt-betrug-im-eigenen-haus-offen-a-1244579.html [Zugriff: 12. Mai 2019].
67 Ebd.

68 Ebd.
69 Hubert, Joachim; Sagatz, Kurt: »Personalwechsel beim Nachrichtenmagazin. ›Spiegel‹-Chef Brinkbäumer abgesetzt – Steffen Klusmann kommt« *Der Tagesspiegel,* 22. August 2018. https://www.tagesspiegel.de/gesellschaft/medien/personalwechsel-beim-nachrichtenmagazin-spiegel-chef-brinkbaeumer-abgesetzt-steffen-klusmann-kommt/22939314.html [Zugriff: 12. Mai 2019].
70 Moreno, Juan; Relotius, Claas: »Jaegers Grenze« *Der Spiegel*, Ausgabe 47/2018, 16. November 2018. http://www.spiegel.de/plus/buergerwehr-gegen-fluechtlinge-in-arizona-jaegers-grenze-a-00000000-0002-0001-0000-000160834460 [Zugriff am 27.8.2019].
71 Ebd.
72 Marguier, Alexander: »Reportage von Class Relotius über Fergus Falls. Wer ist hier der Depp?« Cicero, 20. Dezember 2018. https://www.cicero.de/kultur/claas-relotius-spiegel-fergus-falls-usa-donald-trump [Zugriff: 12. Mai 2019].
73 Kuntz, Katrin und Sandberg Britta: Fergus-Falls-Bewohner zum Fall Claas Relotius »Zu perfekt, um wahr zu sein«. Spiegel Online. 21. Dezember 2018. http://www.spiegel.de/kultur/gesellschaft/fall-claas-relotius-fergus-falls-bewohner-im-interview-a-1245033.html [Zugriff: 12. Mai 2019].
74 Kuntz; Sandberg 2018.
75 Anderson, Michele und Krone, Jake: »Der Spiegel journalist messed with the wrong small town« https://medium.com/@micheleanderson/der-spiegel-journalist-messed-with-the-wrong-small-town-d92f3e0e01a7 [Zugriff: 12. Mai 2019].
76 Kuntz; Sandberg 2018.
77 Meyen, Michael: »Der Mythos vom kranken Einzeltäter« Blog Medienrealität. 24. Dezember 2018. https://medienblog.hypotheses.org/4929 [Zugriff: 12. Mai 2019].
78 Meyen, Michael 2018.
79 Spiegel Online: »Der Fall Relotius. Vor dem SPIEGEL liegt ein Stück Arbeit« 4. Januar 2019. http://www.spiegel.de/kultur/gesellschaft/fall-claas-relotius-der-aktualisierte-ueberblick-und-reaktionen-der-leser-a-1246424.html [Zugriff: 12. Mai 2019].
80 Spiegel Online: »Der Fall Relotius Kommission aus erfahrenen Journalisten soll Routinen beim SPIEGEL hinterfragen«, 19. Dezember 2018. https://www.spiegel.de/kultur/gesellschaft/der-fall-claas-relotius-kommission-aus-erfahrenen-journalisten-soll-routinen-beim-spiegel-hinterfragen-a-1244680.html [Zugriff: 12. Mai 2019].
81 Fichtner, Ullrich: Der Spiegel. 19. Dezember 2018. xxx
82 Fichtner. 19. Dezember 2018.
83 Meyen 2018.
84 Vgl. Kepplinger, Hans Mathias: *Die Mechanismen der Skandalisierung. Warum man den Medien gerade dann nicht vertrauen kann, wenn es darauf ankommt*. München 2017.
85 Fichtner, Ulrich: »Die September-Lüge« Der Spiegel, 42/2002. Weblink: https://www.spiegel.de/spiegel/print/d-25448065.html [Zugriff: 15. Juli 2019]. Zur Auseinandersetzung mit dem Artikel »Die September-Lüge« vergleiche: Klöckner, Marcus: *Der Kampf um die Wahrheit*, Hannover 2011.
86 Sehr zu empfehlen: Eine Diskussion zwischen Ulrich Fichtner und Mathias Bröckers, aufgezeichnet am 24. Oktober 2002 im Rahmen des »Funkhausgesprächs«. https://www.broeckers.com/2018/12/19/hitlertagebuchgate-beim-spiegel/ https://www.broeckers.com/911-2/funkhausgesprache/ [Zugriff: 12. Mai 2019].
87 Wolfers, Andreas: Journalismus: Erfindungen sind nicht zu rechtfertigen! *Die Zeit*, Nr. 6/2019, 31. Januar 2019. https://www.zeit.de/2019/06/journalismus-claas-relotius-reporter-faelschungen-transparenz-glaubwuerdigkeit/komplettansicht [Zugriff: 12. Mai 2019].
88 Rosenkranz, Boris: »Stille Kriegspost. Die Legende des Jungen, der angeblich den Krieg in Syrien auslöste« Übermedien, 8. Januar 2019. https://uebermedien.de/34149/die-legende-des-jungen-der-angeblich-den-krieg-in-syrien-ausloeste/ [Zugriff: 4. März 2019].
89 Reporter Forum: »Wie kann es sein, dass Claas Relotius 2018 zum vierten Mal mit dem Deutschen Reporterpreis ausgezeichnet wurde? Ein Erklärungsversuch« (Stellungnahme der Jury) http://www.reporter-forum.de/fileadmin/pdf/Reporterpreis_2018/2019x_Urteil_der_Jury.pdf [Zugriff: 4. März 2019].
90 Reporterforum
91 Ebd.
92 Ebd.
93 Ebd.
94 Ebd.
95 Ebd.
96 Ebd.
97 Thadeusz, Jörg: »Wer das Weltbild bestätigte, stand bald auf der Bühne« Welt.de, 22.

Dezember 2018. https://www.welt.de/kultur/medien/article185992466/Joerg-Thadeusz-ueber-Relotius-Wer-das-Weltbild-bestaetigt-bekommt-Preise.html [Zugriff: 5. März 2019].
98 Köckner, Marcus: »Machteliten: Von der großen Illusion des pluralistischen Liberalismus.« Telepolis, 23. Juli 2016. https://www.heise.de/tp/features/Machteliten-Von-der-grossen-Illusion-des-pluralistischen-Liberalismus-3265780.html?seite=all [Zugriff: 1. Mai 2019].
99 Klöckner, Marcus. 23. Juli 2016.
100 Relotius, Claas (interview mit Traute Lafrenz): »Kehrt nicht auch das Böse, wenn man es lässt, eines Tages zurück?« *Der Spiegel* 39/2018.
101 Viel wurde über den Begriff bereits gesagt, so dass wir an dieser Stelle nicht weiter darauf eingehen wollen (verwiesen sei auf das Buch von Ulrich Teusch »Lückenpresse«).
102 Spiegel Online: »Letzte Überlebende der ›Weißen Rose‹ Lafrenz-Interview vom Fall Relotius betroffen« 20. Dezember 2018 . http://www.spiegel.de/kultur/gesellschaft/fall-claas-relotius-weisse-rose-ueberlebende-traute-lafrenz-betroffen-a-1244756.html [Zugriff: 15. Mai 2019].
103 Ebd.
104 Strate, Gerhard: »Fall Claas Relotius – Wenn ›Haltung‹ mehr zählt als Wahrhaftigkeit« Cicero, 28. Dezember 2018. https://www.cicero.de/kultur/fall-claas-relotius-spiegel-journalismus-haltung-georg-restle [Zugriff: 4. März 2019].
105 Strate, Gerhard 2018.
106 Ebd.
107 Ebd.
108 Ebd.
109 Ebd.
110 Ebd.
111 Ebd.
112 Ebd.
113 Fehrle, Brigitte; Höges, Clemens; Weige, Stefan: »In eigener Sache. Der Fall Relotius. Abschlussbericht« *Der Spiegel,* 25.05.2019, S. 137. https://www.spiegel.de/media/media-44509.pdf [Zugriff: 25. Juni 2019].
114 Vgl.: Niggemeier, Stefan: »Warum der Relotius-Bericht für den ›Spiegel‹ so verheerend ist« Übermedien, 24. Mai 2019. https://uebermedien.de/38508/warum-der-relotius-bericht-fuer-den-spiegel-so-verheerend-ist/ [Zugriff: 25. Juni 2019]
115 Fehrle, Brigitte; Höges, Clemens; Weige, Stefan.
116 Ebd.
117 Ebd. S. 137–138.
118 Ebd. S. 130.
119 ZDF-heute journal. Anmoderation Claus Kleber, 4. April 2019.
120 Ebd.
121 *Hamburger Morgenpost*: »Unterirdisch: Claus Kleber sorgt für üblen Schock-Moment im heute journal« 7. April 2019. https://www.mopo.de/news/promi-show/-unterirdisch--claus-kleber-sorgt-fuer-ueblen-schock-moment-im--heute-journal--32333274 [Zugriff: 28. April 2019].
122 *Berliner Kurier*: »Unterirdisch: Claus Kleber sorgt für üblen Schock-Moment im heute journal«7. April 2019. https://www.berliner-kurier.de/news/promi--show/-unterirdisch--claus-kleber-sorgt-fuer-ueblen-schock-moment-im--heute-journal--32333274 [Zugriff: 28. April 2019].
123 *tz*: »Wie bitte?! – Claus Kleber schockt viele ZDF-Zuschauer im ›heute journal‹: Ungewöhnliche Ansage« 5. April 2019. https://www.tz.de/tv/claus-kleber-schockt-zdf-zuschauer-im-heute-journal-mit-seltsamer-ansage-zr-10472623.html [Zugriff: 28 April 2019].
124 Riegel, Tobias: »Das ZDF beginnt den Dritten Weltkrieg – als ›Scherz‹, um für die NATO zu trommeln« NachDenkSeiten, 08. April 2019, https://www.nachdenkseiten.de/?p=50764 [Zugriff: 28. April 2019].
125 Vgl.: Ganser, Daniele: *Illegale Kriege: Wie die NATO-Länder die UNO sabotieren. Eine Chronik von Kuba bis Syrien*, Zürich 2016.
126 E-Mail-Korrespondenz mit Mark Galliker im April 2019.
127 E-Mail-Korrespondenz mit Rainer Mausfeld im April 2019.
128 Sputnik: »Russland reagiert auf ZDF-Anmoderation über ›Einmarsch‹ in Estland« 10. April 2019. https://de.sputniknews.com/politik/20190407324615651-zdf-russland-invasion-estland/ [Zugriff: 28. April 2019].
129 Klöckner, Marcus: »Claus Kleber: ›Trotzdem gibt es in Deutschland ungebrochen ein Gefühl der Verbundenheit mit Russland, das nicht restlos mit Logik zu erklären ist‹« NachDenkSeiten, 10. Juni 2018. https://www.nachdenkseiten.de/?p=44340 [Zugriff: 28. April 2019]
130 Klöckner, Marcus. 10. Juni 2018.

131 Ebd.
132 Ebd.
133 Merkel, Reinhard: »Die Krim und das Völkerrecht : Kühle Ironie der Geschichte« *Frankfurter Allgemeine Zeitung,* 8. April 2014. [Zugriff: 28. April 2019].
134 Gritsch, Kurt: *Inszenierung eines gerechten Krieges? Intellektuelle, Medien und der »Kosovo-Krieg« 1999.* (Historische Europa-Studien – Geschichte in Erfahrung, Gegenwart und Zukunft) Hildesheim 2010.
135 YouTube: ZEIT-Matinee mit Gerhard Schröder vom 09.03.2014. https://www.youtube.com/watch?v=EKQ0ykFQav4 [Zugriff: 28. April 2019].
136 Bourdieu 1998, S. 28.
137 Niggemeier, Stefan: »Super-Symbolbilder: ›Putin, einsam und verlassen‹«, stefanniggemeier.de 26. Oktober 2016. http://www.stefan-niggemeier.de/blog/19865/super-symbolbilder-putin-einsam-und-verlassen/
Und: Klaus Hart Brasilientexte. Aktuelle Berichte aus Brasilien – Politik, Kultur und Naturschutz. http://www.hart-brasilientexte.de/2017/07/01/g-20-gipfel-2017-in-merkel-stadt-hamburg-und-gaengige-manipulationsmethoden/ [Zugriff: 1. Mai 2018].
138 Klöckner, Marcus: »ARD-Tagesschau: Aufnahmen mit Wirklichkeitsbruch« Telepolis. 23. Oktober 2015. https://www.heise.de/tp/features/ARD-Tagesschau-Aufnahmen-mit-Wirklichkeitsbruch-3376199.html [21. Juli 2019].
139 Niggemeier, Stefan: »Chronologie einer Falschmeldung« http://www.stefan-niggemeier.de/blog/437/chronologie-einer-falschmeldung/ [Zugriff: 21. Juli 2019].
140 Ebd.
141 Klöckner, Marcus: »Ein journalistischer Gau« NachDenkSeiten, 2. Juni 2018. https://www.nachdenkseiten.de/?p=44227 [Zugriff: 21. Juli 2019].
142 Klöckner, Marcus: »Die Bundesanwaltschaft ermittelt – nur gegen wen und warum?« Telepolis, 2. Dezember 2018. https://www.heise.de/tp/features/Die-Bundesanwaltschaft-ermittelt-Nur-gegen-wen-und-warum-3392231.html [Zugriff: 21. Juli 2019].
143 YouTube: Tagesthemen – Entschuldigung für fehlerhaften Ukraine-Beitrag [01.10.2014]. https://www.youtube.com/watch?v=4S8SfvGU_-w [Zugriff: 21. Juni 2019].
144 Fikentscher, Anneliese, Neumann, Andreas: »Drohender Kriegsschauplatz Iran: ›Von der Landkarte tilgen‹: Die Spitze eines Eisbergs. Arbeiterfotografie.« 29. Juli 2008. http://www.arbeiterfotografie.com/iran/index-iran-0036.html [Zugriff: 21. Juli 2019].
145 YouTube: ZDF Ausrede für falschen Bericht und Verharmlosung zur Lüge über Einmarsch Szene Russland in Ukraine. https://www.youtube.com/watch?v=XLFNwuBiv4c [Zugriff: 21. Juni 2019].
146 Nannen, Stephanie: »Skandal beim Henri-Nannen-Preis im Schauspielhaus« *Hamburger Abendblatt* , 9. Mai 2011. https://www.abendblatt.de/kultur-live/article106524156/Skandal-beim-Henri-Nannen-Preis-im-Schauspielhaus.html [Zugriff: 22. August 2019].

3 Herrschaftsnähe

1 Chomsky, Noam: *Media Control – Wie die Medien uns manipulieren*. Frankfurt am Main 2018, S. 63.
2 Hassel, Tina. Twitter. https://twitter.com/tinahassel/status/957231449714909184?lang=de [Zugriff: 12. Mai 2019].
3 Meyen, Michael: »Kuscheln durch Weglassen. Medienrealität« 17. Mai 2019. https://medienblog.hypotheses.org/5735 [Zugriff: 21. Juli 2019].
4 Bourdieu, Pierre: *Interventionen. 1961–2001*, Hamburg 2004, S. 175.
5 Bourdieu 2004, S. 175.
6 Meedia.de. Fotogalerie. https://meedia.de/2017/04/28/nannen-preis-die-besten-bilder-von-gruner-jahrs-feierstunde-fuer-den-journalismus/#henri-nannen-award-in-hamburg-27 [Zugriff: 30. Mai 2019].
7 Klöckner, Marcus: »Olaf Scholz – ein Bilderberg« NachDenkSeiten, 12. Februar 2018. https://www.nachdenkseiten.de/?p=42376 [Zugriff: 30. Mai 2018].
8 Die Verleihung des Henry-Nannen-Preises 2019 fand in einem etwas dezenteren Rahmen statt. Dazu Meedia.de: »Der Preis wurde in einem deutlich kleineren Rahmen in der Kantine des Gruner + Jahr-Verlagsgebäudes vergeben. 2018 hatte die Verleihung noch in den Elbphilharmonie stattgefunden. ›Früher war mehr Lametta‹, sagte Moderatorin Marietta Slomka. Dass G+J beim diesjährigen Nannen Preis auf Pomp und Prunk verzichtet, liegt an dem Betrugsfall Claas Relotius. t.« Lipinski, Gregory: Nannen-Preis 2019: SZ Magazin-Reporter Bastian Berbner holt den begehrten Egon Erwin Kisch-Preis. Meedia.de, 23. Mai 2019. https://meedia.de/2019/05/25/nannen-preis-2019-sz-magazin-

reporter-bastian-berbner-holt-den-begehrten-egon-erwin-kisch-preis/ [Zugriff: 11. Juli 2019].

9 Spiegel-Hauptstadtparty. Fotomaterial zum Empfang im Berliner Spiegel-Büro, 19. März 2018. http://www.spiegelgruppe.de/spiegelgruppe/home.nsf/Navigation/D2C4FDF28F50B6A0C1258255003C1F69?OpenDocument [Zugriff: 11Juli .2019] bzw. hier Fotos der Spiegel-Hauptstadtparty im Jahr 2019: http://www.spiegelgruppe.de/spiegelgruppe/home.nsf/Navigation/DBD8F2C9523FA2CFC12583D700483FD0?OpenDocument [Zugriff: 30. Juli 2019].

10 Welt.de: »Party im The Fontenay. Welt am Sonntag feiert an ihrem Geburtsort« 18. September 2018. https://www.welt.de/regionales/hamburg/article181579798/Party-im-The-Fontenay-WELT-AM-SONNTAG-feiert-in-Hamburg-Geburtstag.html [Zugriff: 11. Juli 2019].

11 Scholz, Olaf: »Rede von Olaf Scholz zum 70-jährigen Bestehen der ›Welt am Sonntag‹« Bundesfinanzministerium.de, 18. September 2018. https://www.bundesfinanzministerium.de/Content/DE/Reden/2018/2018-09-20-70-Jahre-WamS.html [Zugriff: 30. Mai 2019].

12 Vgl.: Klöckner, Marcus: »Journalisten und Politiker gemeinsam im ›Wir‹ vereint« NachDenkSeiten, 12. Oktober 2018. https://www.nachdenkseiten.de/?p=46488 [Zugriff: 30. Mai 2019].

13 Ebd.

14 Krüger, Uwe: »Medien im Mainstream. Problem oder Notwendigkeit?« APuZ 30–32/2016 22. http://www.bpb.de/apuz/231307/medien-im-mainstream?p=all [Zugriff: 12. Mai 2019].

15 Vgl. Forschungsarbeit von Dieter Plehwe. https://www.wzb.eu/de/forschung/beendete-forschungsprogramme/economic-governance/dieter-plehwe-publikationen [Zugriff: 19. August 2019].

16 Bouhs, Daniel; Leidinger, Saskia: »Seitenwechsler: Journalisten als Pressesprecher« Zapp, NDR.de, 28. Februar 2017. https://www.ndr.de/fernsehen/sendungen/zapp/medienpolitik/Seitenwechsler-Journalist-werden-Pressesprecher,pressesprecher106.html [Zugriff: 24. April 2019].

17 Bartl, Marc: »›Focus Online‹: Daniel Steil macht Margarete van Ackeren zur Chefkorrespondentin« Kress.de, 14. Mai 2018. https://kress.de/news/detail/beitrag/140212-focus-online-daniel-steil-macht-margarete-van-ackeren-zur-chefkorrespondentin.html [Zugriff: 29. Mai 2019].

18 Van Ackeren, Margarete: »Kommentar zum Rückzug der Kanzlerin Merkel gibt CDU-Vorsitz ab und zeigt Größe: Ihr Nachfolger schuldet der Kanzlerin Loyalität« Focus Online, 29. Oktober 2018. https://www.focus.de/politik/deutschland/kommentar-cdu-unter-neuem-vorsitz-nur-wenn-partei-und-regierungsspitze-einig-sind-kommt-der-erfolg_id_9809023.html [Zugriff: 30. Oktober 2018].

19 Löwisch, Georg: »Essay zum Streit in der Union. Abschied von Merkel« taz.de, 23. Juni 2018. http://www.taz.de/!5512390/ [Zugriff: 30. Oktober 2018].

20 Hensel, Jana: »Parität erscheint mir logisch« *Die Zeit,* Nr. 05/2019, https://www.zeit.de/2019/05/angela-merkel-bundeskanzlerin-cdu-feminismus-lebensleistung [5. Juni 2019].

21 Hensel, Jana: »Mein Angela-Merkel-Gefühl« *Die Zeit,* Nr. 45/2018, https://www.zeit.de/2018/45/bundeskanzlerin-angela-merkel-staatsfrau-abschied/komplettansicht [Zugriff: 5. Juni 2019].

22 YouTube: Happy Birthday« gone wrong: Peinliches Geburtstagsständchen für Merkel. Spiegel TV, 17.Juli 2014. https://www.youtube.com/watch?v=xHpsqaAsg4o [Zugriff: 16 Mai 2019]

23 Brühl, Bernhard: »Gebürtiger Sprendlinger Udo van Kampen mit Bundesverdienstkreuz geehrt« *Allgemein Zeitung*, 5. April 2017. https://www.allgemeine-zeitung.de/lokales/bingen/vg-sprendlingen-gensingen/sprendlingen/geburtiger-sprendlinger-udo-van-kampen-mit-bundesverdienstkreuz-geehrt_17799436 [Zugriff: 16. Mai 2019].

24 Brühl, Bernhard: »Gebürtiger Sprendlinger: Udo van Kampen mit Bundesverdienstkreuz geehrt« *Allgemein Zeitung*, 5. April 2017. https://www.allgemeine-zeitung.de/lokales/bingen/vg-sprendlingen-gensingen/sprendlingen/geburtiger-sprendlinger-udo-van-kampen-mit-bundesverdienstkreuz-geehrt_17799436

25 epd: »Udo Van Kampen wechselt vom ZDF zur Bertelsmann-Stiftung« https://web.archive.org/web/20160810193816/http://www.epd.de/landesdienst/landesdienst-west/schwerpunktartikel/udo-van-kampen-wechselt-vom-zdf-zur-bertelsmann-st [Zugriff: 16. Mai 2019].

26 Twiehaus, Jens: »Steingart verzichtet auf Co-Moderator Udo van Kampen wegen PR-Tätigkeit« Turi2, medien&marken, 15. Mai 2019. http://www.turi2.de/aktuell/steingart-

verzichtet-auf-co-moderator-udo-van-kampen-wegen-pr-taetigkeit/ [Zugriff: 16. Mai 2019].

27 Neuen, Daniel: »Warum Gabor Steingart sich nicht mehr von Udo van Kampen vertreten lässt« Kress news, 15. Mai 2019. https://kress.de/news/detail/beitrag/142750-warum-gabor-steingart-sich-nicht-mehr-von-udo-van-kampen-vertreten-laesst.html [Zugriff: 16. Mai 2019].

28 Neuen, Daniel 2019.

29 Kekst CNC. Unser Team. Udo van Kampen. https://www.kekstcnc.com/de/unser-team/udo-van-kampen/ [Zugriff: 16. Mai 2019].

30 ARD »Maischberger«: »Die Schicksalswahl: Ist Europa wirklich in Gefahr?« https://www.daserste.de/information/talk/maischberger/sendung/die-schicksalswahl-ist-europa-wirklich-in-gefahr-100.html [Zugriff: 16. Mai 2019].

31 Hensel, Jana: »Parität erscheint mir logisch« *Die Zeit*, Nr. 05/2019.

32 Vgl. Meyer, Thomas: *Die Unbelangbaren,* Frankfurt am Main 2015, S. 29–30.

33 Die Bundeskanzlerin. Kanzlerin Merkel im ZEIT-Interview: »Parität erscheint mir logisch« https://www.bundeskanzlerin.de/bkin-de/aktuelles/-paritaet-erscheint-mir-logisch--1573378 [Zugriff: 30. Mai 2019].

34 Das Zitat wird George Orwell zugeschrieben.

35 YouTube/Westend Verlag: »Unser Autor Stephan Hebel im Gespräch zu seinem neuesten Buch« (Das Interview führt Albrecht Müller) Ab Minute 10:45 https://www.youtube.com/watch?v=etHaAqKzlwc [Zugriff: 27.08.2019].

36 Munzinger.de: Eintrag zu Georg Löwisch. https://www.munzinger.de/search/portrait/Georg+L%C3%B6wisch/0/30453.html [Zugriff: 23. Mai 2019].

37 Siebold, Heinz: »Juraprofessor gegen Stuttgart 21- Gericht lässt Arbeitsrechtler abblitzen« *Stuttgarter Zeitung*. 17. Oktober 2011. https://www.stuttgarter-zeitung.de/inhalt.juraprofessor-gegen-stuttgart-21-gericht-laesst-arbeitsrechtler-abblitzen.e5c07c57-546c-472c-b38b-0d883cd17304.html]Zugriff: 23. März 2019].

38 *Badische Zeitung*: »Warum Manfred Löwisch gegen die Volksabstimmung klagt« 11. Oktober 2011. http://bz-ticket.de/warum-manfred-loewisch-gegen-die-volksabstimmung-klagt [Zugriff: 23. März 2019].

39 Wikipedia zu Angela Merkel. https://de.wikipedia.org/wiki/Angela_Merkel#Elternhaus_und_fr%C3%BChe_Kindheit_(1954%E2%80%931960) [Zugriff: 29. Mai 2019].

40 Krüger, Uwe: *Meinungsmacht. Der Einfluss von Eliten auf Leitmedien und Alpha-Journalisten – eine kritische Netzwerkanalyse.* Reihe des Instituts für Praktische Journalismus- und Kommunikationsforschung (IPJ) Köln 2013 https://www.halem-verlag.de/meinungsmacht-und-elite-journalismus/ [Zugriff: 19. Mai 2019].

41 Klöckner, Marcus: »Journalismusforschung: Ganz auf Linie mit den Eliten. Interview mit Uwe Krüger« Telepolis, 11. Februar 2013. https://www.heise.de/tp/features/Journalismusforschung-Ganz-auf-Linie-mit-den-Eliten-3397578.html [Zugriff: 19. Mai 2019].

42 Klaus-Dieter Frankenberger *(FAZ)*, Josef Joffe *(Die Zeit),* Stefan Kornelius *(Süddeutschen Zeitung)* und Michael Stürmer *(Die Welt)*

43 Krüger, Uwe: *Meinungsmacht*. Vorstellungstext.

44 Klöckner, Marcus: Interview mit Uwe Krüger für Telepolis.

45 Ebd.

46 Ebd.

47 Ebd.

48 Ebd.

49 Ebd.

50 Ebd.

51 Ebd.

52 siehe zum Beispiel: Friedhelm Klinkhammer, Uli Gellermann und Volker Bräutigam: *Die Macht um acht – Der Faktor Tagesschau,* Köln 2017.

53 Am Rande: Mit den Suchbegriffen »Kistenkanzler« und »Schröder« findet man im Netz ein interessantes Bild. Dieses zeigt, wie Schröder von dem groß gewachsenen Journalisten Ulrich Deppendorf interviewt wird. Zu sehen ist, dass Schröder auf einer Kiste steht, um größer zu wirken. (Ob das Bild authentisch ist, kann an dieser Stelle nicht geklärt werden). https://www.medienanalyse-international.de/kistenkanzler.html [Zugriff: 27. August 2019].

54 Am Rande sei angemerkt: Vielen Zuschauern dürfte wohl gedämmert haben, dass in unserer Zeit Satiresendungen mitunter mehr aufklären als so manch klassische journalistische Formate. Vgl.: Krauss, Dietrich (Hrsg): *Die Rache des Mainstreams an sich selbst*. Frankfurt am Main 2019. https://www.westendverlag.de/buch/die-rache-des-mainstreams-an-sich-selbst/ [Zugriff: 26. Juli 2019].

55 Klöckner, Marcus u. Schreyer, Paul: »Chaos bei Zeit Online. Mal gilt der Ethik-Kodex, mal

gilt er nicht« Telepolis, 20. März 2014. https://www.heise.de/tp/features/Chaos-bei-Zeit-Online-Mal-gilt-der-Ethik-Kodex-mal-gilt-er-nicht-3502561.html?seite=all [Zugriff: 19. Mai 2019].

56 Stiftung Wissenschaft und Politik; The German Marshall Fund of the United States: Neue Macht Neue Verantwortung. Elemente einer deutschen Außen- und Sicherheitspolitik für eine Welt im Umbruch, online unter: https://www.swp-berlin.org/fileadmin/contents/products/projekt_papiere/DeutAussenSicherhpol_SWP_GMF_2013.pdf [Zugriff: 12. Juli 2019].

57 https://www.swp-berlin.org/projekte/neue-macht-neue-verantwortung/mitwirkende/ [Zugriff: 27. August 2019].

58 Bittner, Jochen; Naß, Matthias: »Außenpolitik – Kurs auf die Welt« *Die Zeit*, Nr. 07/2014. https://www.zeit.de/2014/07/deutsche-aussenpolitik-sicherheitskonferenz [Zugriff: 12. Juli 2019].

59 Klöckner, Marcus u. Schreyer, Paul: »Chaos bei Zeit Online« Telepolis, 20. März 2014.

60 Ebd.

61 Ebd.

62 Klöckner, Marcus: »AKK-›Welche Regeln gelten im digitalen Bereich?‹ nimmt an der Bilderberg-Konferenz teil« Telepolis, 29. Mai 2019. https://www.heise.de/tp/features/AKK-Welche-Regeln-gelten-im-digitalen-Bereich-nimmt-an-der-Bilderberg-Konferenz-teil-4434482.html [Zugriff: 30. Mai 2019], vgl. auch Wendt, Björn: *Die Bilderberg-Gruppe: Wissen über die Macht gesellschaftlicher Eliten*. 3. Auflage, 2016.

63 Klöckner, Marcus (Interview mit Jürgen Trittin): »Ist es nicht eine echte Sauerei, dass in einer Demokratie Interessen verfolgt werden?« Telepolis, 7. Juni 2012. https://www.heise.de/tp/features/Ist-es-nicht-eine-echte-Sauerei-dass-in-einer-Demokratie-Interessen-verfolgt-werden-3394493.html [Zugriff: 27. August 2019]

64 Krüger, Uwe: »Alpha-Journalisten embedded« Message. 3/2007. S. 61. https://www.lobbycontrol.de/download/Message_Bilderberg.pdf [Zugriff: 26. Juli 2019]

65 Ebd.

66 Ebd.

67 Ebd.

68 Klöckner, Marcus (Interview mit Rico Gebhard): »Bilderberg-Konferenz: ›Das ist eine absolut vordemokratische Veranstaltung‹« Telepolis, 20. April 2016. https://www.heise.de/tp/features/Bilderberg-Konferenz-Das-ist-eine-absolut-vordemokratische-Veranstaltung-3224775.html [Zugriff: 26. Juli 2019].

69 Klöckner, Marcus: »Verbrannte Sorgen. Spiel mit dem Feuer« *Frankfurter Rundschau,* 12. Juli 2008. https://www.fr.de/politik/spiel-feuer-11572727.html [Zugriff: 19. Mai 2019].

70 Klöckner, Marcus: »Machteliten: Von der großen Illusion des pluralistischen Liberalismus« Telepolis, 23. Juli 2016. https://www.heise.de/tp/features/Machteliten-Von-der-grossen-Illusion-des-pluralistischen-Liberalismus-3265780.html?seite=all [Zugriff. 19. Mai 2019].

71 *Der Spiegel*: »Ein Politbüro für den Kapitalismus« 8. Dezember 1975. http://www.spiegel.de/spiegel/print/d-41389590.html [Zugriff: 19. Mai 2019].

72 *Der Spiegel*: »Die größte Männer-Party der Welt. Kanzler Schmidt im kalifornischen Bohemian Club« 26. Juli 1982. https://www.spiegel.de/spiegel/print/d-14340695.html [Zugriff: 19. Mai 2019] Vgl.: Klöckner, Marcus: »Verbrannte Sorgen – Spiel mit dem Feuer« *Frankfurter Rundschau*, 12. Juli 2008. https://www.fr.de/politik/spiel-feuer-11572727.html [Zugriff: 19. Mai 2019].

73 Martin, Hans-Peter; Schumann, Harald: *Die Globalisierungsfalle: Der Angriff auf Demokratie und Wohlstand*. Reinbek 1996. S. 10 ff.
Vgl.: Klöckner, Marcus: »Journalisten und die Bilderbergkonferenz« Rubikon, 1. Juni 2017. https://www.rubikon.news/artikel/journalisten-und-die-bilderberg-konferenz [Zugriff: 19. Mai 2019]

74 Klöckner, Marcus. 1. Juni 2017.

75 Bilderberg Meetings: 67th Bilderberg Meeting to take place 30 May – 2 June 2019 in Montreux, Switzerland. https://bilderbergmeetings.org/meetings/meeting-2019/press-release-2019 [Zugriff: 22. Juli 2019].

76 Krüger, Uwe: »Alpha-Journalisten embedded«, 2007.

77 Bourdieu 1993, S. 134.

78 Auch Akteure, die Medien mehr oder weniger mit dem Status der Legitimität aufgeladen haben, werden, wenn sie Ansichten vertreten, die nicht dem Mainstream entsprechen, angegangen.

79 Anne Will: »Trump bekämpft Assad – Droht jetzt ein globaler Konflikt?« ARD, 9. April 2017.

80 Anne Will: »Die neue Welt-Unordnung – muss Deutschland mehr Verantwortung übernehmen?« ARD, 17. Februar 2019. https://daserste.ndr.de/annewill/Die-neue-Welt-Unordnung-muss-Deutschland-mehr-Verantwortung-uebernehmen,annewill5902.html [Zugriff: 8. März 2019].

81 Anne Will, 17. Februar 2019.
82 Siehe etwa Walpen, Bernhard: *Die offenen Feinde und ihre Gesellschaft – Eine hegemonietheoretische Studie zur Mont Pèlerin Society,* Hamburg 2004.
83 Brookings Institution: Brookings-Robert Bosch Foundation Transatlantic Initiative. https://www.brookings.edu/about-the-brookings-robert-bosch-foundation-transatlantic-initiative/ [Zugriff: 8. März 2019].
84 Brookings Institution: Constanze Stelzenmüller. https://www.brookings.edu/experts/constanze-stelzenmuller/ [Zugriff: 8. März 2019].
85 Wer sich über die Hintergründe des CFR informieren möchte, dem kann das Buch »Kulissenschieber e. V. Der Council on Foreign Relations & Die Außenpolitik der USA« von William Minter Laurence H. Shoup empfohlen werden.
86 Wikipedia: Brookings Institution. https://de.wikipedia.org/wiki/Brookings_Institution [Zugriff: 8. März 2019].
87 Lipton, Eric; Williams, Brooke; Confessore, Nicholas: «Foreign Powers Buy Influence at Think Tanks" *New York Times*, 6. September 2014. https://www.nytimes.com/2014/09/07/us/politics/foreign-powers-buy-influence-at-think-tanks.html?src=me&_r=0 [Zugriff: 8. März 2019].
88 Zur Auseinandersetzung mit Denkfabriken sei beispielsweise auf die Arbeiten von Hans-Jürgen Krysmanski verwiesen.
89 Klöckner, Marcus: »Anne Will arbeitet mit einer bösartigen Unterstellung, so Michael Lüders im NDS-Interview« NachDenkSeiten, 15. April 2017. https://www.nachdenkseiten.de/?p=37845 [Zugriff: 8 März 2019].
90 Stöber, Silvia; Gensing, Patrick: »Krieg in Syrien Giftgas-Angriffe unter falscher Flagge?« Faktenfinder, 10. April 2017. http://faktenfinder.tagesschau.de/giftgas-false-flag-101.html [Zugriff: 8. März 2019].
91 Niggemeier, Stefan: »Giftgas in Syrien Ist Michael Lüders als Fake-News Verbreiter überführt?« Übermedien, 20. April 2017. https://uebermedien.de/14739/ist-michael-lueders-als-fake-news-verbreiter-ueberfuehrt/ [Zugriff: 8. März 2019].
92 Winterbauer, Stefan: «›Pauschal diffamiert‹ – der umstrittene Nahost-Experte Michael Lüders wehrt sich gegen Medienvorwürfe« Meedia, 24. April 2017. https://meedia.de/2017/04/24/pauschal-diffamiert-der-umstrittene-nahost-experte-michael-lueders-wehrt-sich-gegen-medienvorwuerfe/ [Zugriff: 8. März 2019].
93 Stöber, Silvia/Gensing Patrik: 10. April 2017.
94 Lüders, Michael: Pressemitteilung: Stellungnahme von Michael Lüders- Deutsch-Arabische Gesellschaft. https://www.d-a-g.de/index.php?id=41&tx_ttnews%5Btt_news%5D=1016&cHash=0155c001b2923618e8f664b2d7a6078e [Zugriff: 8. März 2019].
95 Thöne, Eva: »Umstrittener Nahost-Experte Michael Lüders. Der Weiß-Schwarz-Denker« Spiegel Online, 24. April 2017. https://www.spiegel.de/kultur/gesellschaft/michael-lueders-der-umstrittene-nahost-experte-im-portraet-a-1143824.html [Zugriff: 8. März 2019].
96 Thöne, Eva 24. April 2017.
97 Ebd.
98 Winterbauer, Stefan, 24. April 2019.
99 Thöne, Eva 24. April 2017.
100 Bourdieu, Pierre: *Gegenfeuer. Wortmeldungen im Dienste des Widerstandes gegen die neoliberale Invasion.* Konstanz 1998.
101 Bourdieu 2004, S. 197.
102 Zeit Online: »Die Linke Sahra Wagenknecht kündigt Rückzug von Fraktionsspitze an« 11. März 2019. https://www.zeit.de/politik/deutschland/2019-03/die-linke-sahra-wagenknecht-kuendigt-rueckzug-von-fraktionsspitze-an [Zugriff: 16. März 2019.].
103 Ebd.
104 Ebd.
105 Vgl. Klöckner, Marcus: »Urteil Vollstreckt: Michael Lüder ist umstritten« Telepolis, 25. April 2017 https://www.heise.de/tp/features/Urteil-vollstreckt-Michael-Lueders-ist-umstritten-3693138.html [Zugriff: 16. April 2019].
106 *Westfälische Rundschau*: »TV-Aufreger Markus Lanz entschuldigt sich bei Sahra Wagenknecht« 24. Januar 2014. https://www.wr.de/kultur/fernsehen/markus-lanz-entschuldigt-sich-bei-sahra-wagenknecht-id8909872.html [Zugriff: 16. März 2019].
107 Klöckner, Marcus (Interview mit Falko Schmieder.): »Mit Sprache Herrschaft und Verschleiern« NachDenkSeiten, 23. Februar 2018. https://www.nachdenkseiten.de/?p=42566 [Zugriff: 16. März 2019]
108 Ebd.
109 Ebd.
110 Bourdieu, Pierre: *Gegenfeuer*, 1998, S. 39.
111 Bourdieu 1998, S. 39.

112 Bourdieu 1998, S. 58.
113 Hart aber Fair: »Die gerupfte Kanzlerin – wie regieren nach dem Debakel der Volksparteien« ARD, 25. September 2017. https://www1.wdr.de/daserste/hartaberfair/faktencheck/faktencheck-226.html [Zugriff: 27. August 2019]
114 Vgl. Klöckner, Marcus: »Über ›fühlen‹ und ›mitnehmen‹: Wie Politik und Medien durch Sprache die Wirklichkeit verschleiern« NachDenkSeiten, 17. Oktober 2017. https://www.nachdenkseiten.de/?p=40414 [Zugriff: 16. März 2019].
115 Bourdieu, Pierre: Über das Fernsehen, 1998, S. 46.
116 Lay, Rupert: *Manipulation durch die Sprache: Rhetorik, Dialektik und Forensik in Industrie, Politik und Verwaltung*, Frankfurt am Main 1995, S. 158.
117 Ebd.
118 Ebd.
119 Bourdieu 1993, S. 22.
120 Schneider, Falk: »Hartnäckige Nachfrage: Journalist nervt Merkel und wird zum YouTube-Star« *Die Welt*, 26. Oktober 2009. https://www.welt.de/politik/deutschland/article4982040/Journalist-nervt-Merkel-und-wird-zum-YouTube-Star.html [Zugriff: 14. April 2019].
121 Eine Glanzleistung sind sicherlich oft die Fragen, die Tilo Jung (Format: Jung + Naiv) auf der Bundespressekonferenzen stellt. Aber er bewegt sich als Vertreter eines alternativen Medienformats außerhalb der Mainstreammedien.
122 Neuber, Harald: »Schwarzgeld war gestern« Telepolis, 26. Oktober 2009. https://www.heise.de/tp/features/Schwarzgeld-war-gestern-3383135.html [Zugriff: 14. April 2019].
123 YouTube: Merkel zu Finanzminister Schäuble und den 100 000 D-Mark. Nutzer »steavor«. https://www.youtube.com/watch?v=XaWE8K2nRVs [Zugriff: 14. April 2019]. Anmerkung: Das Video ist über Google auch leicht durch die Eingabe der Begriffe »Savelberg« und »Merkel« zu finden.
124 »Den meisten Journalisten begegnete Kohl mit einer Mischung aus Herablassung, Patzigkeit und Misstrauen. Kohl pflegte seinen politischen Klüngelkreis, er hatte seine Kumpels und Vertrauten, auch unter Journalisten. Wer dazu gehören wollte, der musste unbedingte Loyalität zeigen.« Nelles, Roland: »Helmut Kohl – Trotzdem faszinierend« Spiegel Online, 16. Juni 2016. https://www.spiegel.de/politik/deutschland/helmut-kohl-so-ging-er-mit-journalisten-um-a-1152588.html [Zugriff: 14. April 2019].
125 Tusch, Robert: »Die Frankfurter Rundschau bekommt keine Interviews mit Volker Bouffier – und bastelt sich selbst eines zusammen« Meedia, 20. August 2018. https://meedia.de/2018/08/20/die-frankfurter-rundschau-bekommt-keine-interviews-mit-volker-bouffier-und-bastelt-sich-selbst-eines-zusammen/ [Zugriff: 27. August 2019].
126 ntv: »Aus Protest gegen Frageverbot Journalisten verlassen AfD-Pressekonferenz« 8. Mai 2018. https://www.n-tv.de/politik/Journalisten-verlassen-AfD-Pressekonferenz-article20425148.html [Zugriff: 14. April 2019].
127 Wobei: Der Preis würde dann wohl jedes Jahr an Tilo Jung (Format: jung und naiv) verliehen werden. Jung stellt regelmäßig jene kritischen Fragen, wie man sie von Journalisten großer Medien erwarten würde. Schnell käme dann zum Vorschein, dass offensichtlich ein alternatives Format einen besseren Journalismus abliefert als die großen, sogenannten Qualitätsmedien.

Fazit: Wir brauchen ein neues Mediensystem

1 Bourdieu 2004, S. 192.
2 Lay Rupert: *Die Ketzer. Über Thomas Münzer, Galileo Galilei, Sigmund Freund und andere*. Düsseldorf und München 1997, S. 8–9.
3 Lay Rupert 1997, S. 8.
4 Vgl.: Dernbach, Beatrice. Ihre Frage in einer Rezension: »Wer entzaubert den journalistischen Beruf? Ist es dessen Intellektualisierung durch Akademisierung?« Dernbach, Beatrice: »Wolfgang Donsbach, Mathias Rentsch, Anna-Maria Schielicke, Sandra Degen: Entzauberung eines Berufs«, 5. Januar 2010. https://www.rkm-journal.de/archives/642 [Zugriff: 24. Mai 2019].
5 »Es ist Teil meines Geschäfts.« ZAPP, 14. Mai 2014. http://www.ndr.de/fernsehen/sendungen/zapp/zapp7506.html
6 Welchen Bürger lässt es schon kalt, wenn ihm gesagt wird, dass gerade (böse) irakische Soldaten Babys aus den Brutkästen gerissen haben (Brutkastenlüge)? Wer denkt nicht vielleicht zumindest darüber nach, wenn er von Massenvernichtungswaffen in der Hand eines Diktators hört, dass möglicherweise eine ›Intervention‹ gerechtfertigt sein kann?
7 Vgl.: Teusch, Ulrich: *Der Krieg vor dem Krieg: Wie Propaganda über Leben und Tod*

entscheidet, Frankfurt am Main 2019. https://www.westendverlag.de/buch/der-krieg-vor-dem-krieg/ [Zugriff: 26 Juli 2019].

8 Angemerkt am Rande sei: Gegenwärtig geht Professor Michael Meyen einem umfangreichen Projekt mit dem Namen Media Future Lab nach, bei dem es darum geht, auszuloten, wie ein neues Mediensystem aussehen könnte.